Bertram Dickerhof

Innehalten an Grenzen
Grenzen überwinden

BERTRAM DICKERHOF

Innehalten an Grenzen Grenzen überwinden

EINE GRUNDLEGUNG DER MEDITATION

echter

Bibliografische Information der Deutschen Nationalbibliothek
Die Deutsche Nationalbibliothek verzeichnet diese Publikation in der Deutschen Nationalbibliografie; detaillierte bibliografische Daten sind im Internet über http://dnb.d-nb.de abrufbar.

Gedruckt auf umweltfreundlichem, chlorfrei gebleichtem Papier.

3. Auflage 2026

Echter Verlag | Dominikanerplatz 8 | 97070 Würzburg
Tel. 0931 66068-0 | info@echter-verlag.de | www.echter.de

Umschlag: wunderlichundweigand.de
Coverbild: shutterstock/WezTylkoSpojrz
Innengestaltung: Crossmediabureau
Druck und Bindung: Rudolph Druck GmbH & Co. KG, Schweinfurt

ISBN
978-3-429-05950-7
978-3-429-06652-9 (PDF)
978-3-429-06653-6 (ePub)

Inhalt

Vorwort 11

Stille Zeit – Grundlegung 17

Es ist Zeit, innezuhalten 18

Meditation und ihre Auswirkungen im Alltag 20

Ein schützender Mantel 23

Selbsterkenntnis 24

Kreative Problemlösungen 25

Erfüllung, die eine nachhaltigere Lebensweise ermöglicht ... 26

Innere Freiheit 27

Beziehungsfähigkeit 28

Sich-mitteilen- und Zuhören-Können 29

Resilienz 31

Basics der Meditationsübung 32

1. Der Meditierende wendet sich nach innen 32

2. Der Meditierende hört in seiner Übung auf zu denken ... 33

3. Der Meditierende hört auf, in seiner Übung etwas zu wollen oder zu erstreben 35

4. Der Meditierende öffnet sich für Grenzerfahrungen 37

Los gehts! 43

Die Praxis der Meditation 46

Die Praxis der Schriftbetrachtung 55

Bei Bedarf zu lesen 61

Sehnsucht und Angst 61

Sich eingestehen, was hier und jetzt ist 62

Der Prozess der Annahme dessen, was ist 64
Wie aus Konzentration Gewahrsein wird 67
Schwerpunkte des Meditationsprozesses 70
Bin ich erleuchtet? 72

Meditation und Gebet im Sinne Jesu 79

Die Wochentexte 91

1. Woche: Das Ziel meiner Sehnsucht sucht nach mir 92
2. Woche: Die Wende nach innen 94
3. Woche: Die Bedeutung des Atems. 96
4. Woche: Die Arbeit der Meditation 98
5. Woche: Die erste Phase kontemplativen Betens 100
6. Woche: Die rechte Anstrengung 102
7. Woche: Die rettende Wahrheit liegt in dir selbst! 104
8. Woche: Über das Denken in der Meditation 106
9. Woche: Gedanken und Gefühle machen nicht unsere Identität aus 108
10. Woche: Wie man beten soll 110
11. Woche: Fortschritt durch Geduld 112
12. Woche: Die Vorstellungen aufgeben, wie die Meditation sein sollte . . 114
13. Woche: Der Buddha – das bist du! 116
14. Woche: Wohnen in sich selbst 118
15. Woche: Das Problem der „guten“ Meditation 120
16. Woche: Ich bin nicht geflohen. 122
17. Woche: Wer durchs Feuer geht 124
18. Woche: Der Weg des getrennten Selbst zu seinem wahren Wesen. 126
19. Woche: Auf der Suche nach wahrer Erfüllung 128
20. Woche: Haften an Geist und Körper aufgeben 130
21. Woche: Die 2. Phase der Meditation: Vom Opfer zum Zeugen 132
22. Woche: Durchleben der gegenwärtigen Wirklichkeit 134
23. Woche: Das Gasthaus 136
24. Woche: Umgang mit Gefühlen 138
25. Woche: Der Stachel 140

26. Woche: Meditation ist Nicht-Aktivität oder Nicht-Übung....... 142
27. Woche: Das Mysterium des Elends.......................... 144
28. Woche: Es ist alles da.................................. 146
29. Woche: Gedachter und wesenhafter Gott.................... 148
30. Woche: Die Auferstehung 150
31. Woche: Die Früchte der Widerstände....................... 152
32. Woche: Das Tor ins „Stille Land" ist eine Wunde............ 154
33. Woche: Die wahre Freude 156
34. Woche: Bin ich bewusst?.................................. 158
35. Woche: Bewusstheit der Vergänglichkeit bewirkt Entschlossenheit.............................. 160
36. Woche: Wahres Hören 162
37. Woche: Die Lebensweise, die den spirituellen Fortschritt unterstützt.................................. 164
38. Woche: Die Befreiung des Geistes 166
39. Woche: Alles ist unbeständig, unbefriedigend, leer von Selbst 168
40. Woche: Das Wichtigste: lasst los, lasst los, lasst los! 170
41. Woche: Die 3. Phase der Meditation: Gewahrsein 172
42. Woche: Die Erkenntnis des wahren Selbst 174
43. Woche: In allem habe ich Ruhe gesucht 176
44. Woche: Meditation ist das Aufhören des Tuns 178
45. Woche: Der in Weisheit und Versenkung Gefestigte........... 180
46. Woche: Nibbana: alles zurückwerfen können 182
47. Woche: Wahre Meditation 184
48. Woche: Erleuchtung 186
Woche, in der Weihnachten liegt: Gott ist dein Sein 188
Woche des Jahreswechsels: Befriedigung (piti) und Freude (sukha) . . 190
Karwoche: Wachen und Loslassen 192
Osterwoche: Unbedingte Bejahung 194
Pfingstwoche: Die Ausgießung des Geistes..................... 196

Kommentare zu den Wochentexten 199

Zur 1. Woche: Annehmen, dass ich angenommen bin 200

Zur 2. Woche: Wie nehme ich mich selbst an? 200

Zur 3. Woche: Atmen und die Unterbrechung des Denkens 202

Zur 4. Woche: Anhaften durchbrechen 204

Zur 5. Woche: Die Übung, geschehen zu lassen, was geschieht, bringt von selbst Frucht. 207

Zur 6. Woche: Anstrengung vor, gelöste Offenheit in der Meditation. 208

Zur 7. Woche: Die Rettung liegt in der eigenen inneren Wahrheit. Wie diese erkannt wird 209

Zur 8. Woche: Auf-hören zu bewerten und zu verstehen, um zu hören 212

Zur 9. Woche: Gedanken und Gefühle machen nicht unsere Identität aus 213

Zur 10. Woche: Lass geschehen, was geschieht, und lass das Denken bleiben 214

Zur 11. Woche: Das überragende Mittel der Befreiung ist, sich selbst auszuhalten an Grenzen 215

Zur 12. Woche: Was ist eine gute Meditation? 217

Zur 13. Woche: Ich genüge! Darum kann ich meiner selbst bewusst werden 218

Zur 14. Woche: Zu sich selbst kommen 220

Zur 15. Woche: Meditation: sich einrichten in oder ausziehen aus der Idiopolis? 222

Zur 16. Woche: Grenzen als Chancen der Entkoppelung 224

Zur 17. Woche: Über das Gefällige hinaus 226

Zur 18. Woche: Meditation mündet nicht in eine Gipfelerfahrung, sondern in offene Bewusstheit 228

Zur 19. Woche: Der Weg zur „Seligkeit" 229

Zur 20. Woche: Aufwachen zur Vergänglichkeit 232

Zur 21. Woche: Sich seiner Gefühle bewusst werden. 233

Zur 22. Woche: Aushalten im Vertrauen 236

Zur 23. Woche: Heiße das Missfällige willkommen! 237

Zur 24. Woche: Gefühle fühlen 240

Zur 25. Woche: Die Erfahrung unbedingter Liebe 243

Zur 26. Woche: Das Verschwinden des Objekts . . . 246
Zur 27. Woche: Das Mysterium der Grenze . . . 247
Zur 28. Woche: Vorrang des Empfangens . . . 250
Zur 29. Woche: Der Wille Gottes . . . 253
Zur 30. Woche: Meditation – Einübung des Sterbens . . . 255
Zur 31. Woche: Widerstand aushalten . . . 258
Zur 32. Woche: Das Tor ins Stille Land ist eine Wunde . . . 261
Zur 33. Woche: Wahre Freude und wahre Liebe . . . 263
Zur 34. Woche: Erfahrende Nicht-Erfahrung und erfahrene Erfahrung . . . 265
Zur 35. Woche: Unlust – und wie lange ich täglich üben soll . . . 267
Zur 36. Woche: Wahres Hören . . . 270
Zur 37. Woche: Unterstützender Lebensrahmen . . . 271
Zur 38. Woche: Wer bin ich? . . . 273
Zur 39. Woche: Hinsetzen und sich selbst in den Blick nehmen ist der Weg zum Leben . . . 276
Zur 40. Woche: Der Prozess des Loslassens . . . 278
Zur 41. Woche: Worin unser Bewusstseinsstrom erscheint . . . 281
Zur 42. Woche: Objektlosigkeit der Meditation . . . 282
Zur 43. Woche: Anstrengung . . . 285
Zur 44. Woche: Die Nicht-Erfahrung der Gegenwart . . . 288
Zur 45. Woche: Sein aus und in sich selbst . . . 289
Zur 46. Woche: Nibbana – Kreuzigung des Egos . . . 291
Zur 47. Woche: Von der leeren zur wahren Meditation . . . 293
Zur 48. Woche: Erleuchtung . . . 296
Zur Weihnachtswoche: Gott – Grund und Sein der Welt . . . 299
Zur Woche des Jahreswechsels: Der spirituelle Weg: Vom Suchen zum Geschehen-lassen . . . 301
Zur Karwoche: Wachen und Loslassen . . . 303
Zur Osterwoche: Unbedingte Liebe . . . 305
Zur Pfingstwoche: Mystik und Politik . . . 308

Vorwort

Dieses Buch möchte seinen Leserinnen und Lesern nahebringen, innezuhalten. Darin wirkt eine Kraft, die Grenzen entmachtet, so dass in Würde, innerer Freiheit und Verantwortung gelebt werden kann, erfüllt von Sinn und Freude.

In unseren Tagen spitzen sich die Herausforderungen des Lebens in einer Weise zu, die die meisten von uns so nicht kennen. Für die Klimakatastrophe, die Verknappung der Ressourcen, das Artensterben, den hohen Migrationsdruck, das Ringen Chinas, Russlands, Indiens und der USA um globale Einflusssphären und die damit einhergehenden Kriege und Krisen gibt es keine einfachen und schnellen Lösungen. Wir werden lernen müssen, mit Unsicherheiten politischer, gesellschaftlicher, wirtschaftlicher und meteorologischer Art zu leben. Wenn der äußere Rahmen des Lebens destabilisiert wird und die gewohnte Weise, mit Belastungen zurechtzukommen, nicht mehr möglich ist oder nicht mehr hilft, dann ist es an der Zeit, Halt und Grund in sich selbst zu finden und eine Praxis des Innehaltens zu etablieren.

Das Buch ist erwachsen aus Jahreskursen im Ashram Jesu. Deren Teilnehmerinnen und Teilnehmer waren gehalten, eine tägliche stille Zeit einzurichten: Auf 20 Minuten Meditation folgten zehn Minuten Betrachtung eines Textes. Derselbe Text war jeweils eine halbe Woche lang Gegenstand der Betrachtung, sodass für jede Woche zwei Texte benötigt wurden: Der erste bezog sich jeweils auf die Methode des Meditierens, der zweite war ein Text aus der Bibel, der mit dem ersten in einem inneren Zusammenhang stand. Diese Textpaare sollten die Übenden auf ihrem Weg begleiten, sie anregen und ermutigen, ihnen helfen zu verstehen, was in ihrer Meditation geschieht, um in der Komplexität der Bewusstseinsvorgänge die Orientierung nicht zu verlieren. Denn die Übenden waren, abgesehen von regelmäßig per Video stattfindenden Treffen mit ihren Mitmeditierenden, über Wochen auf sich selbst gestellt. So sind 53 Textpaare entstanden, die mit jedem neuen Kurs besser an die Bedürfnisse der Übenden und ihre Fortschritte im Verlauf des Jahres angepasst werden konnten.

Die meisten Teilnehmenden reagierten sowohl auf die Struktur der stillen Zeit – 20 Minuten Sammlung, 10 Minuten Textbetrachtung – als auch auf die Zusammenstellung der Texte sehr positiv. Manche Texte begleiteten die eine oder andere Person viel länger als die vorgesehenen drei Tage. Die meisten Teilnehmerinnen und Teilnehmer haben nach Ende des Kursjahres weitermeditiert, manche haben dabei mit den Texten wieder von vorne angefangen. Hie und da hatte ich einen der Texte, der mir besonders schwierig zu verstehen schien, mit ein paar Hinweisen zur Interpretation versehen; für einige waren das die besten Texte.

Diese Erfahrungen haben mich ermutigt, die 53 Textpaare einer größeren Öffentlichkeit zur Verfügung zu stellen. Sie bilden als das Kapitel „Wochentexte“ das Zentrum dieses Buches. Alle Textpaare sind nun mit einem kleinen Kommentar versehen, der im Kapitel „Kommentare zu den Wochentexten“ zu finden ist. Im letzten Kapitel werden die Autoren und Quellen der Texte kurz vorgestellt. Das erste Kapitel bietet eine praxisorientierte Grundlegung des Innehaltens. So ist dieses Buch nicht nur ein Lesebuch zum Thema Meditation, sondern auch ein Übungsbuch, von dem ich hoffe, dass es viele Menschen anregt, täglich innezuhalten. Meditieren lernt man nur durch Meditieren. Es ist eine Übung, die nur durch Üben zu meistern ist. Die positiven Auswirkungen, die sehr schnell zu spüren sind, sollen dabei Ansporn sein.

Bei mir persönlich hat sich die Meditation aus dem Beten entwickelt, als dieses immer innerlicher, stiller und passiver werden wollte – eine Entwicklung, die dem Beten natürlicherweise innewohnt. Darum ist Meditation für mich Gebet. Eine wichtige Entdeckung auf diesem Weg war, dass das Ziel des Übens – das Transzendente, der Grund aller Wirklichkeit, Gott – mir *in allem* begegnet, was mir im Leben und erst recht in der Stille der Meditation widerfährt. Das bedeutet, dass es in der Meditation nicht auf Streben und Wollen ankommt, sondern auf eine gelassene und liebevolle Offenheit. Diese empfängt alles und nimmt alles an, was sich in der Meditation zeigt, Angenehmes und Unangenehmes, positiv wie negativ Bewertetes. Bis zu dieser Entdeckung hatte ich oft ignatianische Exerzitien gemacht, dabei zweimal, inzwischen dreimal die Dreißigtägigen, christliche Kontemplation mit dem Jesus-Gebet praktiziert und Erfahrungen mit Zen gesammelt. Durch Zufall lernte ich nun Vipassana (Erkenntnis-)Meditation kennen, die Methode, nach der Siddhartha Gautama geübt haben soll und so zum Buddha wurde, d.h. zu dem Bewusstsein erwachte, dass die Phänomene, die bei der Meditation auftreten, kommen und gehen und weder bleibende Erfüllung stiften können noch die Identität des Menschen konstituieren. In der Vipassana-Meditation erkannte ich den methodischen Rahmen für meine Erfahrung, dass Gott in allem, also auch in jedem Bewusstseinsphänomen, auf mich zukommt. Denn Vipassana macht alle Empfindungen, Gefühle, geistigen Gegebenheiten, die in der Übung auftreten, zum Gegenstand der Meditation. Es vermindert damit die Gefahr, dass der ernsthaft Praktizierende nicht gesünder und integrierter, sondern zerrissener und kränker wird, weil seine rein konzentrative Meditationsmethode Störungen nicht zulässt und er auf diese Weise Verdrängtes, das in sein Bewusstsein kommen will, wieder verdrängt. Hingegen fördert Vipassana durch das Durchleben der Phänomene, die in der Meditation auftauchen, deren Integration. Auf diese Weise wachsen Stille und Absichtslosigkeit. Eine entspannte, geschehen lassende Offenheit reift heran, die von keiner Konzentration auf irgendein Objekt oder eine Beschäftigung damit begrenzt wird. Der Meditierende beginnt zu verstehen, dass in der Stille eine geheimnisvolle Kraft wirkt, die seine Übung leitet und ihn zu ihrem Ziel hinzieht. Er hat dann, nachdem er sich zu seiner Meditation hingesetzt hat, in dieser nichts mehr zu tun. Er kann sich entspannen, sinken lassen und öffnen. In reiner Offenheit weiß er sich in nicht-wissendem Wissen im Geheimnis und Grund der Wirklichkeit, der sich hingebende Liebe ist und ihn zu sich selbst befreit.

Noch ein Wort dazu, wie die Textbetrachtungen meiner Ansicht nach am fruchtbarsten zu handhaben sind: Der Übende liest den Text so, dass er merkt, welche Stellen ihn ansprechen. Eine davon wählt er aus. Bei ihr bleibt er für die zehn Minuten Betrachtungszeit. Diese Stelle bringt offenbar etwas in ihm in Bewegung. Sie versetzt seine *Person*, nicht nur seinen *Verstand*, in Schwingung. Diese Resonanz ist Wirkung der *Textstelle* auf die *Person*, d.h., in ihr spiegeln sich Text und Person, an der es liegt, dass der Text diese Wirkung auf sie entfaltet. Auf eine andere Person würde dieselbe Stelle gar nicht oder ganz anders wirken. Die Person kann dadurch zu wahren Einsichten über sich selbst kommen. Das ist kostbar! Deswegen empfehle ich, sich erst einmal selbst mit den Texten zu beschäftigen und erst danach, am Ende der Woche, den Kommentar dazu zu lesen. Um dies und damit reicheren Gewinn zu begünstigen, wurde der Kommentar nicht unmittelbar nach den Texten abgedruckt, auf die er sich bezieht. Allerdings macht es auch wenig Sinn, die Kommentare losgelöst von ihren Texten hintereinander weg zu lesen. Das Inhaltsverzeichnis enthält die Themen der einzelnen Kommentare, so dass mit seiner Hilfe Antworten auf Fragen zu finden sind, die sich den Lesenden und Übenden stellen.

Die Vorgänge im Inneren des Menschen und in seinem Geist sind komplex und subtil. Um ihre sprachliche Darstellung nicht noch mehr zu komplizieren, verwende ich meist das grammatikalische Maskulinum und möchte damit *alle* Leser:innen ansprechen. Ich bin mir bewusst, dass diese nicht nur Männer, sondern auch Frauen und queere Menschen sind.

Schließlich möchte ich allen danken, die zur Entstehung dieses Buches beigetragen haben. Das sind die Teilnehmerinnen und Teilnehmer an den Ashram-Jahreskursen „Spirituelle Spurensuche“ und an den Meditationsgemeinschaften in der Advents- und der Fastenzeit. In besonderer Weise möchte ich meiner Kollegin Petra Maria danken, die das Manuskript kritisch gelesen und mir wertvolle Hinweise gegeben hat. Und schließlich ein Extra-Dank an meinen Lektor Heribert Handwerk, der, wiewohl im Ruhestand, es sich nicht nehmen ließ, aus meiner Vorlage wieder ein Buch zu machen, das in seiner Ausstattung und Gestaltung den Wert seines Inhalts widerspiegelt.

Ashram Jesu,
Weihnachten 2023

Stille Zeit – Grundlegung

Es ist Zeit, innezuhalten

Wir Bürger der reichen Staaten dieser Erde sind nun in einer Situation angekommen, in der offenbar wird, dass unser Leben nicht so weiterlaufen kann, wie wir es seit vielen Jahren führen. Wir waren gewohnt, dass der Wohlstand wächst, dass wir immer neue und immer mehr Konsumangebote und Möglichkeiten haben, das Leben zu genießen in einem Gefühl der Unbeschwertheit und Sicherheit und im Vertrauen, dass es genauso „nach oben" immer weitergeht.

Nun blicken jedoch entsprechend einer repräsentativen und tiefenpsychologischen Untersuchung von 2021[1] zwei Drittel der Deutschen ängstlich in die Zukunft. 61 Prozent stimmen der Studie zufolge dem Satz zu: „Deutschland steht vor einem Niedergang". Die größte Zukunftsangst betrifft den Klimawandel mit seiner fortschreitenden Polarisierung der Gesellschaft. Die These „Durch Krisen wie Corona und den Klimawandel stehen uns drastische Veränderungen bevor" hielten 88 Prozent der Befragten für richtig. Das Regierungshandeln während der Corona- und in der Klimakatastrophe erlebten und erleben viele Bundesbürger als unzulänglich. Das Zutrauen in die Problemlösekompetenz der Politik ist gebrochen. Im Sommer 2022 hatten nur noch 49 Prozent der Befragten eher Vertrauen in die Regierung, während 46 Prozent eher kein Vertrauen hatten.

Am 24. Februar 2022 überfiel die russische Armee die Ukraine und sorgte für weitere Krisen: Lebensmittelknappheit vor allem in Afrika, Energieknappheit und Teuerung bei uns sowie Neuausrichtung der Politik auf vielen Feldern.

Wie verhalten sich die Menschen in dieser Situation? Den Krieg vor unserer Haustür und die Angst, in diesen Krieg hineingezogen zu werden, versuchen die Deutschen weitgehend zu verdrängen. Zu diesem Fazit kommt eine weitere Studie des

1 Rheingold-Institut, Köln, URL (https://deutsche-wirtschafts-nachrichten.de/515136/Studie-sieht-Zeitenwende-Deutsche-haben-extreme-Zukunftsangst) vom 25.01.2023.

Rheingold-Instituts vom 24. Mai 2022.[2] Zentral sind für viele Menschen der Zusammenhalt und das Beisammensein in der Familie und im Freundeskreis sowie genussvolle Momente. Hier haben die Forscher und Forscherinnen auch hedonistische Ausprägungen im Stile der 1920er-Jahre gefunden: Lust an Lebensgenuss und Party, als gäbe es kein Morgen. Doch sei eine solche dauerhafte Verdrängung seelisch zutiefst anstrengend. Natürlich könne man Ängste und Sorgen „wegfeiern", aber die Unbeschwertheit fehle. Denn das Verdrängte bleibe dabei als unheimlicher Ton stets im Hintergrund, verhalte sich gar wie ein seelischer „Kriegs-Tinnitus". Die Studie beobachtet eine latente Gereiztheit und Aggressivität. Der „Kriegs-Tinnitus" sorge für Spannungen, die sich nicht selten in Streit und unversöhnlichen Meinungsverschiedenheiten entlüden. Das Hamas-Massaker vom 7. Oktober 2023 und der Gaza-Krieg haben diese Situation noch weiter angeheizt.

Neben der Ablenkung durch Party suchten in diesen Krisenzeiten, so das Ergebnis des Rheingold-Instituts, andere den Zusammenschluss mit Gleichgesinnten, mit denen sie ein spezifisches Zusammengehörigkeitsgefühl und gemeinsame Rituale entwickeln, um so Halt und eine gewisse Sicherheit zu finden. Wieder andere stürzten sich in einen Aktionismus, in dem sie mit ihren Diagnosen oder Problemlösungen Dritte zu missionieren suchen. Man denke an die vielen Verschwörungstheorien, die die Corona-Krise erklären sollten, oder den Veganismus als Therapie für die Klimaerwärmung. Dieser Aktionismus gebe das gute Gefühl, etwas gegen die Krise zu tun, und leite darüber hinaus die Problemspannung ab: „Wenn es brennt, renn ich im Kreis und schrei wie der Teufel." Das Im-Kreis-Rennen löst das Problem nicht wirklich, aber man fühlt sich besser!

Allerdings zeige sich im Kleinen, so die Studie weiter, auch eine hoffnungsstiftende Graswurzel-Mentalität: Auch wenn die verschiedenen Ansätze noch nicht genügend vernetzt und

2 URL (https://www.rheingold-marktforschung.de/rheingold-studien/psychologische-zeitenwende-krieg-brodelt-im-hintergrund/) vom 25.01.2023.

sichtbar seien, trügen viele etwas Sinnvolles zu einer Welt bei, in der die Menschen ihr Leben gestalten, ohne die Natur hemmungslos auszubeuten und den Planeten zu zerstören.

Zerstörung des Planeten und Vernichtung großer Teile auch der Menschheit, ob durch Klimakatastrophe oder Atomkrieg, steht nun als reale Möglichkeit vor uns. Dazu stellt sich angesichts der zu geringen Fortschritte, die Klimaerwärmung auf 1,5 Grad zu begrenzen, ein Gefühl der Ohnmacht ein, zumal schon kleine Änderungen des Lebensstils, die jeder Einzelne beitragen könnte, vielerorts am Können oder Wollen scheitern. Rasen wir in einem Zug Richtung Abgrund, dessen Fahrt gesäumt wird von Extremwetterereignissen, wachsendem Migrationsdruck, Schuldgefühlen, Umkippen der gesellschaftlichen und politischen Ordnungen und den unabsehbaren Folgen davon, dass der Mensch selbst zum proaktiven Macher des Klimas wird? Und sitzt der Einzelne hilflos und hoffnungslos auf seinem Sitzplatz, erfüllt von Ekel und Hass auf die Mitreisenden, die den Planeten zwar zerstören, aber nicht retten können? All das umhüllt wie ein Mantel die gewöhnlichen Probleme des persönlichen Lebens, die ja oft auch schon reichen: die hohe Belastung gerade der tragenden Generation durch Beruf, Familie und die Sorge um die alt gewordenen und immer älter und gebrechlicher werdenden Eltern, Beziehungsstress, Sorge um die Zukunft der Kinder, Krankheit, Verluste aller Art bis hin zum Tod geliebter Menschen.

Meditation und ihre Auswirkungen im Alltag

In dieser Situation der Verunsicherung und der Zukunftsangst ist Innehalten nötig. Denn wie bisher kann es nicht weitergehen. Aber ein Innehalten, das vor allem in Nachdenken besteht, greift zu kurz. Im günstigsten Fall endet es bei guten Vorsätzen. Da die Konzentration darauf den meisten Menschen im Alltag je länger, je mehr abhandenkommt, folgen aus ihnen oft keine effektiven Veränderungen. Wie heißt es so treffend: „Mit guten Vorsätzen ist der Weg zur Hölle gepflastert." Demgegenüber eröffnet Innehalten in Form von Meditation die Möglichkeit, zu kreativen Handlungsmöglichkeiten jenseits von Verdrängung, Flucht und blindem Aktionismus zu finden. In der Kraft der Meditation kann ein Mensch sich seinem Leben stellen. Sie schenkt eine Erfüllung, die jenseits von Konsum liegt, und macht daher einen nachhaltigeren Lebensstil möglich.

Das Wort „Meditation" stammt vom lateinischen „meditari" ab, was „nachdenken", „nachsinnen", „überlegen", „zur Mitte finden" bedeutet. Der Begriff „Meditation" bietet Raum für eine ganze Fülle von Methoden aus verschiedenen Religionen: Die ruhige Betrachtung eines Schrifttextes oder eines Bildes, das gesammelte Hören eines Musikstücks wird ebenso als Meditation bezeichnet wie z. B. die buddhistische Vipassana- oder Zen-Meditation, Yoga im Hinduismus oder die christliche Kontemplation.

„Meditation" zielt auf eine bleibende Erfüllung des Menschen. Diese wird verwirklicht in der Transformation der Person, die die Übung bewirkt. Wir erfahren immer wieder Erfüllung, Befriedigung, Glück im Leben. Doch dauern diese Erfahrungen nur kurz, sie bleiben nicht. Keine Erfahrung bleibt. Deshalb kann das Ziel der Meditation – bleibende Erfüllung – keine Erfahrung sein, kein Etwas, kein Objekt in unserem Bewusstsein. Das Ziel ist sprachlich nicht beschreibbar. Es liegt jenseits der Grenzen von Sprache und damit jenseits der Grenzen unserer Welt. Es ist transzendent. Infolgedessen kann bleibende Erfüllung auch nicht durch Suchen oder Herstellen von irgendwelchen Bewusstseinsobjekten und Konzentration auf sie zu erreichen sein, sondern, wenn überhaupt, durch eine Offenheit, die sich immer mehr entgrenzt, mit nichts beschäftigt ist und nichts erstrebt. Offene Bewusstheit, ein nicht-fokussiertes, ungeschäftiges, reines Gewahrsein ist die Disposition für die Erfüllung, die bleibt.

Nun weiß jeder Mensch, dass er in Gedanken immer wieder mit irgendwelchen Themen, Erinnerungen, zukünftigen Ereignissen, Bildern, Szenen und der Verbesserung seines jeweiligen Zustandes beschäftigt ist und eine solche anstrebt.

In welchem Ausmaß dies der Fall ist, erschließt sich erst dem Meditierenden: Er stellt fest, dass er fast pausenlos mit Denken und Wollen beschäftigt ist. „Kein Atemzug ohne Gedanken“, sagte mein Vipassana-Lehrer in Bodh Gaya. Wir leben unser Leben in einer Welt, die wir durch Denken und Wollen konstituieren. „Die Welt als Wille und Vorstellung“ lautet zu Recht der Titel von Schopenhauers Hauptwerk. Zwischen dem Menschen im Alltagszustand, der voller Aktivität des Denkens und Wollens ist und infolgedessen nicht oder nur sehr wenig offen, und dem Ziel unbegrenzter Offenheit und Nichtaktivität liegt der lange Weg der Übung des Meditierens.

Diese Übung besteht äußerlich in einem bewegungslosen, stillen Sitzen, möglichst an einem ruhigen Ort ohne Ablenkungen mit geschlossenen Augen oder, wenn das nicht leicht möglich ist, auch halb geöffneten Augen, die vor dem Übenden auf dem Boden ruhen, ohne diesen zu fokussieren. Die Meditierenden verwenden bei dieser Übung keinen äußeren Meditationsgegenstand, keinen Text, kein Bild, nichts Äußeres, worauf sie sich konzentrieren.

Innerlich besteht die Übung kurz gesagt darin, das ständige spontane Denken und Wollen durch ein Wahrnehmen zu unterbrechen, dessen Konzentration der Übende in dem Maße reduzieren kann, wie er das Wahrgenommene annimmt und sein lassen kann. Dann wandelt sich die auf das Objekt des Wahrnehmens gerichtete Aufmerksamkeit zum ungeschäftigen Gewahrsein des Ganzen – und der Übende ist in diesem Prozess mehr geöffnet worden.

Da Offenwerden nicht durch Streben zu erreichen ist – im Streben richte ich mich immer auf *etwas* aus –, sind Sich-Entspannen, Loslassen, Aufhören des Sich-Anstrengens und Sein-Lassen, was ist und wie es ist, wesentliche Elemente des Meditierens. Diese erste Orientierung über Meditation, wie ich sie verstehe, wird natürlich im weiteren Verlauf der Ausführungen Zug um Zug ergänzt und vertieft.

Die Nicht-Erfahrung der bleibenden Erfüllung ist da, wenn die im Bewusstsein auftauchenden Objekte ihre Kraft, Denken und Wollen zu aktivieren, weitgehend eingebüßt haben und der Meditierende wach in eine Art traumlosen Schlaf versinkt. Das Ziel wird nicht erfahren. Es geschieht – und dann entsteht daraus eine erfahrene Erfahrung. Es selbst ist in der Unmittelbarkeit der erfahrenden Nicht-Erfahrung. Der Meditierende weiß darum in einem Wissen, das nicht weiß. Wer in diese Unmittelbarkeit eingetaucht ist, wacht auf zu einem befreiten Leben aus dem immanent-transzendenten Grund aller Wirklichkeit, der unbedingte Liebe ist. Dieser macht seine Person aus. Er ist ihr Kern. Aber die Person ist nicht der Kern aller Wirklichkeit.

Je mehr ich die Früchte des Innehaltens am eigenen Leib erfahren habe, ein umso größeres Anliegen ist es mir geworden, Menschen dazu anzuhalten, eine tägliche Zeit der Stille und des Ihrer-selbst-Innewerdens in ihren Alltag einzubauen. Das ist für viele anfangs nicht leicht. Wenn sich die Praxis jedoch einigermaßen stabilisiert hat und zu einem Teil des Lebens geworden ist, macht sich die Kraft des Innehaltens in vielfacher Weise im Alltag bemerkbar.

Ein schützender Mantel

Durch die Zeit der Stille entsteht etwas wie ein Puffer zwischen der eigenen Person und den Kräften, die im Alltag herrschen und einen vereinnahmen wollen; eine kleine Distanz wie durch einen gefütterten Mantel, die jedoch nicht Distanziertheit, sondern die Voraussetzung für Zuwendung ist. Dieser Mantel bewirkt, dass das, was geschieht, nicht ungebremst auf die eigene Person durchschlägt und sie in automatisch ablaufende Reaktionen verstrickt. Wenn z. B. der Chef kommt und Druck macht mit einer neuen Aufgabe, die „gestern schon hätte fertig sein sollen“, muss der in Meditation Geübte nicht alles stehen und liegen lassen, sich selbst vergessen und sich schuldbewusst an die neue Arbeit machen, sondern kann durchatmen und überlegen, wie er mit der Situation umgeht, und seine Prioritäten abwägen. Ähnlich muss er eine vielsagende Bemerkung eines Kollegen nicht gleich auf sich selbst beziehen und aus Verunsicherung (über-)reagieren. Er hat Zeit, sich zu entscheiden, ob er die Bemerkung auf sich beruhen lässt oder ob er nachfragt, und wenn ja, wann, wo, bei welcher Gelegenheit und wie er das tut.

Selbsterkenntnis

In der Stille kommen Gedanken, Gefühle, Wünsche und Bewertungen ans Licht, die dem Alltagsbewusstsein verborgen sind. Der Meditierende wird sich seiner inneren Bewegungen hier und jetzt bewusst. Schon auf diese Weise kreiert die stille Zeit Selbsterkenntnis. Aber es geschieht noch mehr: Durch das aufmerksame Verweilen bei den inneren Bewegungen geht dem Meditierenden auf, wieso diese entstehen konnten; nicht nur, welches Ereignis sie ausgelöst hat, sondern welche Vorstellungen, Botschaften, Glaubenssätze der eigenen Person die konkreten inneren Bewegungen bedingen. Solche Selbsterkenntnis ist die Grundlage wahren Selbstbewusstseins und Selbstvertrauens.

Selbstbewusstsein hat ja nicht, wer mit Willen und Kraft eine Fassade, Pose oder sonstige Selbstinszenierung aufrechtzuerhalten vermag. Solches Verhalten ist starr und unflexibel und schützt ein Selbst, das sich nicht traut zu sein, was es ist und wie es ist, und dazu zu stehen. Selbstbewusstsein ist der Mut zur Bewusstheit seiner selbst. Ohne Courage ist es nicht möglich, sein Verhalten mit dem anderer Menschen fein abzustimmen, einen Konflikt konstruktiv auszutragen und etwas mit anderen auszuhandeln.

Selbstvertrauen resultiert aus der Auflösung der „blinden Flecken“. Das sind dysfunktionale Verhaltensmuster, die andere an mir wahrnehmen, für die ich selbst jedoch blind bin. Wenn sich dem Meditierenden die Bedingungen seines Fühlens und Verhaltens erschließen, lösen sich die blinden Flecken auf. Dann kann er darauf vertrauen, dass er sich und seinen Absichten durch sein ihm unbewusstes Benehmen nicht im Wege steht und zielorientiert handeln kann.

Kreative Problemlösungen

Wie Selbsterkenntnis die subjektive, auf das eigene Selbst bezogene Frucht des Innehaltens ist, ist Problemlösung ihre objektive, auf die gegebene Situation bezogene Seite. Das möchte ich erklären: Als Student mühte ich mich wochenlang ab, den Beweis für einen mathematischen Satz zu führen, von dem auch meine Lehrer und Kollegen vermuteten, dass er stimmte. Wie ich es auch versuchte, welche Geschütze ich auch auffuhr, am Ende kam ich immer auf dieselben zwei, drei Denkwege, von denen ich mittlerweile schon wusste, dass sie zum Beweis der These nicht taugten. Ich musste die Angelegenheit liegen lassen und mich mit dem Gedanken anfreunden, meine Arbeit ohne diese Sache fertigzustellen. Wochen später kam mir bei einem Spaziergang ein Einfall zu diesem noch offenen Beweis. Er war ganz einfach und lag so nahe, dass ich bis dahin immer darüber hinweggesehen hatte. Ich eilte nach Hause, setzte mich an meinen Schreibtisch und eins nach dem anderen ergab sich aus diesem Einfall der gesuchte Beweis.

Für einen kreativen Prozess sind in der Tat drei Momente wesentlich: zum einen die Beschäftigung mit dem gegebenen Problem; es muss analysiert, bewertet, soweit möglich verstanden werden. Zum Zweiten müssen Lösungsmöglichkeiten erdacht und geprüft werden. Und drittens braucht es eine Distanz zum Milieu des Problems und der Lösungsideen. Dann kann eine kreative Idee einfallen. So hatte ich das ja tatsächlich erlebt.

Diese drei Momente birgt nun auch der Prozess des Innehaltens in sich: Die Beschäftigung mit dem Problem und seinen Lösungsmöglichkeiten findet spontan statt. Wenn nämlich der Problemdruck hoch ist, denkt der Kopf immer wieder wie von selbst über das Problem und seine Lösung nach, auch beim Meditieren. In der Meditation ist nun aber entscheidend, die gedankliche Beschäftigung mit dem Problem zu beenden, sie zumindest zu unterbrechen durch Wahrnehmen der vom Problem und seiner Beschäftigung damit ausgelösten inneren Bewegungen. Das Eingeständnis des Problemdrucks und die Zuwendung zu den Gefühlen verringert den Problemdruck und erzeugt eine Öffnung, in der sich Fixierungen auf ein bestimmtes Verständnis des Problems, auf bestimmte Bedingungen für seine Lösung sowie die Dringlichkeit des Ganzen verflüssigen. Damit ist der Boden bereitet, dass dem Meditierenden etwas ganz Neues zum Problem aufgehen kann, das eine echte Lösung voranbringt. Die Übung, Probleme loszulassen, schafft den nötigen Abstand für Kreativität.

Erfüllung, die eine nachhaltigere Lebensweise ermöglicht

Unsere Wohlstandsgesellschaft verheißt ein glückliches Leben durch eine Fülle von Angeboten. Diese können zu einem Shopping-, Erlebnis- und Konsum-Rausch führen, in den der Einzelne hineingezogen wird wie in einen Strudel, in dem er – letztlich unerfüllt – untergeht. Die Meditation hingegen bringt den Menschen in Kontakt mit sich selbst. Sie zentriert ihn und gibt ihm Boden unter seine Füße. Er erfährt die Wohltat der Nüchternheit – wie Tannhäuser, der beglückt und befreit wieder die schlichte Melodie eines Hirten vernehmen kann, als er dem Rausch der Sinne entsagt. Leben-Können in Ruhe bei sich selbst, sein Genüge finden an den einfachen Dingen des Lebens, an dem Gesang der Vögel, dem freundlichen Wort eines Mitmenschen, dem Gepräge einer Landschaft, der sanften Berührung des Windes …, entbunden davon, auf der Lauer nach dem nächsten Kick liegen zu müssen. Das ist eine tiefe Freude.

Meditation integriert die Person. Die abgespaltenen Bezirke werden weniger. Die Person fühlt sich dadurch mehr im Besitz ihrer selbst und ganz. Sie weiß, was sie will, und kann authentisch sein. Das heißt nicht, dass ein Mensch, der meditiert, unverwundbar und immer happy ist. Doch die Ausschläge seines in Versöhntheit, Nüchternheit, Einfachheit, Dankbarkeit und Vertrauen geführten Lebens werden geringer. Die Praxis der stillen Zeit hellt die Grundstimmung des Lebens auf. *Die Freude im Leben kommt von innen*, die Befriedigung durch die Must-haves der Gesellschaft verliert an Reiz. In der Kraft des Innehaltens wird ein materiell bescheideneres und nachhaltigeres Leben möglich, wie es die drohende Klimakatastrophe und die begrenzten Ressourcen der Erde verlangen.

Innere Freiheit

Der Puffer, von dem oben schon die Rede war, jene kleine Distanz zu Dingen und Personen, verschafft dem in Meditation Geübten den Freiraum, sich selbst und sein Handeln in der gegebenen Situation zu bestimmen. Er wird nicht so leicht von seinen gewohnten Reaktionsweisen auf diese Situation ergriffen. Der Puffer ist die äußere Bedingung für eine personale Entscheidung. Die innere Voraussetzung dafür besteht zum einen darin, mehr und mehr die Bedingungen zu erkennen, von denen die Person des Meditierenden glaubt, dass sie gegeben sein müssen, damit sie leben kann und darf. Was sind solche Bedingungen? Der eine muss überall dabei sein, der andere muss Erfolg haben, eine Dritte muss brillante Auftritte hinlegen oder gut aussehen – dann fühlen sich diese Personen lebendig und gut. Solche Bedingungen müssen jedoch nicht nur erkannt, sondern auch gelassen werden können: Die Person muss die Erfahrung machen, dass sie befreit von diesen Bedingungen leben kann. Dann wächst der innere Freiraum. Sie wird unabhängiger von den Kräften, die durch die gegebene Situation auf sie einwirken und sie binden wollen, und kann in ihr intuitiv und kreativ handeln. Ihre Authentizität, ihr Mehr-bei-sich-selbst-angekommen-Sein geben ihrem Verhalten und Handeln Gewicht. Sie wird erfahren, dass sie etwas bewirken kann und nicht nur ein Rädchen ist, das im Getriebe der herrschenden Umstände, des Mainstreams oder auch der eigenen Muster funktioniert.

Je mehr Meditierende auf ihrem Weg voranschreiten, je mehr sie geöffnet und in die Sphäre des transzendenten Ziels ihrer Übung gezogen werden, desto mehr stellen sie fest, dass sich die Dinge dieser Welt relativieren. Sie werden, wie Ignatius von Loyola das nennt, „indifferent“, so dass sie „Gesundheit nicht mehr verlangen als Krankheit, Reichtum nicht mehr als Armut, Ehre nicht mehr als Schmach, langes Leben nicht mehr als kurzes, und folgerichtig so in allen übrigen Dingen."[3] Dieser Gleichmut aus innerer Freiheit ist nicht Gleichgültigkeit, sondern Ausdruck davon, dass wahrhaft erfüllendes Leben aus dem transzendenten Ziel der Meditation fließt und nicht im Haben glücklicher Lebensumstände besteht. Immer wichtiger wird, in allen Geschehnissen des Lebens, ob angenehm oder unangenehm, Gott zu finden, d.h. innezuhalten und bei den von ihnen ausgelösten inneren Bewegungen achtsam zu verweilen, ohne diese verstehen oder anders haben zu wollen. Auf diese Weise werden sie transparent für den Grund der Wirklichkeit, der den Meditierenden zu sich befreit und ihm zeigt, was hier und jetzt zu tun ist.

Beziehungsfähigkeit

Wer sich selbst besser versteht, wer die Gefühle und Bedürfnisse wahrnimmt, die sein Reden und Wirken steuern, wer die Grenzen seines guten Willens kennt, der kann sich in andere einfühlen, sie verstehen und Verständnis auch für ihre Behinderungen und Grenzen aufbringen. Brüskierungen, Missverständnisse, Konflikte müssen daher nicht durchweg so „gelöst" werden, dass man dem Widersacher aus dem Weg geht, schlecht über ihn spricht, ihn womöglich hintenherum bekämpft und schließlich die Beziehung abbricht. Die Meditation lässt den Übenden sich dahin entwickeln, dass er in der Lage ist, zwischenmenschliche Spannungen zu besprechen, zu verstehen und zu versöhnen, wenn auch die anderen Beteiligten sich darauf einlassen.

Nahe Beziehungen sind oft davon bestimmt, dass die beiden Partner symbiotisch miteinander identifiziert sind: Man möchte alles mit dem andern teilen, alles gemeinsam tun, alles mögen, was der andere mag. Das ist auf Dauer bei verschiedenen Personen allerdings unmöglich. Die Unterschiedlichkeiten verlangen immer machtvoller nach ihrer Anerkennung,

3 Ignatius von Loyola, Geistliche Übungen Nr. 23, Hrsg.: Adolf Haas, Freiburg [2]1976; ich zitiere daraus zukünftig in der Form: GÜ <Nr.>.

sodass die Symbiose irgendwann zusammenbricht und die beiden Partner verkracht Abstand voneinander halten. Unterschiede dürfen eben nicht aus der Beziehung weggedrückt werden, sondern müssen in die Beziehung integriert werden. Das fällt demjenigen leichter, der sich kennt und weiß, was er braucht, auch wenn das dem Partner möglicherweise nicht gefällt. Je länger er zögert, zu sich zu stehen, umso mehr wächst der Druck, umso schwieriger wird es, sein Bedürfnis vorzubringen, ohne den anderen zu brüskieren oder gar zu verletzen. Sorgt er jedoch frühzeitig für sich und sein Bedürfnis, solange er nämlich noch flexibel und ohne Vorwurf ist, kann er zusammen mit dem Partner eine Lösung finden, die beiden entspricht. Damit haben die beiden gewagt, sich auf so etwas Heikles wie eine Beziehungsstörung einzulassen, und die Erfahrung gemacht, dass ihre Beziehung dadurch lebendiger und stärker wurde. Wer weiß, dass er Raum für die eigenen Bedürfnisse braucht, wird diesen auch dem anderen zugestehen. Dann kann das Pendel der Beziehung frei hin- und herschwingen zwischen Nähe und Distanz, zwischen gemeinsamen und unterschiedlichen Wünschen, zwischen Raum, der miteinander geteilt wird, und Raum, den jeder für sich braucht.

Sich-mitteilen- und Zuhören-Können

Ohne Gespräch und Dialog ist Beziehung nicht zu leben und zu gestalten. Das ist eine Binsenweisheit, doch die Sache selbst ist alles andere als einfach. In vielen Partnerschaften kommt das Gespräch über das Management des Alltags, die Planung des Urlaubs, die Instandhaltung der Wohnung und die Erziehung der Kinder nicht hinaus. Wenn die beiden Partner keinen Zugang zu dem haben, was sie innerlich bewegt, was sollen sie einander auch sagen? Sie werden einander fremd. Auch die alltäglichen Missverständnisse und Spannungen, nicht zu reden von Konflikten und Krisen, lassen sich nicht ausräumen, ohne über sein Erleben und seine inneren Bewegungen zu sprechen. Meditation befähigt zur *Meta*-Kommunikation, zum Gespräch dar*über*, wie man miteinander spricht. Ohne Meta-Kommunikation ist Kommunikation auf Dauer unmöglich.

Die Meditation übt nicht nur das Wahrnehmen der inneren Bewegungen, sondern schult auch die Fähigkeit, Empfindungen und Gefühle auszuhalten, die einen in Spannung versetzen. Daran hängt das Zuhören-Können, das Zweite, was für ein Gespräch nötig ist. Für einige ist Zuhören nur ein Warten, bis der andere mit Reden aufhört, damit man selbst wieder zu Wort kommt. Andere picken ein Stichwort aus der Rede des Sprechers heraus und planen ihre Einlassung, während jener noch spricht. Wirkliches Zuhören, Aufnehmen, was der Redner meint, Nachfragen, um ihn richtig zu verstehen, persönliches Erwidern ist eine seltene Kunst. Diese verlangt, dass der Zuhörer die Worte seines Gegenübers nicht nur mit dem Verstand aufnimmt, sondern zugleich auch bemerkt, welche Resonanz sie bei ihm auslösen, d.h., welche inneren Bewegungen bei ihm selbst entstehen. Aus diesem Gemenge von Gedanken und Gefühlen formt der Zuhörer seine Erwiderung. Dafür hat er es gewagt, sich in eine untergeordnete Position zu begeben. Das gilt erst recht, wenn die Resonanz den Zuhörenden in Spannung oder Erregung versetzt, z.B. wenn der andere ihn konfrontiert oder ihm Vorwürfe macht. Dann kann es zu einer echten Herausforderung werden, die Offenheit aufrechtzuerhalten. Wenn jedoch der Hörer nicht an sich heranlässt und in gewissem Maß auch aushält, was der Sprecher mitteilt, stellt sich bei diesem das Gefühl ein, nicht verstanden zu werden. Die beiden berühren sich nicht wirklich, haben sich eigentlich nichts zu sagen und verlieren auf Dauer das Interesse aneinander.

Die Kunst, sich mitzuteilen und zuzuhören, spielt nicht nur im Privaten eine Rolle, sondern auch in unserer Gesellschaft. Wir hören fast täglich, dass die Fähigkeit abnimmt, einander zuzuhören, insbesondere demjenigen, der anderer Meinung ist. Seine Kultur wird gecancelt, seine Person abgewertet, beschimpft, bedroht, bloßgestellt, man möchte ihn (mund-)totmachen – bei gleichzeitig immer hehrer werdenden Ansprüchen von Moral und Political Correctness. So werden die Gegensätze immer schroffer und unversöhnlicher. Je weniger ein Mensch aus dem Kontakt mit seinem Inneren lebt, umso mehr sucht er Halt in äußeren Dingen, auf die er sich fixiert. Dann wird es lebenswichtig, ob der eigene Fußballclub gewinnt, der Urlaub den Erwartungen entspricht usw. Noch teilen viele das Ziel, unsere Demokratie zu bewahren und zu verteidigen. Doch sehen sie nicht, wie sie es untergraben durch ihre Unfähigkeit, nach innen zu hören. Der Soziologe Hartmut Rosa hat ein viel beachtetes Buch mit dem Titel „Resonanz“[4] geschrieben, in dem der Resonanzfähigkeit des Menschen, seiner Fähigkeit also, „mit dem Herzen hören zu können“, eine Schlüsselrolle zukommt für ein lebenswertes Leben und die Lösung der gesellschaftlichen und globalen Probleme.

Resilienz

Seit einigen Jahren wird häufig über „Resilienz“ gesprochen. „Resilienz“ meint Widerstandsfähigkeit, Elastizität, Spannkraft und bezeichnet die Fähigkeit, mit belastenden Situationen zurechtzukommen. Dabei spielen vorgegebene Umstände eine Rolle, wie z. B. die Umwelt oder kognitive Möglichkeiten, die der Einzelne hat oder nicht hat, und Faktoren, die eine Person entwickeln kann, um ihre Resilienz zu stärken. Unter den entwickelbaren Resilienzfaktoren werden meist folgende genannt: eine positive Selbstwahrnehmung, eine angemessene Selbststeuerungsfähigkeit, die Überzeugung, etwas bewirken und gestalten zu können, soziale Kompetenzen, vernünftiger Umgang mit Stress, Problemlösekompetenz, Entwicklung von Deutungs- und Sinngebungsmodellen der Realität.

Am Ende der Erörterungen, wie kraftvoll sich das Innehalten auf den Alltag auswirkt, lässt sich feststellen: Meditation stärkt die Resilienz und damit die Fähigkeit, in Würde und Verantwortung zu leben.

---

4 Hartmut Rosa: Resonanz: Eine Soziologie der Weltbeziehung, Berlin 2019.

Basics der Meditationsübung

Im nächsten Kapitel, „Los gehts!“, schildere ich, wie die Übung des Innehaltens konkret angegangen werden kann. Im jetzigen Kapitel möchte ich folgende vier Grundprinzipien dieser Praxis herausstellen:

1. Sich nach innen richten
2. Aufhören, zu denken
3. Aufhören, etwas zu wollen oder zu erstreben
4. Sich öffnen für Grenzerfahrungen

Diese vier Maximen sind alle unserem Alltagsverhalten entgegengesetzt. Daher bedürfen sie der besonderen Aufmerksamkeit des Übenden, dessen gewohnte Art und Weise ja nicht dadurch endet, dass er sich zur Meditation hinsetzt. Im Licht dieser vier Grundsätze bedeutet Meditieren, das übliche Gebaren zu bemerken, es bewusst zu durchkreuzen, die Macht des Gewohnten ab- und Offenheit zunehmen zu lassen.

Wer sich einer solchen Praxis verschreibt, muss kleine Brötchen backen. Er kann nicht damit rechnen, dass er sich hinsetzt, und schon ist ungeschäftiges Gewahrsein da. Jedoch: Jedes Bemerken des gewohnten Verhaltens, jede noch so kurze Unterbrechung davon darf der Übende als Erfolg verbuchen.

Wenden wir uns nun diesen vier Grundprinzipien im Einzelnen zu.

1. Der Meditierende wendet sich nach innen

Wir leben in einer Zivilisation, in der das Außen ungeheuer wichtig ist, nicht nur z. B. für den Lebensunterhalt, der dort verdient werden muss, oder für Beziehungen. Etwas zu erreichen, medial präsent zu sein und in der Öffentlichkeit etwas darzustellen ist für viele Zeitgenossen bedeutsam. Für wen das die Hauptsache ist, wird *etwas* – und verliert *sich selbst.* Im Alltag ist auch der Meditierende mit dem Außen beschäftigt, mit anderen Menschen, der Familie, der Arbeit, den Problemen, mit der Politik, dem nächsten Urlaub oder den Hobbys. Wir alle haben in unserem Leben gelernt, unser Befinden, unsere Gefühle, unser Inneres – das, was uns innerlich bewegt – zurückzustellen, um zu funktionieren, um uns nicht verwundbar zu machen oder um unsere Mitmenschen nicht mit unseren „Innereien" zu belästigen: „Wie es da drinnen (im eigenen Herzen) aussieht, geht niemanden was an", war ein Spruch meiner Mutter und die Rechtfertigung dafür, auch selbst nicht danach zu schauen. Wenn wir bei der Meditation aufhören, uns mit dem Außen zu beschäftigen, rückt der vernachlässigte Bezirk des Inneren in das Licht unserer Aufmerksamkeit. Wir merken, was uns gedanklich umtreibt, spüren unser Befinden, unsere Gefühle und Stimmungen, Empfindungen des Körpers wie Schmerz, Schwitzen oder Frieren, Rumoren der Verdauung usw. – all das beginnt, uns bewusst zu werden. Um diese scheinbar so banalen Dinge geht es bei der Übung der Meditation.

Aber sind sie wirklich so unbedeutend? Es sind doch Äußerungen der Person des Übenden, die einzigen hier und jetzt vorhandenen, alles, was er von sich selbst gerade hat. Weist er sie zurück, vertut er die Chance, sich selbst, dem Menschen, der er ist, nahezukommen. Die Weisheit aller Völker kennt unzählige Geschichten, wonach der Schatz des Lebens, das wahre Glück, nicht draußen gefunden wird, sondern im eigenen Selbst. Werden die inneren Bewegungen also ernst genommen, sind sie ein Weg zu diesem Selbst – und darüber hinaus zu jenem geheimnisvollen Grund, der der Kern des Selbst ist. In dessen Unmittelbarkeit eingetaucht zu werden, das ist dieser Schatz, der das Leben mit Freude erfüllt, ihm Halt und Hoffnung gibt und die Kraft, zu vollbringen, was jetzt und hier zu tun ist, heilsam für die Mitmenschen, die Umwelt und den ganzen Planeten. Diesen Schatz nennen Christen „Gott" und seine Erkenntnis „ewiges Leben" (Joh 17,3).

2. *Der Meditierende hört in seiner Übung auf zu denken*

„Kein Atemzug ohne Gedanken", hatte ich oben schon meinen Lehrer zitiert und gesagt, dass wir dieses Geschnatter im

Kopf bei der Meditation nicht bekämpfen, es aber dadurch beenden, zumindest immer wieder unterbrechen, indem wir in die Wahrnehmung gehen. Wenn die Stille in der Meditation allmählich wächst, erkennen wir innere Bewegungen wie Empfindungen, Gefühle, Wünsche als Bedingungen unserer Gedankentätigkeit. Auch mit diesen Bedingungen beschäftigen wir uns idealerweise in der Meditation gedanklich nicht, ganz anders als im Alltag, wo wir alles, was sich im Bewusstsein regt, spontan begrifflich fassen.

Das ist schon so auf der basalen Ebene der Sinneswahrnehmungen. Was wir sehen, sind z. B. Autos, Häuser, Bäume, Menschen … Es ist uns nicht bewusst, dass dies das Ergebnis eines kognitiven Verarbeitungsprozesses ist, der aus dem von den Augen dem Bewusstsein unmittelbar Gegebenen – das ist etwas Ausgedehntes mit Farbmustern – mit Hilfe der Erinnerung eine Gestalt macht, Vorder- und Hintergrund unterscheidet, eventuell verschiedene Hypothesen prüft und schließlich feststellt, dass auf diese Weise z. B. das Konzept „Mensch“ erfüllt wird. Etwas benennen, verstehen, einordnen zu können entlastet uns, löst die Spannung, die Fremdes, Unerklärliches oder gar Ungewünschtes und Störendes in uns hervorruft. Diese Spannung ist eine hauptsächliche Triebfeder dafür, dass sich unsere Gedanken mit der Erfahrung „das ist ein Mensch“ weiter beschäftigen. Sie versuchen sie einzuordnen: Mann oder Frau? Kenne ich ihn/sie? Wenn ja, wer ist das? Was macht er/sie hier? Soll ich auf ihn/sie zugehen oder wegschauen? … Wenn ich das Phänomen einordnen und Lösungen für die Rätsel finden kann, die es mir aufgibt, kann sich meine Spannung lösen. Allerdings gelingt uns das nicht immer und dann zwingt uns das Rätsel, uns noch eine ganze Weile weiter gedanklich damit zu beschäftigen.

In der Meditation trainiere ich das Gegenteil des Alltagsverhaltens: Ich übe, in der Wahrnehmung eines Gefühls oder einer Empfindung zu *verweilen*, *ohne* dass ich mich damit gedanklich beschäftige: Ich „bin“ mein Gefühl bzw. meine Körperempfindung. Ich verzichte darauf, sie verstehen oder ihre Problematik lösen zu wollen. Die gedankliche Beschäftigung mit einem Gefühl oder einer Empfindung verursacht Kaskaden weiterer

Gedanken, ein Sumpf aus Fantasien, Assoziationen, Hypothesen, Bildern und Erinnerungen entsteht, sodass der feste Boden außer Sicht gerät. Allmählich stellen sich zusätzlich Überforderung und Hilflosigkeit ein und machen den Sumpf noch größer: Das ist das Gegenteil des Spannungsabbaus, der durch die gedankliche Beschäftigung ursprünglich intendiert war. Das Bild vom Sumpf macht deutlich: Wer ihn trockenlegen will, muss ihm das Wasser abgraben. Und das geschieht dadurch, dass das Gefühl oder die Empfindung, welche die gedankliche Beschäftigung bedingen, mehr und mehr angenommen werden. Dazu muss der Meditierende sie in den Blick nehmen, ihnen seine Aufmerksamkeit zuwenden, bei ihnen aushalten.

Sich z. B. gedanklich mit seiner Angst zu beschäftigen, macht die Angst nur größer: Denn die Gedanken, die, angetrieben von Angst, um die Angst und ihre Objekte kreisen, sind quasi mit Angst imprägniert. Sie halten die Angst lebendig und verstärken sie. Deswegen ist die halbe Miete, seine Angst zu bewältigen, die gedankliche Beschäftigung mit der Angst zu beenden. Die andere Hälfte besteht im bewussten Fühlen der Angst. Es reduziert diese auf einen unangenehmen, aber aushaltbaren Zustand innerer Spannung und deckt die Einstellungen der Person auf, welche der Angst zugrunde liegen.

In den seltenen Momenten unseres Lebens, in denen wir wunschlos glücklich sind, sind wir nicht nur wunschlos, sondern auch gedankenlos: Das ständige Getriebe in unserem Kopf ist zur Ruhe gekommen, wir sind entspannt, in der Gegenwart und ruhen in uns selbst. Unsere dauernde gedankliche Beschäftigung führt uns aus der Gegenwart heraus und ist kein Teil des Glücks; das Beenden der unwillkürlichen Gedankentätigkeit hingegen schon.

3. *Der Meditierende hört auf, in seiner Übung etwas zu wollen oder zu erstreben*

Dass unser Wollen und Wünschen einmal stillsteht, das ist nur der Fall, wenn wir restlos erfüllt und glücklich sind und uns nichts fehlt. Aber das sind nur kurze Momente. Wenn die

Glücksmomente nur kurz sind, machen folglich die Zeiten, in denen das Glück fehlt, die Zeiten, in denen das Leben also irgendwie un-glücklich ist, in denen irgendeine Art von Mangel vorherrscht, den Normalzustand des Lebens aus. Diese Einsicht formuliert der Buddhismus als seine erste edle Wahrheit: die Wahrheit vom Leiden. Wer sie sich eingestände, würde damit schon den ersten Schritt zur Beendigung des Leidens machen. Doch die meisten Menschen schlagen zunächst einen anderen Weg ein: Sie setzen auf Wünschen, Wollen und Erstreben.

Als Kind war einmal mein größter Wunsch an das Christkind ein batteriebetriebenes Auto, das durch ein Kabel mit der Steuereinheit verbunden war. Ich bekam es und war glücklich. Ein, zwei Tage lief ich hinter meinem Mercedes her. Aber das Glücksgefühl ließ schnell nach und das Gefährt stand immer häufiger in der Ecke. So geht uns das leider immer mit den erfüllten Wünschen. Auf eine mehr oder weniger kurze Zeit der Befriedigung und Freude, in der wir uns erst gesättigt und dann müde fühlen, folgen Langeweile und Leere. Dann hält Unzufriedenheit Einzug, unsere Augen beginnen Ausschau zu halten nach etwas, was uns befriedigen könnte, und mit der Zeit finden sie Möglichkeiten. Irgendwann setzt sich eine davon im Kopf fest und dann wollen und erstreben wir sie. Wir richten uns auf die von ihr als befriedigender verheißene Zukunft aus und nehmen ihre Verwirklichung in Angriff. Die Arbeit daran erfüllt uns mit Vorfreude, fordert uns heraus und lenkt uns von uns selbst ab. Diese Funktionen hat beispielsweise auch unsere berufliche Tätigkeit. Sie gibt uns eine Aufgabe und stützt unsere Identität, wir gehören dazu, treffen Kollegen, sind von uns selbst abgelenkt. Genau das sagte einmal eine Therapeutin ihrer Klientin. Diese wehrte das entschieden ab. Nein, sie setze sich beruflich für Menschen ein, wolle helfen, bewirke Gutes. Das mag ja durchaus stimmen. Doch nach kurzer Zeit in Rente musste sie eingestehen, dass ihre Therapeutin recht hatte.

Unser fast ununterbrochenes Streben weist darauf hin, dass es das Problem der prinzipiell als ungenügend und unbefriedigend empfundenen Gegenwart nicht lösen kann. Wer sich diese Realität nicht eingestehen kann, gerät unweigerlich in die Sucht. Er ist immer auf der Suche nach der nächsten Befriedigung. Solange es dem Süchtigen gelingt, zum Kick zu kommen, fühlt er sich stark, bestätigt, überlegen, souverän. Nichtsdestotrotz läuft er im Hamsterrad der Sucht. Dieses muss sich immer schneller drehen, weil die erstrebte Befriedigung immer dürftiger ausfällt. Das laugt aus, überfordert, Erschöpfung und das Gefühl der Hilflosigkeit nehmen zu. Diese Phänomene verbreiten sich auch in unserer Gesellschaft, sodass sich die Frage stellt, ob unser sogenannter „freiheitlicher Lebensstil" nicht ein erhebliches Suchtproblem hat.

Wollen und Streben lösen nicht das Problem der prinzipiell un-glücklichen Gegenwart, sie verschaffen uns nur vor allem Ablenkung und einen Trostpreis. Deswegen übt der Meditierende, sein Denken, Wollen und Streben in Ferien zu schicken, sobald er es bemerkt. Damit lässt er seine Vorstellung von Erfüllung und dass sie durch Wollen und Streben zu erreichen ist los. Das bringt ihn sanft in Kontakt mit der Gegenwart, die ihn zunächst mit dem Gefühl eines Mangels konfrontiert. Er gesteht sich dieses Gefühl ein und übt, es anzunehmen. Dadurch verliert es an Macht. Er selbst erfreut sich am Gewinn innerer Freiheit. Es löst sich etwas, er kann sich entspannen und loslassen und wird geöffnet. Reines Gewahrsein aber ist die Disposition zur Nicht-Erfahrung der Unmittelbarkeit des Ganzen und bleibender Erfüllung.

4. Der Meditierende öffnet sich für Grenzerfahrungen

Aus dem bisher Gesagten ergibt sich, dass Grenzerfahrungen zur Übung der Meditation dazugehören und der Übende sich auf sie einlassen muss. Grenzerfahrungen sind Erfahrungen, in denen die eigenen Vorstellungen und Erwartungen, das Wollen und Streben an eine Grenze stoßen. Es geht nicht wie gewohnt oder gewollt. Etwas kommt in die Quere und stört. Wir mögen keine Grenzen. Sie lösen in uns Gefühle der Enttäuschung, Verunsicherung und Niedergeschlagenheit, vielleicht auch Wut aus. Wir möchten, dass es reibungslos nach unseren Vorstellungen geht. Daher tun wir spontan alles, um eine Grenze zu beseitigen oder ihr auszuweichen.

Nun muss man aber verstanden haben: Gute Erfahrungen in der Meditation sind angenehm und schön. Sie bestärken und ermutigen uns. *Die unangenehmen Grenzerfahrungen jedoch können uns verwandeln. Sie können uns zu unserem wahren Selbst befreien – wenn wir an der Grenze innehalten, d. h. bei den inneren Bewegungen – Gefühlen, Wünschen … – verweilen, die die Grenze bei uns auslöst.*

Außerdem: *Wo sonst könnte uns die Welt jenseits unserer Welt, das transzendente Ziel der Meditation, so nahe sein wie eben an den Grenzen unserer Welt?*

Deshalb sind Grenzerfahrungen von größter Bedeutung, und deshalb ist es wichtig, in der Meditation auftauchende Grenzen als eine wirkliche Chance zu verstehen und an ihnen innezuhalten. Das Innehalten an einer Grenze bedeutet, die meist unangenehmen Gefühle wie Ärger, Enttäuschung, Hilflosigkeit usw., die die Grenze auslöst, auszuhalten. Das Innehalten an einer Grenze wird daher zum Sich-selbst-Aushalten, zunächst einmal nur für die Dauer der Meditation. Wenn ich gelegentlich vom Aushalten spreche, meine ich damit ein Innehalten, das bei unangenehmen oder auch schmerzhaften inneren Bewegungen verweilt.

Sofort ist der Einwand da: Wie kann ich denn an der Grenze innehalten, wo sie mich doch abstößt? An einer Grenze auszuhalten, muss *geübt* werden. Wie jede Übung gelingt auch diese mal besser und mal schlechter. Jedoch helfen dabei folgende drei Überlegungen, die man verinnerlichen muss, und eine Methode. Die drei Überlegungen:

1. Das Aushalten an der Grenze verwandelt den Meditierenden und erschließt Transzendenz. Nur an der Wand ist Wandlung möglich!
2. Die Grenze ist ja nur für die begrenzte Zeit der Meditationsübung auszuhalten, zwanzig oder dreißig Minuten – nicht ewig. Viele Schmerzpatienten wären glücklich, wenn sie nur eine Stunde am Tag Schmerzen hätten.

3. Das Aushalten an der Grenze ist Durchbrechen des *Gesetzes der Koppelung*[5]: Angenehmes, positiv Bewertetes, das uns erscheint, ist gekoppelt mit Erstreben und Haben-Wollen. Unangenehmes, Störendes, Leidvolles, negativ Bewertetes, das vor uns auftaucht, ist gekoppelt mit Vermeiden, Sich-Ablenken und Es-wegbekommen-Wollen. Dieses Gesetz steuert unser Verhalten automatisch und ist die Mutter aller Zwänge, der Grund unseres Laufens im Hamsterrad von Mangel – Streben – neuem Mangel.
4. *Die Methode:* Ein machtvolles Instrument, um an der Grenze zu verweilen, besteht darin, sich die Grenze einzugestehen, aufzuhören, sie weghaben zu wollen, sich auf die an ihr ausgelösten Gefühle zu konzentrieren, die gedankliche Beschäftigung immer wieder aufzugeben und sich zu entspannen. Dieses Herzstück der Meditation wird unten und in den Kommentaren weiter erklärt.

Vielleicht ist die Verheißung von der verwandelnden Kraft der Grenze und der Bewusstheit der Transzendenz an ihr für manche sehr weit weg. Doch eine unmittelbare und konkrete Wirkung hat die Begegnung mit einer Grenze auf jeden Fall: Sie holt uns vom hohen Ross einer naiven Selbstsicherheit, dass wir alles meistern können, wenn wir es nur wirklich wollen. Viele Grenzen in der Meditation öffnen sich uns erst, wenn wir uns schließlich eingestanden haben, dass wir sie nicht knacken können. So wird die Grenze zur Lehrmeisterin von *Demut*: die Erfahrung der Unerfüllbarkeit des Lebens durch eigenes Mühen, die an der Grenze gemacht wird, hilft dabei umzukehren: sich zu öffnen, bereit zu werden, zu empfangen, was gegeben wird, ungeschäftig zu werden und geduldig zu warten. Demut geht mit der Erkenntnis der eigenen Wahrheit Hand in Hand und ist für das Vorankommen beim Meditieren zentral.

5 Ausführlicher dazu: Dickerhof, Vom Lieben und vom Sterben, Auf der Suche nach dem Kern des Christlichen, Würzburg 2021.

In der Tat ist die Grenze eine Chance, die eigene Wahrheit tiefer zu erkennen. Dass eine Wirklichkeit, der der Meditierende in seiner Meditation begegnet, für ihn eine Grenze darstellt, liegt an seinen Vorstellungen von sich selbst, von der Welt und von der Bedeutung, die das angestrebte Ziel für ihn hat. Stellen Sie sich vor, es regnet. Der eine ist entlastet, weil er sich ungestört seiner Arbeit zuwenden kann, der andere ist enttäuscht, weil die seit Langem geplante Radtour buchstäblich ins Wasser fällt. Wie wir also auf ein Ereignis reagieren, hängt nicht nur vom Ereignis, sondern ganz wesentlich von uns selbst ab. Das ist eine wichtige Einsicht. Sich an einer Grenze in der Meditation mit der Grenze zu beschäftigen, gegen sie anzurennen oder sich zu beschweren bringt nichts: Die Grenze ist da und sie ist, wie sie ist. Was aber weiterführt, ist, an der Grenze die eigene Person in den Blick zu nehmen. Der Schlüssel zu ihr sind die Gefühle, die sich an der Grenze einstellen.

Ich will den Gedanken am Beispiel einer Gesangsschülerin erläutern, die zu Weihnachten den Bewohnern eines Altenheims durch ein kleines Gratis-Konzert eine Freude machen will. Alles ist vorbereitet. Doch die Heimleitung muss wegen Corona im letzten Moment absagen. Die Gesangsschülerin ist tief enttäuscht: alles Üben, alle Vorbereitung umsonst. Ihre Reaktion erscheint zunächst verständlich, aber ist sie das wirklich? Denn Üben ist Üben, es ist nie umsonst. Durch den Ausfall des Konzerts hat sie sogar noch freie Zeit gewonnen. Sie könnte sich freuen. Allenfalls könnten ihr die alten Leute leidtun, die sich, statt gemeinsam der Musik zu lauschen, nun allein und manche dazu noch krank in ihren Zimmern aufhalten müssen. Aber enttäuscht? Sogar tief enttäuscht? Das Geschehen kann das Ausmaß der Enttäuschung eigentlich nicht erklären. Dann muss die Begebenheit für sie eine andere Bedeutung haben als für einen Außenstehenden. Die Meditation bringt ans Licht, dass sie die Bewunderung ihrer Zuhörer gesucht, ja gebraucht hatte: Ihre Lehrerin hatte ihre Eignung für eine Solokarriere in Zweifel gezogen. Das kritische Feedback der Meisterin ist die Wunde, aus der ihre Enttäuschung quillt. Keine Karriere als Solistin, kein Star, nichts Besonderes, Durchschnittsware, keine Anerkennung. Sie merkt, wie wichtig ihr Bewunderung ist und was sie alles tut, um bewundert zu werden. Damit ist sie diesem Streben nicht mehr blind ausgeliefert und kann an dieser Stelle, an der sie aus ihrer Welt zur Wirklichkeit aufgewacht ist, mehr Freiheit erlangen. An der Grenze die eigene Person in den Blick zu nehmen, hat etwas gelöst.

Die Welt der Gesangsschülerin, die sich um Anerkennung dreht, ist offenbar nicht die Wirklichkeit. Jeder von uns lebt in einer Welt, die er für die Wirklichkeit hält, die sie aber nicht ist. Zum einen ist uns alles sprachlich vermittelt. Die Allgemeinbegriffe der Sprache können niemals die konkrete Wirklichkeit einfangen. Wir reden von einem Baum, aber das Wort entbirgt uns nicht den ganzen Reichtum und die Geheimnisse des Lebens eines konkreten Baumes. Möglicherweise sind die Wahrnehmung selbst, sicherlich jedoch ihre Deutung und die dabei mitschwingenden Assoziationen, Fantasien, Bewertungen, Bedeutungen, Gefühle, Wünsche, Handlungsimpulse beeinflusst von unserer Geschichte, von erlittenen Beziehungsverletzungen, Traumata, uns überfordernden und darum verdrängten Ängsten. Es ist uns nicht bewusst, dass wir uns eine eigentümliche Welt konstruieren, die wir für die Wirklichkeit halten, und dass Angst das Fundament dieser Welt ist. Ich nenne sie „Idiopolis"[6], da sie vor allem durch Beziehungserfahrungen definiert wird, so wie die einstmalige griechische Polis durch ihre Mitglieder, nicht jedoch durch ihr Territorium bestimmt wurde. Viele Jahre hat die Idiopolis dem Menschen geholfen zu (über-)leben, doch dem Erwachsenen wird sie allmählich zum Gefängnis. Durch seine Lebenserfahrung und Reife ist er in der Lage, sich nun den Grenzen dieses Gefängnisses, den Grenzen seiner Idiopolis, zu stellen. Sie führen ihn an die Fundamente seiner eigentümlichen Welt und zu einer Befreiung, wenn – ja, wenn – er an der Grenze innehaltend bei sich und seinen Gefühlen verweilt, diese fokussiert und aushält. Jammern, Selbstabwertung, Kommentieren, Suchen nach Lö-

6 Ausführlich dazu Kapitel Idiopolis in: Dickerhof, Der spirituelle Weg. Eine christlich-interreligiöse Lebensschule, Würzburg 2016, S. 44–60.

sungen, Versuche, die Grenze zu umgehen oder zu beseitigen, kurzum: Denken und Wollen helfen nicht weiter.

Liebe Leserin, lieber Leser, Sie müssen es sich ganz klarmachen: Wenn Sie sich den Grenzerfahrungen, die das Leben und die Meditation bringen, nicht stellen, bleiben Sie in einer auf Angst gebauten, wirklichkeitsfernen Welt sitzen, in der sich nichts wirklich Neues ereignen kann, weil alles in die bestehenden starren Muster eingeordnet werden muss: Ihre Welt wäre ein Grab, Ihr Leben tot.

Auf dieses aushaltende Innehalten, wenn die Meditation unbefriedigend, langweilig, unruhig ist oder unangenehme Gefühle und Empfindungen auftreten, werde ich immer wieder hinweisen. Denn darin sind sich die mystischen Traditionen aller Religionen einig: Ohne Sterben des Egos gibt es keine innere Freiheit und bleibende Erfüllung.

Und in der Tat offenbart sich im Verweilen bei sich selbst an der Grenze etwas vom Land jenseits der Grenze. Als Kind stand ich an der Grenze zu Frankreich und sah, dass es dort ganz andere Autos gab als bei uns, dass die Leute lange Weißbrote unter dem Arm trugen und dass auch die Häuser anders ausschauten. So ist es auch an der Grenze unserer Welt: Auch wenn wir das jenseitige Land nicht betreten können, etwas davon teilt sich uns mit. Ein Hauch, der von drüben herüberweht, ein Milieu, das uns erfasst und sich in uns ausbreitet und etwas in unserem Inneren löst und weitet und leicht macht und uns dazu animiert, unsere Welt und unser bisheriges Selbstverständnis loszulassen, das uns im Innehalten an der Grenze zu Bewusstsein kommt und sich als obsolet erweist. Wer sich der Wahrheit der Grenze beugt und in dieses Loslassen seiner bisherigen Identität einwilligt, wer diese also zugrunde gehen lässt, gelangt in Wahrheit zu seinem Grund. Befreit zu einem integrierteren Selbst, wird er in sich gegründet und nimmt sich selbst in Besitz. Seine Bewusstseinsinhalte, sein Denken und Wollen, wovon er fraglos meinte, dass es ihn ausmache, sind gar nicht seine Identität, wie er nun beginnt zu verstehen. Zugrunde geht etwas von seinem Ego, dessen Sinnen und Trachten sich um die Bedingungen dreht, die er meint, erfüllen zu müssen, um leben zu können. *Die Möglichkeit greift Raum, dass seine wahre Identität ganz und gar im Land jenseits seiner Welt verankert sein könnte.* Kräfte, die bisher damit beschäftigt waren, sowohl Infragestellungen seines Gefängnisses durch dessen Reparatur und Ausbau abzuwehren als auch die Zweifel an dieser Abwehr nicht hochkommen zu lassen, werden nun frei für das Leben. Die prekäre Sicherheit des Gefängnisses wird ersetzt durch einen Zuwachs an Vertrauen aus der durchlebten Grenzerfahrung. Zuwachs an Vertrauen bedeutet Zuwachs an Offenheit und Empfänglichkeit und damit Fortschritt auf dem spirituellen Weg.

Los gehts!

Die folgenden Empfehlungen sollen so etwas wie eine Startrampe darstellen. Eine Rakete, die abgefeuert wird, braucht eine Startrampe, um in die Gänge und in die richtige Richtung zu kommen. Aber wenn sie gestartet ist, dann muss sie auf Selbststeuerung umstellen und sich den Gegebenheiten anpassen. Daher enthält die Startrampe nur die grundlegende Information, nur das Wesentliche, damit dieses nicht durch weniger Wesentliches verunklart wird. Dieses Wesentliche muss sich in alle Systeme der Rakete einschreiben.

Nehmen Sie sich also Zeit, das Folgende nicht nur zu (über-) lesen, sondern auch zu verstehen und zu verinnerlichen. Wenn Sie gestartet sind – ich wünsche Ihnen, dass Sie das motiviert und mit Feuereifer gleich einer Rakete tun – und allmählich Ihre eigenen Erfahrungen machen, dann passen Sie Ihren „Kurs“ so an, dass Sie das finden, was Sie ersehnen. Weitere Orientierung geben Ihnen dabei die Texte, die Ihr Üben von Woche zu Woche begleiten.

Eine tägliche etwa halbstündige Zeit der Stille in seinen Alltag zu implementieren ist nicht leicht: Immerhin geht es um die Umstellung eingespielter Gewohnheiten. Die tägliche stille Zeit sollte zu einem Teil der täglichen Routine werden wie z. B. das Zähneputzen. Die Umstellung der eigenen Abläufe betrifft meist auch die Personen, die mit einem zusammenleben. Also sind Absprachen zu treffen, um eine für alle passende Lösung zu finden.

Erfahrungsgemäß ist es *morgens* am einfachsten, seine stille Zeit zu halten: Eine halbe Stunde früher aufzustehen, sollte eigentlich machbar sein. Morgentoilette – und dann ab in die Stille. Danach kann es weitergehen wie gewohnt. Für die Zeit am Morgen spricht, dass man noch nicht so unter Strom steht, von den Eindrücken des Tages weniger belastet und weniger abgekämpft ist als zu späterer Stunde. Außerdem ist ja die Meditation die Grundlage der Distanz, die es im Alltag ermöglicht, dessen Dynamiken und Turbulenzen in Selbstbesitz und größerer innerer Freiheit zu begegnen.

Ideal ist ein vorbereiteter *Platz* in der Wohnung, so eine Art Gebetsecke mit Stuhl oder Sitzkissen auf dem Boden, vielleicht eine Kerze, ein Bild …, so wie Sie es halt mögen. Ein solcher Platz ist von großem Vorteil. In Zeiten, in denen das Meditieren schwerfällt – und die wird es geben –, kann die Mühe, seine Stille-Zeit-Utensilien zusammenzusuchen, der Tropfen sein, der das Fass der Unlust zum Überlaufen bringt – und dann war's das mit dem Innehalten für diesen Tag und leider oft nicht nur für ihn.

Wenn diese Empfehlungen für Sie unpassend sind, z. B. weil Sie viel freier über Ihre Zeit verfügen können oder weil sie von vornherein unmöglich zu realisieren sind, dann müssen Sie kreativ werden und eine geeignetere Stunde oder einen passenderen Ort ausprobieren: in der Bahn oder im Bus auf der Fahrt zum Arbeitsplatz; in einer Kirche. Klar: Ein Platz, an dem Sie sich sicher fühlen und sich loslassen können, ist vorzuziehen. Aber aufgepasst: das Mögliche machen, nicht das Ideale!

Sie sollten sich auch für den Fall wappnen, dass Sie aus dem Rhythmus kommen und *die stille Zeit ausfällt.* Dann empfehle ich:

- Zürnen Sie sich nicht, hadern Sie nicht. Gestehen Sie sich ein, dass die Meditation Ihnen eine Grenze aufgezeigt hat, an der Sie gescheitert sind.

- Versuchen Sie nicht, die versäumte stille Zeit nachzuholen: Wenn Sie gerade eine halbe Stunde Stille nicht hinbekommen haben, wie wollen Sie dann mehr bewältigen?
- Die Gründe *ernst nehmen und würdigen*, die zum Scheitern an der Grenze geführt haben, und dabei verweilen: Hier wirken starke Kräfte. Es lohnt sich, sie kennenzulernen und sie sich *einzugestehen*! Gerade nicht wegschauen!
- Halten Sie inne, um in Ruhe zu überlegen, wann und wie Sie den Einstieg in den Rhythmus des Innehaltens setzen und gestalten können. Vielleicht sind auch einige Anpassungen Ihrer stillen Zeit nötig.

Ferner ist es ratsam, von Anfang an einen *freien Tag* einzuplanen, z. B. am Wochenende, an dem man die stille Zeit ausfallen lässt oder anders macht als sonst. Berufstätige können ausschlafen und den Tag nach Lust und Laune gestalten. Der Tag nach dem freien Tag ist dann immer ein Neuanfang der stillen Zeit und damit eine Gelegenheit, wieder einzusteigen, wenn man in der Woche vorher aus dem täglichen Innehalten rausgekommen ist.

Es lohnt sich, nach *Unterstützung* Ausschau zu halten. Das kann eine Person aus dem eigenen Umfeld sein, im Idealfall ein Mitbewohner oder eine Mitbewohnerin, die sich ebenfalls um eine tägliche Zeit der Stille bemühen. Von Zeit zu Zeit kann man sich mit ihr oder ihm über die Erfahrungen beim Meditieren austauschen. Das ist sehr hilfreich: Es ermutigt und spornt an. Eine andere Möglichkeit ist eine Meditationsgruppe in der Nähe, die Unterstützung bietet. Oder man findet einen in Meditation erfahrenen Menschen, der einen begleitet.

Ich schlage vor, die tägliche Zeit der Stille folgendermaßen zu *strukturieren*:

- Meditation so lange, bis ein spürbares Ruhiger-Werden, ein erstes Loslassen eintritt. Gewöhnlich ist das nach etwa 20 Minuten der Fall;
- danach etwa zehn Minuten Schriftbetrachtung. Für jede Woche finden sich in diesem Buch zwei Texte. Da Wieder-

holung ein wichtiges Prinzip des spirituellen Lebens ist – es dauert, bis etwas vom Kopf ins Herz gelangt –, empfehle ich, den ersten Text jeweils an den ersten drei, den zweiten Text jeweils an den letzten drei Tagen der Woche zu betrachten. Im ersten Text geht es in der Regel um die Meditationsmethode. Es liegt also nahe, die eigene Praxis mithilfe dieses Beitrags zu reflektieren. Der zweite Text stammt aus der Bibel. Er bezieht sich auf den ersten, stellt die Praxis der stillen Zeit in den Rahmen einer christlich geprägten Kultur und eines Gottesbezuges. Meditation braucht nicht nur Methode, sondern auch innere Haltungen und einen Geist, in dem sie vollzogen wird. Dieser Geist teilt sich in den biblischen Texten mit. Die Übung der Meditation, der es ja um die Verwandlung des Selbst geht, lässt diese Haltungen und diesen Geist heranreifen. Je mehr diese entwickelt sind, desto besser kommt der Übende mit seiner Praxis zurecht, umso mehr findet er, was er darin sucht.

Auf diese Weise kann die stille Zeit einerseits zu einer Schule des Meditierens werden, andererseits zu einer Gebetszeit. Die Meditation bereitet den Boden der für das Gebet nötigen Sammlung und macht den Übenden für ein Wort aus dem Text berührbar. Die Resonanz, die es in ihm auslöst, ist der Stoff, mit dem er sich an Gott wendet. Sich in dieser Weise vor Gott auszudrücken befriedigt manchen, dem es schwerfällt, seine Schweigemeditation selbst als Gebet zu verstehen. In den Kapiteln über die Praxis der Schriftbetrachtung und über Meditation und Gebet im Sinne Jesu finden Sie noch mehr zu dieser Thematik.

Die Praxis der Meditation

Meditation ist Nichts-Tun – und ich gebe hier eine Anleitung, wie man Nichts-Tun *tut*. Das scheint auf den ersten Blick paradox. Es wird insofern verständlich, als Nichts-Tun *geübt* werden muss und sich meine Hinweise auf das Üben beziehen. Dabei darf das Ziel der Nicht-Aktivität nicht aus dem Auge verloren werden. Sonst kann es leicht geschehen, dass das Perfektionieren der Methodik zum eigentlichen Sinn der Übung wird. Diesem Ziel jagt der Übende dann mit höchster Konzentration nach. Wenn es klappt, befriedigt ihn der Erfolg und streichelt sein Ego. Damit ist er unversehens in den Armen seiner eigentümlichen Eigenwelt gelandet, aus deren Umklammerung die Meditation ihn eigentlich befreien will.

Da also nie etwas zu tun ist in der Meditation, ist Gelöstheit und Entspanntheit ihre Grundhaltung.

i. Dazu soll auch der *Sitz* beitragen. Dieser ist aufrecht, bequem, entspannt auf einem Stuhl oder auf dem Boden, und zwar so, dass das Becken höher liegt als die Knie. Auf dem Stuhl sitzt es sich am besten entweder ganz vorne an der Kante oder ganz hinten, so dass in diesem Fall die Lehne den Bereich der Lendenwirbelsäule wohl stützt, aber der Rücken nicht angelehnt ist. Der Sitz auf dem Boden gibt spürbar mehr Halt, doch darf er nicht zu ambitioniert sein; sonst könnte die Übung vorwiegend zum Kampf mit Dehnungsschmerzen geraten.
   Die Wirbelsäule steht in sich und an ihr „hängt" der Oberkörper wie ein Mantel am Garderobenständer. Er ist dann gerade und kann sich sinken lassen. Lassen Sie ihn sinken, lassen Sie Ihr Becken schwer auf der Sitzunterlage nieder. Keinesfalls wird der Oberkörper mit Willen und Muskeln nach oben gedrückt. Hilfreich ist allerdings, das Brustbein aufzurichten, um aus dem Buckel herauszukommen, den viele machen, die gebückt oder am Schreibtisch arbeiten. Dann können die Schultern sinken und auch der Kopf kann eine entspannte Stellung auf dem Hals finden, bei der sich das Kinn in Richtung Kehlkopf absenkt.
   Wenn möglich, sind die Augen geschlossen; ist das zu unangenehm, ruht der Blick auf dem Boden, ohne diesen zu studieren. Die Hände liegen entweder ineinander im Schoß zu einer nach oben offenen Schale geformt, wobei die Daumenkuppen sich leicht berühren. Merkt man im Verlauf der Übung, dass sie aufeinandergepresst sind, ist das ein Hin-

weis, dass man sich zu sehr anstrengt und sich entspannen sollte. Die Hände können auch auf den Oberschenkeln abgelegt werden, Handflächen nach oben oder unten – wie es dem Übenden entspricht.

ii. Ich richte einen Timer (Handy) auf 20 Minuten ein. Da beim Meditieren ja nichts zu tun und nichts zu erreichen ist – nicht einmal eine gute Meditation –, kann ich lockerlassen, mich öffnen und entspannen, soweit mir das möglich ist. Ich *spüre* – nicht: ich stelle mir vor –, wie ich dasitze, und lasse mir dabei Zeit. Ich muss nirgendwohin und kann mich öffnen. Ich empfinde den Druck des Gesäßes auf die Sitzunterlage und den der Beine oder Füße auf den Boden und verweile dabei. Ich habe keine Eile! Nach und nach kann ich Kopfhaut, Stirn, Augen, Wangen, Mund, Kehlkopf, Schultern, Arme, Brust und Bauch durchgehen, sie spüren und die Empfindungen jeweils mit dem Atmen verbinden. Das unterstützt die Entspannung. Danach hilft mir, mich im Ganzen wahrzunehmen, vertieft ein- und verlängert auszuatmen und mich dabei etwas mehr loszulassen, um, soweit mir jetzt möglich, offen und gelöst dazusitzen.

iii. Die ganze Meditation findet *unter dem Dach des Atems statt*. Denn *das bewusste Atmen* entspannt den Körper nach und nach mehr und mehr. Wenn der Körper sich entspannt, wird es auch im Kopf ruhiger. Darüber hinaus hat der Atem noch einen weiteren Vorzug: Er kommt und geht von selbst. Ich muss ihn nicht machen. Egal, wie ich mich fühle, egal, wie meine Meditation klappt oder nicht klappt, es atmet in mir ein ... und es atmet in mir aus ..., Einatem ... und Ausatem ..., ich werde im Leben gehalten, ohne dass ich dafür eine Extra-Leistung erbringen müsste. Es hängt zwar von meinem Befinden ab, ob der Atem tief oder flach, langsam oder schnell, rau oder glatt, schwer oder leicht ist, aber die Tatsache, dass er kommt und geht, ist von meiner Verfassung unabhängig. Das Atmen relativiert daher das Geschehen in der Meditation. Es erleichtert mir, meine Meditation und mich selbst anzunehmen, wie immer ich mich vorfinde.

Das Atmen erlaubt mir zu sein, wie ich hier und jetzt bin, ohne etwas zu verbessern oder zu verändern.

Nach der Entspannung zu Beginn atme ich natürlich weiter und spüre dabei die Bewegung des Atems in meinem Körper

a. im Ganzen: der Einatem streicht durch die Nasenlöcher und hebt Brust und Bauch. Beim Ausatmen senken sich die Bauchdecke und die Brust wieder und die ausströmende Luft strömt durch die Nasenlöcher. Ich brauche davon nur das zu spüren, was ich ohne Anstrengung wahrnehmen kann, nicht jedes Detail;
b. an einer Stelle der ganzen Bewegung: an der Bauchdecke, die sich hebt und senkt; oder an der Brust, die sich ebenfalls hebt und senkt; oder an den Nasenlöchern, an denen der Atem einwärts und auswärts vorbeistreicht.

Ich sagte es schon: Ich lasse mir dabei Zeit, auch wenn meine Unruhe mich vorantreiben will. Ich sage mir dann: „Das Ziel liegt nicht vor dir, sodass du auf es zueilen müsstest. Das Ziel ist im Hier und Jetzt, im gegenwärtigen Moment, in dir und im Ganzen, öffne dich also, hör auf, etwas erreichen zu wollen." Im gegenwärtigen Augenblick ist alles da – nur ich selbst bin sehr oft nicht da! Schließlich wähle ich diejenige der vier Möglichkeiten aus, das Atmen mit der Aufmerksamkeit zu begleiten, mit der ich heute am besten zurechtkomme, und verweile dabei, die Empfindung wahrzunehmen, die das Atmen an der gewählten Stelle auslöst. Den Atem lasse ich kommen und gehen, wie es von selbst geschieht; mit der Zeit wird er sich beruhigen. Gelegentlich spüre ich hin, wie es um meine Anstrengung bestellt ist: Gegebenenfalls wiederhole ich die Entspannungsübung vom Beginn in passender Form und kehre dann wieder zu meiner Praxis zurück, mein Atmen an der gewählten Stelle mit der Aufmerksamkeit zu begleiten.

iv. Dabei wird es allerdings meist nicht lange bleiben, vielleicht keine zwei Atemzüge. Dann lenkt mich ein Phänomen, das in meinem Bewusstsein aufgetaucht ist, von der Empfindung des Atmens im Körper ab. Solche *Bewusstseinsphänomene* sind:

a. Gedanken: Ich analysiere, kreise um eine Lösung für ein Problem, kommentiere etwas, klage, mache Vorwürfe, plane die Zukunft, beschäftige mich mit der Vergangenheit, mit Szenen, Bildern, Tönen ..., wünsche oder will etwas ...
b. Körperempfindungen: Mir ist warm oder kalt, es juckt oder beißt irgendwo, es rumort im Gedärm, etwas tut weh ...
c. Gefühle: z. B. Freude, Wut, Angst, Ekel, Überraschung, Traurigkeit; dabei ist zu beachten, dass Gefühle oft zunächst diffus daherkommen: Ich spüre, da ist etwas, aber ich kann nicht sagen, was es ist. Erst allmählich entpuppt sich aus dem diffusen Etwas ein identifizierbares Gefühl.
d. Geistige Gegebenheiten: In welchem Geist sitze ich da? Bin ich offen, interessiert, gelassen ...? Oder verschlossen, abwehrend – durch Müdigkeit, Ärger, Langeweile, Unruhe ...?

Wenn ein solches Phänomen im Bewusstsein auftaucht, übt es Macht auf den Meditierenden aus: Es „zwingt" ihn, sich gedanklich damit zu beschäftigen, und aktiviert sein Wollen. Die gedankliche Beschäftigung rührt daher, dass der Übende verstehen will, wieso dieses Phänomen jetzt auftaucht, was es für ihn bedeutet und ob etwas für ihn daraus folgt und er etwas tun muss. Gefällt es ihm oder bewertet er es positiv, dann will er es automatisch vertiefen und festhalten oder bei der nächsten Meditation wiederherstellen. Missfällt es ihm oder beurteilt er es negativ, dann will er es mechanisch wegbekommen oder sich wenigstens davon ablenken. Denken und Wollen werden also durch Bewusstseinsphänomene unwillkürlich aktiviert. Vorbei ist es dann mit der wachen, offenen Gegenwärtigkeit und dem Nichts-Tun, das die Meditation sein sollte.

v. Die Macht, mit der mich Bewusstseinsphänomene zum Denken und Streben zwingen, lässt sich nicht durch das Bestreben überwinden, nicht zu denken und nichts zu wollen; das wäre nur ein Mehr an Wollen bzw. Denken. So geht es also nicht. Wie aber dann? Ich bin darauf angewiesen, zu *merken*, dass ich in Gedanken bin oder etwas erreichen will. Ohne dass ich das bemerke, ohne dass mir zu Bewusstsein kommt, was hier und jetzt geschieht, läuft alles weiter wie gehabt. Erst wenn ich mein Denken und/oder Wollen merke, kann ich dieses Geschehen korrigieren, meine Aktivität beenden und neu hinhören und hinspüren, was gerade mit mir los ist. Was könnte mit mir los sein?

I. Nichts als Schneegestöber der Gedanken. Ich bin halt mal wieder ins Denken gekommen, nicht zum ersten Mal, und unzählige weitere Male werden folgen. Wie schon so oft hat mich das Geplärre in meinem Kopf – ein Chaos aus Gedanken, Bildern, Szenen, Melodien ... – aus der Wahrnehmung geholt und ins Denken verstrickt; ziellos wandern die Gedanken umher, bald hierhin, bald dorthin, vom Hölzchen aufs Stöckchen; keine Ahnung, wie das zugeht. Ich lasse alle meine Vorstellungen von einer guten Meditation, in der Stille und Ruhe herrschen, sausen und gestehe mir ein, dass mir dauernd irgendetwas durch den Kopf geht. Ich rüge mich nicht, ich bekämpfe das nicht, indem ich meine Konzentration hochfahre, sondern wende mich in diesem Wissen *sanft* wieder der Wahrnehmung des Atmens an der von mir gewählten Körperstelle zu. So ist das eben. Wie gesagt: „Kein Atemzug ohne Gedanken." Also ist *die Unterbrechung des Kopfkinos ein Grundzug unserer Übung.*

II. Beim Bewusstwerden, was mit mir los ist, könnte ich feststellen, dass im Vordergrund meines Bewusstseins eine Körperempfindung steht oder ein Gefühl oder eine geistige Gegebenheit wie Unlust, Unruhe, Müdigkeit. Damit hatte sich mein Denken beschäftigt oder war dadurch „getriggert" worden. Das Erste, was ich tue, ist: Ich *gestehe* mir ein, was da ist, auch und vor allem dann, wenn es mir unangenehm ist oder ich es negativ bewerte, und sage mir, dass nichts verkehrt ist, dass nichts anders sein muss. Denn es kommt nun darauf an, zu betrachten, was da ist, und es so sein zu lassen, wie es ist. Ich wende mich also diesem Phänomen zu, nehme es wahr und verweile mit meiner Aufmerksamkeit dabei.

III. Wenn es wie im Fall I nur Gedankenrauschen ist, könnte es doch sein, dass immer wieder dieselbe Szene, dasselbe Bild, dasselbe Thema auftaucht und die Gedanken darum kreisen. Wenn das so ist, versuche ich zu erspüren, wie es mir dabei geht: Wie fühle ich mich, wenn ich mich wieder und wieder mit demselben befasse? Vermutlich „erzwingt" ein Gefühl, das mit der Szene, dem Bild, dem Thema zusammenhängt, aber noch nicht oder nicht genügend bewusst werden durfte, die Wiederholung des Immer-Selben. Wenn ich dieses Gefühl spüren kann, gestehe ich es mir ein, gebe ihm Raum und verweile dabei wie im Falle II. Die Meditation gewinnt dann an Tiefe.

Haben Sie bemerkt, liebe Leserinnen und Leser, dass sich die Verfahren im Fall I bzw. den Fällen II und III erheblich unterscheiden? Die Gedankentätigkeit wird im Fall I beendet durch Zuwendung zur Atem-Bewegung an einer der vier Stellen: Bauchdecke, Brust, Nasenlöcher oder der Bewegung insgesamt. In den Fällen II und III wird die Tätigkeit des Denkens und Wollens dadurch beendet, dass deren Energiequelle fokussiert wird, eine Körperempfindung, ein Gefühl, eine geistige Gegebenheit. Diese Quelle ist nun der Meditationsgegenstand, nicht die vom Atem ausgelöste Bewegung des Körpers. Unversehens und zunächst unbemerkt verhindern wir das manchmal, wenn dieser Meditationsgegenstand unangenehm ist: Der Übende wendet sich wie im Falle I fröhlich der Atembewegung zu, weil er so dem Unangenehmen entkommen konnte. Das sollte er aber nicht tun, sonst vergibt er die Chance, die das Innehalten an der Grenze, die der Meditationsgegenstand offenbar darstellt, ihm bietet. Wer sich abschneidet vom Unangenehmen und vom Schmerz, der ist auch abgeschnitten von wahrer Freude. Da Körperempfindungen, Gefühle und geistige Gegebenheiten das Geschehen in unserem Bewusstsein bedingen, ist es besonders wichtig, sie zu betrachten; etliche Wochentexte und Kommentare werden sich deshalb mit diesem Thema intensiv beschäftigen.

Wenn der Übende Denken und Wollen in seiner Meditation vorfindet, tut er nicht nichts, sondern wird aktiv: Er ersetzt das Wollen und Denken, zu dem er „gezwungen" ist, durch Wahrnehmen. Er richtet seine Aufmerksamkeit auf das, was hier und jetzt ist, auf ein Phänomen wie die Atembewegung des Körpers oder eine Körperempfindung, ein Gefühl, eine geistige Gegebenheit. Er gesteht sich dies ein und lernt, es anzunehmen, indem er aufmerksam dabei verweilt. Wenn dieses Verweilen durch Gedankentätigkeit oder Wollen unterbrochen wurde, kehrt er *sanft* dahin zurück. Nur so bekommt die Meditation Tiefe.

vi. Mit der Zeit wird er zu dem weiteren Schritt fähig, die Wahrnehmung des Phänomens *absichtslos* mit der Wahrnehmung des Atmens zu *verbinden*. Dadurch findet die Meditation „unter dem Dach des Atems" statt. Der Meditierende spürt das Phänomen – ein Gefühl, einen Schmerz, eine Unruhe –, auf ihm liegt sein Hauptaugenmerk; und gleichzeitig gewahrt er, wie sein Atem kommt und geht. Er kennt das ja schon von der Verbindung z. B. des Hebens und Senkens der Bauchdecke mit dem Atem. Die Früchte sind dieselben: Die Verbindung mit dem Atmen relativiert das Hier und Jetzt und entspannt den Übenden. Sie hilft ihm, den Bewusstseinsinhalt da sein zu lassen, wie er ist. Dadurch gewinnt die Meditation an Tiefe. Sie gewinnt jedoch nur dann an Tiefe, wenn das gleichzeitige Gewahren von Phänomen und Atmen *absichtslos* ist. Gerne wird die entspannende Wirkung des Atems benutzt, um das unangenehme Phänomen durch Entspannung loszuwerden. Beabsichtigte Entspannung ist jedoch Anspannung und konterkariert die gewünschte Wirkung. Auch wenn diese bisweilen dennoch eintritt, ist die Absicht der Methode unserer Meditation völlig entgegengesetzt. Denn diese besteht darin, was ist, sein zu lassen, wie es ist, ohne darüber nachzudenken und ohne es anders haben zu wollen, als es ist. Der Geist unserer Methode ist Hingabe an das Hier und Jetzt und nicht Produktion der Vorstellungen, die der Meditierende von seiner Meditation hat.

Die absichtslose Verbindung des Bewusstseinsinhalts mit dem Atem öffnet den Meditierenden und hilft ihm, das Phänomen mehr und mehr anzunehmen. Je mehr der Übende aufgeben kann, dass seine Meditation anders sein sollte, als sie ist, umso mehr kann er *die Kraft seiner Fokussierung* auf das Phänomen *zurücknehmen*, umso mehr kann er sich loslassen, umso mehr wird er geöffnet und seine Aufmerksamkeit zu einem Gewahrsein des Ganzen.

Zum Schluss dieser Einführung in die Praxis der Meditation noch ein nützlicher Hinweis für die Startphase: Ich meditiere und es passiert nichts. Ruhig und zufrieden bin ich aber auch nicht. Dann könnte es sein, dass etwas auf der Schwelle zu meinem Bewusstsein steht, ich es jedoch unbewusst nicht zulassen möchte. Der Meditation kann dann weiterhelfen, sich umzuschauen, was im Bewusstsein hier und jetzt vorgeht und ob es an seinem Rand etwas gibt, was ich nicht sehen möchte. Ist dies der Fall, wende ich mich dem zu.

So viel als Einstieg zur Methodik des Meditierens, die Sie nur durch Üben lernen. Um eine solche Praxis zu beginnen, brauchen Sie jedoch neben dem Wie noch etwas anderes: den Zugang zu Ihrer Sehnsucht – oder zumindest das Verlangen, Ihre Sehnsucht zu spüren. Vielleicht nehmen Sie sich jetzt, am Ende dieses Abschnitts, ein bisschen Zeit, Ihrer Sehnsucht nachzuspüren. Wichtiger als ihr einen Namen zu geben, ist, ihr Brennen zu spüren und dabei zu verweilen. Wenn Sie sie ernst nehmen, schenkt sie Ihnen die Kraft, sich für das Meditieren zu entscheiden und damit zu beginnen.

Die Praxis der Schriftbetrachtung

Wie gesagt: Für jede Woche des Jahres gibt es zwei Texte. Die Übung lässt sich in jeder beliebigen Woche mit den Texten der 1. Woche beginnen. Für geprägte Zeiten wie Weihnachten, Jahreswechsel, Karfreitag, Ostern und Pfingsten gibt es besondere Texte, die dann jeweils in die Abfolge der Wochentexte eingefügt werden. Die Aufeinanderfolge der Wochentexte begleitet die Entwicklung der Meditation und regt diese auch an. Sie sollte also eingehalten werden, wenn nicht ein besonderes Interesse am Thema einer anderen Woche vorliegt.

Die ersten drei Tage beschäftigt man sich mit dem ersten Text, der sich auf die Praxis des Meditierens bezieht. Es liegt nahe, durch die Brille dieses Beitrags auf die eigene Praxis zu schauen und diese davon anregen zu lassen. Der zweite Text für die nächsten drei Tage stammt aus der Bibel und bezieht sich auf den ersten. Bei der Betrachtung der Passage aus der Heiligen Schrift geht es weder um ein intellektuelles Verständnis noch um die „richtige“ Auslegung, sondern vor allem um die Resonanz, die sie beim Betrachtenden hervorruft.

Die stille Meditation vorher hat den Betrachtenden gesammelt und geöffnet und damit günstige Voraussetzungen dafür geschaffen, dass er für den Text erreichbar ist und dieser ihn an-sprechen und Resonanz erzeugen kann. Wenn dies geschieht, dann hat diese Schriftstelle eine persönliche Bedeutung für ihn, die sich ihm erschließen kann, wenn er bei seiner Resonanz verweilt und in sie hineinlauscht. Dabei fühlt er sich gemeint, getroffen, erfährt etwas für sich Bedeutungsvolles, hat etwas zu kauen und zu schmecken, was ihn sättigt: So wird die Schriftbetrachtung für ihn wohltuend. Ignatius von Loyola, Gründer des Jesuitenordens und als Schöpfer der „Geistlichen Übungen“ ein Meister in Sachen Schriftbetrachtung, hält dazu grundlegend fest: „Nicht das Vielwissen sättigt und befriedigt die Seele, sondern das Verspüren und Verkosten der Dinge von innen her“ (GÜ 2). Darum geht es in erster Linie in unserer Schriftbetrachtung. Die Wiederholungen vergrößern die Chance, dass es zu diesem „Verspüren und Verkosten der Dinge von innen her“ kommen kann.

Lassen Sie sich also von einem Text nicht dazu verführen, gleich und ausschließlich über ihn nachzudenken. Versuchen Sie es doch mal so:

- Merken Sie sich beim Lesen des Textes die Stellen, bei denen Sie „hängen“ bleiben, weil Sie z. B. aufmerken, weil Ihr Interesse geweckt wird oder Sie stutzen oder weil Freude, Ärger, Sehnsucht, Trost ... in Ihnen aufsteigen oder Sie die Stelle merkwürdig finden und nicht richtig verstehen.
- Wählen Sie eine dieser Stellen aus; bei ihr bleiben Sie für die ganzen zehn Minuten der Schriftbetrachtung.
- Jetzt kommt das Entscheidende: Sie denken nicht über die Stelle nach, sondern Sie lesen den Text um diese Stelle herum – ein Wort oder einen Halbsatz oder den ganzen Satz – Wort für Wort zum Atem. Wenn Sie z. B. der Satz angesprochen hat: „Darin besteht die Liebe: Nicht dass wir Gott geliebt haben ...“, dann atmen Sie bewusst ein und sprechen zum Ausatem „darin“, atmen ein und sprechen zum nächsten Ausatem „besteht“, atmen ein und sprechen mit dem bewussten Ausatem „die Liebe“ usw. Wichtig ist, dass Sie dabei in sich selbst hineinlauschen, ob eine Resonanz in Ihnen entsteht; ob in Ihrem Inneren etwas mitschwingt, während Sie dieses Wort bzw. diese Worte sprechen. Ist dies der Fall, bleiben Sie dort stehen und geben Ihrer Resonanz Raum. Die Worte, die besonders deutliche Resonanz in Ihnen hervorrufen, können Sie immer wieder langsam zum Atem sprechen, und dabei lauschen Sie auf den Widerhall in Ihnen. Wie der Meditierende beim stillen Sitzen bei der Verbindung von Atem und Phänomen verweilt, verweilt der die Schrift Betrachtende bei der Verbindung von Atem und der durch die Textstelle ausgelösten Resonanz.
  Beachten Sie, dass Sie entspannt und ehrlich bleiben, denn Sie können die Resonanz nicht erzwingen. Oft stellt sie sich erst allmählich ein; anfangs sind da noch viele Gedanken, die jedoch die sich entwickelnde Resonanz nach und nach

einfängt. Manchmal ist es so, dass sie wesentlich an einem einzelnen Wort hängt: Dann wiederholen Sie nur dieses eine Wort zum Atem. Gehen Sie innerhalb der ausgewählten Stelle dorthin, wo sie bekommen, was Sie ersehnen und Sie sättigt, und dort bleiben Sie. Es kommt auch vor, dass die Resonanz diffus oder dürftig bleibt. Okay, dann ist das eben so, und Sie bleiben auch dabei.

- Während Sie in Ihre Resonanz lauschen, kann es geschehen, dass Ihnen etwas einfällt. Es liegt nahe, zu vermuten, dass der Einfall mit Ihrer Resonanz zu tun hat, auch wenn sich der Zusammenhang nicht auf den ersten Blick erschließt. Der Einfall wird Sie beschäftigen und er kann sehr wichtig sein, weil Ihnen durch diesen Einfall etwas Neues aufgehen kann. Bleiben Sie dennoch nicht im Denken hängen, sondern kehren Sie zur Übung zurück: in die Resonanz lauschen, die Sie ggf. verstärken oder neu entfachen können, wenn Sie die sie besonders auslösenden Worte langsam zum Atem wiederholen. Auf diese Weise wird Ihnen klarer werden, was die Stelle Ihnen sagen will. Die Wahrheit wird nicht durch viel Überlegen und Schlussfolgern erkannt, sondern sie zeigt sich Ihnen, wenn Sie dafür bereit sind, sie geht Ihnen auf.

Die Absicht, den Bibeltext ganz zu verstehen, geben Sie auf und begnügen sich mit der einen Stelle. Wenn Sie am folgenden Tag nochmals bei derselben Stelle hängenbleiben, dann wählen Sie sie wieder aus; sonst nehmen Sie eine andere und verwenden dieselbe Methode.

Für erzählende Texte können auch folgende Methoden hilfreich sein:

- Die Situation zu Beginn und am Ende des Textes miteinander vergleichen. Was hat sich verändert? Wodurch?
- Stellen Sie sich vor, Sie müssten die Geschichte auf der Bühne oder für einen Film inszenieren: Was ist der Schauplatz der Szene, ihr Thema, was sind wichtige Figuren und Handlungsstränge, was ist der Grundkonflikt?

- Versetzen Sie sich in die Rolle (einer) der auftretenden Personen mit Fragen wie: Mit wem ist diese Person in Beziehung, was ist ihre Absicht oder ihre Erwartung, was erlebt sie …?

Wenn die zehn Minuten fast zu Ende sind, kann derjenige, der beten kann und will, sich an Gott wenden mit dem, was sich aus seiner Resonanz ergibt – Dank, Freude, Vorwurf, Klage, (Für-)Bitte … – und dann abschließen. Manche verwenden dazu einen Satz aus einem vorformulierten Gebet, in dem sie sich wiederfinden. Vielleicht kann eines der folgenden Gebete diesen Zweck erfüllen:

Das Vaterunser
Vater unser im Himmel,
geheiligt werde dein Name.
Dein Reich komme.
Dein Wille geschehe,
wie im Himmel so auf Erden.
Unser tägliches Brot gib uns heute.
Und vergib uns unsre Schuld,
wie auch wir vergeben unsern Schuldigern.
Und führe uns nicht in Versuchung,
sondern erlöse uns von dem Bösen.
Denn dein ist das Reich und die Kraft und die Herrlichkeit in Ewigkeit. Amen.

Oder folgendes Gebet von John Henry Newman (1801–1890), Kardinal, der als Pfarrer der Kirche von England 1845 zum Katholizismus konvertierte:

Führe mich, du mildes Licht im Dunkel,
das mich umgibt,
führe mich hinan!
Die Nacht ist finster,
und ich bin fern der Heimat:
Führe mich, du mildes Licht!

Führe mich hinan!
Leite meinen Fuß. –
Ich verlange nicht zu sehen
die ferne Landschaft, nur ein Schritt ist genug.

Oder Ps 131[7]
Der Frieden in Gott
[Ein Wallfahrtslied.]
Herr, mein Herz ist nicht stolz,
nicht hochmütig blicken meine Augen.
Ich gehe nicht um mit Dingen,
die mir zu wunderbar und zu hoch sind.
Ich ließ meine Seele ruhig werden und still;
wie ein kleines Kind bei der Mutter
ist meine Seele still in mir.
Israel, harre auf den Herrn
von nun an bis in Ewigkeit!

Abschließend noch zwei Bemerkungen zu den Texten und ihrer Auswahl:

Die Texte stammen von ganz unterschiedlichen Menschen, Verstorbenen und noch Lebenden, aus ganz unterschiedlichen Teilen dieser Erde und aus ganz unterschiedlichen kulturellen und religiösen Traditionen. Eines haben sie jedoch gemeinsam: Ihre Autoren waren oder sind alle „Bergsteiger". Sie lassen oder ließen sich von einer Sehnsucht bewegen, die über alles hinausgeht, und haben in ihrem Leben begonnen, den Berg der Erfüllung dieser Sehnsucht zu ersteigen. Dadurch unterscheiden sie sich von denen, die in den Tälern sitzen bleiben. Manche der Talbewohner besuchen gelegentlich eine der Gedenkstätten, die sie geschaffen haben, um dort *über* den Berg der Erfüllung zu *reden*, ihn zu *verehren* und dadurch Trost und Sinn zu erfahren.

Je höher hinauf die Bergsteiger auf ihrem Weg gelangen, umso mehr lassen sie das Tal, aus dem sie den Aufstieg begon-

7 Einheitsübersetzung der Heiligen Schrift 1980

nen haben, und damit auch die Anschauungen über den Berg und dessen Besteigung, die in ihrem Tal überliefert wurden, hinter sich. Sie nähern sich Bergsteigern aus anderen Tälern, die zwar unterschiedliche Sprachen sprechen, aber von der gleichen Sehnsucht bewegt werden, die auch in ihrem eigenen Herzen brennt. Das schafft Vertrauen. Sie teilen ihre Erfahrungen und Gedanken miteinander und werden dadurch aufmerksam auf ihre ihnen bisher unbewussten Vorverständnisse: Vorstellungen und Bilder von Weg und Ziel, die ihnen bisher so selbstverständlich waren, dass sie sie gar nicht als solche vor sich bringen konnten, werden nun objektivier- und überprüfbar. Wegmarken, die ihnen unabdingbar schienen, um den Gipfel zu erreichen, werden fragwürdig und können ausgelassen werden. Zugleich erschließen sich dadurch Sinngehalte ihres Weges, die ihnen bisher verborgen waren: Sie verstehen ihn tiefer und umfassender, sie werden geöffnet und sie werden demütiger. All das bereitet sie für den weiteren Weg, auf dem kein Klammern an Methoden, Traditionen, Zielen ..., überhaupt irgendwelchen äußeren Orientierungen mehr hilft. Denn der Gipfel des Berges ist in einer dichten Wolke verborgen. Wer in sie eintritt, der kann nichts mehr erkennen, der kann sich an nichts mehr festhalten. Er muss sich anvertrauen und führen lassen. Hier kommt nur noch der Wahrhaftige weiter, der offen und demütig ist. Denn die Führung besteht darin, das anzunehmen und sein zu lassen, was hier und jetzt ist, und dabei sich selbst und seine Wünsche loszulassen. Nur einer selbst-los werdenden Person kann der Gipfel aufstrahlen.

Zu dieser offenen und demütigen Wahrhaftigkeit will die Textauswahl verhelfen, soweit Texte das vermögen. Um ihre Wirkung zu unterstützen, haben die Wochentexte eine gewisse Redundanz. Diese ist auch unter folgendem Aspekt nötig: Solange die eigene Meditationserfahrung nicht die Frage hat entstehen lassen, die hinter dem jeweiligen Text steht, kann dessen Antwort nicht wirklich aufgenommen und in seiner Bedeutung erfasst werden. Deswegen nähern sich die Wochentexte zentralen Fragen des Meditierens sowohl aus verschiedenen Richtungen als auch zu unterschiedlichen Zeitpunkten. Das erhöht die

Chance des Lesers, dass der Text eine Resonanz in ihm auslöst und er etwas von sich erkennt.

Bei Bedarf zu lesen

In diesem Kapitel habe ich einige Themen zusammengefasst, die, wie ich hoffe, das Geschehen in der Meditation etwas mehr in systematischer Weise erhellen können. Wenn Sie im Laufe der Zeit der eine oder andere Abschnitt aus diesem Kapitel „anspringt“, dann ist die Zeit gekommen, dass Sie sich ihm widmen. Ich hoffe, dass er Ihnen dabei hilft, etwas mehr vom komplexen Prozess des Meditierens zu verstehen.

Sehnsucht und Angst

Zu Beginn der Übung ist unsere Offenheit so groß oder klein, wie sie eben ist. Sie wird begrenzt von der teils bewussten, teils unbewussten Sorge, dass uns in der Stille der Meditation etwas zu Bewusstsein kommen könnte, was uns und unser Leben aus der gewohnten Bahn bringt: ein innerer oder äußerer Konflikt, eine erlittene Kränkung, eine Zurücksetzung z. B.; oder unsere Gefangenschaft in Verhaltensmustern, die wir ständig wiederholen, obwohl wir schon wissen, dass sie nicht (mehr) taugen; unsere Unzufriedenheit mit uns selbst, unserer Arbeit oder der Partnerschaft, in der wir leben; unsere prekäre Gesundheit oder gar die Endlichkeit des Lebens … Solche Dinge können nun in der Meditation eine Dynamik bekommen, die nicht mehr ungeschehen zu machen ist. Sie stehen dann auf der Tagesordnung, und der Meditierende muss sich damit auseinandersetzen. In der Tat: Derartiges kann geschehen. Das ahnen viele schon im Vorfeld und beginnen die Meditation daher mit einer Ambivalenz: Da ist eine Sehnsucht über das Alltägliche hinaus mit der Hoffnung, eine Erfüllung dieser Sehnsucht zu erfahren, neuen Lebensmut zu schöpfen und neuen Lebenssinn zu finden. Und gleichzeitig gibt es ein mulmiges Gefühl und das Bedenken: Was wird nun hochkommen in der Stille, mit welcher „Baustelle“ meines Lebens werde ich konfrontiert? Wichtig ist, sich diese Ambivalenz einzugestehen. Daran ist nichts falsch. Sie ist der Realität der Meditation angemessen. Hingegen wird eine Meditation, die durch ihre Methode diese Ambivalenz zu vermeiden sucht, nach einer anfänglichen Phase des Friedens zu einem Krampf, der sich vergeblich anstrengt, den Frieden festzuhalten. Viele hören dann auf zu meditieren und sagen: „Ich hab's probiert, aber Meditation bringt mir nichts.“ Viele fangen aus derselben Sorge heraus erst gar nicht an.

Dass in der Stille aus der eigenen Tiefe etwas hochkommen kann, ist ein Risiko. Aber es ist zugleich auch die Chance, zu neuem Leben im Gefühl einer größeren, zu sich selbst befreiten Ganzheit zu kommen. Die Vorstellung, dass einen die mit den eigenen Lebenswunden verbundenen Gefühle von Angst und Wut unversehens völlig überschwemmen wie ein Stausee das Tal, wenn die Mauer bricht, entspringt mehr der Angst als der Realität. Die Seele schützt den Meditierenden durch Unlust, Unruhe, vermehrte Gedankentätigkeit, Zweifel, ob die Meditation etwas „bringt“, Ärger über ihren unerquicklichen Verlauf ... Das Aushalten bei diesen Schutzmaßnahmen seiner Seele rüstet ihn dafür zu, dass sich ihm schließlich seine Wahrheit zeigen kann, ohne dass er Schaden nimmt. Inzwischen gereifter und lebenserfahrener als zu der Zeit, als das Leben ihm die Wunden schlug, kann er mit den Gefühlen von damals fertig werden, erst recht, wenn er sich klarmacht, dass diese Gefühle mit seiner Lebensrealität heute nichts zu tun haben.

Sich eingestehen, was hier und jetzt ist

Sich eingestehen, was hier und jetzt ist, ist ein wesentliches Moment im Prozess des Meditierens, durch das ein hintergründig vorhandenes, vorbewusstes Gefühl, ein Gefühl also, das noch auf der Schwelle zur Bewusstheit ist, ins volle Licht der Bewusstheit kommt und dann durchlebt und angenommen werden kann. Sich eingestehen, was hier und jetzt ist, ist aber oft alles andere als leicht. Man tut alles, um das Eingeständnis zu vermeiden. Folgende Geschichte aus der Bibel (Joh 21,1–14) illustriert sowohl, welche Macht die Furcht vor dem Eingeständnis ausübt, als auch, wie das schließlich vollzogene Eingeständnis eine neue Welt schafft. Ich finde diese Geschichte wunderbar und ganz und gar zutreffend:

Nach dem Tod Jesu kehren etliche seiner Schüler in ihren alten Beruf zurück: Sie fischen. Eines Nachts arbeiten sie ohne jeden Erfolg, obwohl sie bis zum Morgengrauen weitermachen. Was geht dabei wohl vor? Sie werfen die Netze aus, holen sie ein, stellen fest: wieder nichts, betreiben Ursachenforschung und wollen ihr Problem z. B. dadurch lösen, dass sie in ein anderes Gebiet fahren, wo es Fisch geben müsste. Das Gleiche wiederholt sich. Langsam wird die Sorge hinzukommen, ob sie überhaupt etwas fangen in dieser Nacht. Sie leben ja vom Fischfang. Der Druck wächst mit jeder vergeblichen Stunde, sie arbeiten härter und verbissener, ganz auf ihre Arbeit konzentriert. Ihnen sitzen Frust, Ärger, Versagen, vielleicht auch Existenzsorgen im Nacken und treiben sie dazu an, mit allen Kräften zu verhindern, dass sie nichts fangen. Diese uneingestandene Sorge zwingt sie in ein Hamsterrad, das die mit ihr verbundenen Gefühle kontinuierlich beschleunigen. Die Fischer können nicht aufhören. So vergeht die Nacht.

Als sie morgens anlegen, enttäuscht, übernächtigt, erschöpft, möchte einer, der am Ufer steht, Fisch von ihnen haben. Man kann sich vorstellen, mit welchen Gefühlen sie den Mann ansehen. Denn sie haben ja keinen Fisch. Der Mann mit seiner Frage am Morgen an Land „Habt ihr etwas Fisch?“ zwingt sie, das einzugestehen, was die ganze Nacht im Hintergrund da war und doch nicht da sein durfte. Sie müssen nun eingestehen: „Wir haben die ganze Nacht gearbeitet und nichts gefangen.“ Nun ist ihre Wahrheit – ihr Scheitern, ihre Enttäuschung, ihr Ärger, auch der Ärger auf die Kollegen, ihre Scham und was sonst für Gefühle mitspielen mögen – ins helle Licht ihres Bewusstseins gekommen. Das Eingeständnis ist eine Kapitulation vor der Wirklichkeit. Entblößt stehen sie da, angekommen auf dem Boden der Realität.

Und das verändert alles: Ja, sie haben keinen Fisch, das ist so. Aber die Welt geht nicht unter. Es beginnt ja gerade ein neuer Tag. Druck und Verkrampfung lösen sich, es wird leichter. Neuer Tag, neuer Anfang. So werden sie empfänglich für einen Einfall, den sie gleich ausführen und der sie eine Menge Fisch fangen lässt. Inzwischen hat der Frager, der doch gar keinen Fisch hatte, am Ufer ein Feuer mit Brot und Fisch entfacht. Woher hat er das alles denn plötzlich? Das passt doch gar nicht zusammen! Stimmt, das Vor und Nach dem Eingeständnis passen nicht mehr zusammen. Das Eingeständnis bewirkt eine Zeitenwende: Vor dem Eingeständnis waren Nacht, Gefangenschaft der Fischer im Hamsterrad, Fixierung auf ihre Vorstellungen und am Ende Scheitern. Die Kapitulation hat eine neue Wirklichkeit eröffnet. Nun ist es Tag und sie haben auf neuen Wegen Fisch gefangen. Aber nicht nur das. Das Wesentliche der Zeitenwende ist unsichtbar und verwandelt ihr Bewusstsein: Licht aus einer anderen Welt erleuchtet die Szene, das die Fischer von Grund auf mit sich selbst und miteinander versöhnt: Sie halten Mahl, das ihnen bereitet wird. Durch das Eingeständnis kommt Transzendentes zur Erfahrung und sprengt das Gefängnis der endlichen Welt auf.

Das ist nicht nur eine schöne Geschichte. So ist es. So geschieht es in Wirklichkeit. Das Eingeständnis einer vermiedenen Wahrheit ist nicht nur nicht der befürchtete Untergang, sondern der Aufgang einer versöhnenden und befreienden neuen Wirklichkeit – und in der Meditation ist das gelegentlich zu erfahren.

Der Prozess der Annahme dessen, was ist

Das Wort „Annahme" sorgt, ähnlich wie „Aushalten", immer wieder für das Missverständnis, nicht zu handeln, schon gar nicht kritisch oder opponierend, sondern zu allem Ja und Amen zu sagen. Beide Worte haben in diesem Buch ihren Sitz in der Meditation, nicht im Alltagsgeschehen. Die Annahme eines Phänomens in der Meditation bzw. das Aushalten in einer unangenehmen Meditation besagt nichts über Handeln oder

Nicht-Handeln außerhalb der Meditation. Die Annahme der Wirklichkeit – einer Situation und unserer selbst in dieser Situation –, wie wir sie in der Meditation üben, ist jedoch geradezu die Voraussetzung dafür, zu einem personalen und situationsgerechten Handeln aus innerer Freiheit finden zu können.

Nicht immer ist die Annahme des Hier und Jetzt in der Meditation schon mit dessen Eingeständnis erledigt wie in der gerade erzählten Geschichte aus dem Johannesevangelium. Oft ist Ungeliebtes, Ungewünschtes im Bewusstsein da, das ungelöst ist, das stört, das Spannung erzeugt, die zwingt, sich gedanklich damit zu beschäftigen und es loswerden zu wollen. Anzunehmen, was ist, es da sein lassen zu können, wie es ist, ohne davon ins Denken und Wollen getrieben zu werden, das kann ein sehr langer Wegabschnitt der Meditation sein. Er kostet viel Geduld und viel Ausdauer, besonders wenn der Eindruck entsteht, dass die ganze Überei umsonst ist.

Aber das ist sie nicht. Der erste Schritt zur Annahme besteht immer neu darin, aufzuhören, das Hier und Jetzt anders haben zu wollen, als es ist, und sich von der gedanklichen Beschäftigung damit zu lösen. Dies geschieht dadurch, dass die Empfindungen und Gefühle in den Blick genommen werden, die jetzt und hier da sind, und dass, wenn auch unterbrochen von neuem Denken und Wollen, bei ihnen verweilt wird. Hier auszuhalten ist von entscheidender Bedeutung, wie folgende Begebenheit zeigt:

Vor Jahren habe ich in einem Museum Skulpturen des Dadaisten Hans Arp (1886–1966) betrachtet. Zunächst war ich empört. Ich las den Titel des jeweiligen Werks, konnte aber Titel und Werk in keiner Weise zusammenbringen und fühlte mich als Betrachter irgendwie veräppelt. Ich irrte von Exponat zu Exponat, die Erfahrung war meist dieselbe. Ich verstand die Exponate nicht: Kopfschütteln, Frust, Häme, Abwertung des Künstlers und seiner Kunst sowie meiner selbst. Nach geraumer Zeit geschah ein Umschwung. Dieser kam nicht dadurch zustande, dass ich allein die Exponate betrachtete, sondern auch meine Resonanz auf sie, d.h., ich war mit der Aufmerksamkeit bei meinen Gefühlen, somit bei mir, und plötzlich wurde mir bewusst, wie ich an die Exponate heranging: Ich konnte sie nur sehen unter dem Aspekt, ob sie dem entsprachen, was ich mir unter ihrem Titel vorstellte, oder nicht. Das taten sie nicht, und ich gab mir umso mehr Mühe, sie mit meiner Vorstellung in Verbindung zu bringen. Das bedeutete aber, dass ich de facto sehen wollte, was *ich* mir beim Titel *dachte*, und das, was der *Künstler* geschaffen hatte, gar nicht *sah*, nicht einmal sehen konnte, weil ich nicht offen dafür war. Diese Einsicht bewirkte, dass ich aufhörte, etwas verstehen zu wollen – und auf einmal fand ich die „biomorphen", naturnahen, gerundeten Formen wunderschön. Sie anzuschauen machte mir richtig gute Laune.

Etwas in der Art geschieht auch in der Meditation. Zunächst betrachten und bewerten wir ein Phänomen im Rahmen unseres Vorverständnisses, unserer Erwartungen, unserer Einstellung. Wenn wir das Phänomen in unser System einordnen können, ist alles gut. Wenn das aber nicht gelingt, wenn das Phänomen sich gegen unsere Versuche sperrt, dann hilft ja nicht weiter, dass wir diese intensivieren, also noch mehr denken, grübeln, analysieren usw. Das Phänomen ist, wie es ist, wir können es uns nicht aussuchen. Was uns hindert, es so sehen und annehmen zu können, wie es ist, sind unsere Voreinstellungen, mit denen wir es betrachten und unter denen wir es zu verstehen suchen. Diese unsere Voreinstellungen sind uns zunächst nicht bewusst. Durch Denken können sie uns nicht bewusst werden. Unser Denken bewegt sich ja innerhalb des durch die Voreinstellungen definierten Systems. Hier geht es aber darum, das System selbst aufzusprengen und zu verändern, sodass es sich an die Wirklichkeit besser anpassen kann. Der Weg dazu ist, den Gefühlen Raum zu geben und offen und wach bei ihnen zu verweilen, *ohne sie zu bewerten, ohne sie anders haben zu wollen, ohne sich gedanklich mit ihnen zu beschäftigen*. Dann kann es geschehen, dass sie uns ihre Botschaft offenbaren und wir sehen, was uns hindert, das, was ist, annehmen zu können.

Wir könnten diese hinderliche Voreinstellung unserer Selbst- und Weltsicht nicht loslassen, wenn mit dem Loslassen nicht eine Verheißung von Freiheit, Offenheit, Sinn, ja eine Ahnung von neuem und erfülltem Leben verbunden wäre. Denn dieses Loslassen negiert unser bisheriges Selbst- und Weltverständnis. Dieses erweist sich als Illusion, als eine Täuschung, auf die die bisherige Identität aufgebaut war. Mit dem Loslassen der hinderlichen Voreinstellung fällt das bisherige Selbstverständnis ins Nichts. Das können wir nur riskieren, wenn es diese Verheißung neuen Lebens gibt und wir ihr trauen. Lassen wir also los, dann können wir das Phänomen das sein lassen, was es ist. Es bindet uns nicht länger. Es ist angenommen und die neue Wirklichkeit, die wir dadurch betreten, macht lebendig und richtig gute Laune.

Wann sich uns die Wahrheit unserer Voreinstellungen zeigt, das haben wir nicht in der Hand. Das kann dauern. Aber auch wenn es dauert und anscheinend nichts passiert, geschieht doch etwas, und zwar mit uns und in uns selbst. Wir erleben an der Grenze unsere Ohnmacht. Unsere Wahrhaftigkeit hält uns an der Grenze, die uns lehrt, dass wir keinen Anspruch darauf haben, dass sich uns die Wahrheit zeigt und uns aus der unangenehmen Lage befreit. Wir lernen, dass wir nicht die Herren unseres Lebens sind, die willkürlich machen können, was ihnen gerade in den Sinn kommt, sondern dass es Vorgaben gibt, die wir nicht manipulieren können. Das wird im innehaltenden Aushalten an der Grenze verinnerlicht und es verwandelt das Bewusstsein tiefgreifend.

Wie aus Konzentration Gewahrsein wird

Man muss sich klarmachen, dass Aufmerksamkeit immer Fokussierung eines Objekts ist und deswegen Offenheit einschränkt, und dies umso mehr, mit je mehr Kraft sie sich auf ihr jeweiliges Objekt richtet. Die Ermahnung „konzentriere dich!“ bedeutet gewöhnlich, dass sich der Ermahnte durch nichts von dem, was um ihn herum geschieht, vom Gegenstand seiner Aufmerksamkeit ablenken lassen soll. Aufmerksamkeit und Konzentration können also zu Formen der Verschlossenheit werden und darum nicht die alleinigen Mittel sein, zu der Offenheit zu gelangen, zu der sich unsere Meditation entwickeln soll.

Und doch haben sie ihren Platz in der Übung des Meditierens: Sie werden gebraucht, um in der Wahrnehmung des Meditationsgegenstandes zu verweilen und Denken und Wollen dadurch zu beenden, mindestens jedoch zu unterbrechen. Oft klappt das nur für ein, zwei Atemzüge, dann beschäftigen sich schon wieder Kopf und Willen mit dem Wahrgenommenen. Mein Vipassana-Lehrer in Bodh Gaya, Ven. Dr. Rastrapal Mahathera, ließ uns Schüler eines Tages prüfen, wie viele Atemzüge wir bei der Meditation machen könnten, ohne zu denken. Ich begann mit „Jetzt wird's ernst, Bertram!", erhöhte meine Konzentration und bemerkte beim dritten oder vierten Atemzug den Gedanken „Och, läuft doch ganz gut!", den ich schnell wegzuschieben suchte. Bei der Auswertung logen wir alle. Wir konnten uns nicht eingestehen, was der Lehrer dann als Resümee festhielt: keine zwei Atemzüge ohne Gedanken.

Wenn die Meditation nicht ist, wie der Übende sie sich vorstellt, sei es, weil er dauernd denkt oder weil ihm Schmerzen oder unangenehme Gefühle zu schaffen machen, dann wird er sich spontan mehr anstrengen und so seine Konzentration erhöhen. So reagieren wir – und das ist zunächst einfach nur festzustellen. Doch die Steigerung der Konzentration ist nicht die Lösung. Genau genommen ist sie Teil des Problems. Sie ist Anhaften an den eigenen Vorstellungen und das Bestreben, diese in der Meditation zu realisieren, also mehr von Wollen. Die Lösung liegt in der Annahme dessen, was ist und wie es ist. So übe ich mich darin, zu akzeptieren, dass ich dauernd denke und das Hier und Jetzt anders haben will. Ich übe, dazu Ja zu sagen, dass die Meditation wieder einmal schwer auszuhalten ist oder dass ich Schmerzen habe; viele Menschen müssen mit Schmerzen leben, nicht nur 20 Minuten lang. Störendes dulden, wie es ist, Grenzen annehmen – darüber habe ich im letzten Abschnitt ausführlich gesprochen. Wenn die Störung oder Grenze noch wenig angenommen ist, ist die Spannung hoch, unter die sie den Übenden setzt. Ist die Spannung hoch, ist auch die Konzentration hoch, mit der versucht wird, der Spannung zu begegnen. Bemerkt der Übende seine Anstrengung, kann er sich ein wenig entspannen und die Kraft seiner Aufmerksamkeit etwas zurücknehmen. So wird er offener. Er merkt dann, dass es gar nicht nötig ist, sich in diesem Maß zu fokussieren, und es auch mit weniger Anspannung geht. Für einen Moment hat er das Hier und Jetzt annehmen können. Allmählich werden diese Momente länger. Je mehr da sein darf, was da ist, je mehr geschehen darf, was geschieht, umso mehr versiegen Denken und Wollen, umso weniger Konzentration ist nötig, um bei dem zu verweilen, was ist, umso mehr verwandelt sich der Übende vom Fabrikanten seiner Wünsche zum Zeugen der Wirklichkeit, umso größer wird seine Sammlung – und umso mehr wird seine Wahrnehmung zu einem Gewahrsein. Dieses Gewahrsein ist wache Offenheit, in der alles erscheint, was ist. Diese ist nicht etwas, sondern sie ist der Meditierende selbst. Das singuläre Phänomen, das ihn beschäftigt hat, ist weitgehend integriert, es bindet seine Bewusstheit nicht mehr, es ist aufgegangen im Ganzen.

Vielleicht hilft der Vergleich mit einem Wanderer, der auf einer Bank ausruht, entspannt ist und nichts will. Vor ihm breitet sich die Landschaft aus. Aber zunächst kann er sie im Ganzen noch nicht sehen. Seine Aufmerksamkeit wird gebunden von einzelnen Bestandteilen der Landschaft: ein Dorf, angeschmiegt an den Hang, ein Berggipfel, der sich steil in den Himmel reckt, ein See von fast schwarzem Blau, die Blechschlange der Autos, die durch die Landschaft kriecht, usw. Nachdem er betrachtet hat, was seine Aufmerksamkeit erregte, wird er ruhiger und kann sich von seinem jeweiligen Objekt lösen. Dann kann es geschehen, dass er die Landschaft im Ganzen gewahrt. Auch wenn zwischendurch sein Blick wieder auf Einzelnes fällt, gewahrt er es als Teil des Ganzen. Seine Wahrnehmung ist von einer auf einzelne Objekte fokussierten Aufmerksamkeit zum für das Ganze der Landschaft offenen, entspannten Gewahrsein geworden.

Mehr noch kann geschehen, auch wenn es nun mit der Wahl der richtigen Worte dafür noch schwieriger, vielleicht unmöglich wird: In einem Wissen, das nicht weiß, ist er im Nichts eines unsichtbaren und grenzenlosen Ganzen, in dessen Einfachheit sich Überfülle verbirgt. Es umfasst und durchdringt alles. In ihm ist alles, was erscheinen kann. Es ist so ganz anders als alle unsere Assoziationen, Konnotationen, Projektionen, Fantasien, Bilder, alles Wort- und Gedankengeklingel und was immer wir sonst mit „Gott“ verbinden.

Schwerpunkte des Meditationsprozesses

Im Laufe des Übens wachsen die innere Stille und die Sammlung. Damit verändern sich die Herausforderungen an den Meditierenden. Nimmt er sie an, verwandeln sie ihn allmählich, und die Stille vertieft sich weiter. Sie haben ihre Mission erfüllt und lösen sich auf. Das Problem, das sie einmal dargestellt haben, verschwindet. Aus dieser Perspektive lassen sich Schwerpunkte im Verlauf des Meditationsprozesses feststellen. Mit Meditationsprozess ist auch der Fortgang der einzelnen Übung gemeint, vor allem aber die Wochen, Monate, Jahre, in denen jemand regelmäßig Meditation übt. Ich spreche hier absichtlich von „Schwerpunkten“, nicht von „Etappen“ oder „Stadien“, auch wenn es eine Abfolge der Schwerpunkte in Abhängigkeit von der mit der Zeit wachsenden Sammlung gibt. „Phasen“ legen abgeschlossene, aufeinanderfolgende Entitäten nahe, Phase 1, Phase 2 usw. So ist es aber hier nicht. Auch wenn im Laufe der Zeit Denken und Wollen sich vom reißenden Strom zum Bächlein entwickeln, gibt es Meditationen, in denen das Rinnsal wieder zum brüllenden Fluss wird. Momente der Leere des Bewusstseins und tiefer Ruhe gibt es auch in den Anfängen, nicht nur bei hoher Sammlung.

Was sind nun diese Schwerpunkte?
Zu Beginn ist das Chaos der Gedanken – Kommentare, Planungen, Analysen, Beschwerden, Lösungsversuche –, der Abfolge von Bildern und Szenen, das ständige Gequake im Kopf das größte Problem. Ich muss mir allmählich eingestehen: Mein Leben ist ein gedachtes Leben, meine Welt eine gedachte Wirklichkeit. Ich begegne dieser Wahrheit vor allem durch Beurlau-

bung meiner Gedankentätigkeit in liebevoller Zuwendung zum Atmen und dem Aufhören damit, es anders haben zu wollen. Diese Herausforderung wird meine Meditation lange begleiten. Aber ich meistere sie mit Geduld und im Vertrauen, dass sich etwas wandelt. Der Blick auf die beginnenden Veränderungen meines Alltags – die allmählich entstehende kleine Distanz gegenüber den Dingen, kreative Lösungen usw. – ermutigt mich.

Wenn die innere Stille ein bisschen größer geworden ist, kann ich mehr und mehr bemerken, dass das Gequake in meinem Kopf eine Reaktion auf innere Bewegungen wie Körperempfindungen, Gefühle und geistige Gegebenheiten ist. Dann übe ich, in der Wahrnehmung des auslösenden Phänomens zu verweilen. Dabei beachte ich besonders diejenigen Phänomene, die unangenehm sind oder negativ bewertet werden. Diese sind nämlich besonders anfällig dafür, gar nicht erst ins Bewusstsein zugelassen oder schnell wieder daraus vertrieben zu werden. Ich *gestehe mir den auslösenden Impuls ein* und verbinde ihn *gelassen* mit dem Atmen. Dahin kehre ich immer wieder barmherzig mit mir selbst und meiner Meditation zurück, wenn ich ins Denken oder Wollen geraten bin. Dieser Schwerpunkt meines Meditierens lässt meine innere Freiheit wachsen. Ich erlebe, dass ich meinen Gefühlen nicht hilflos ausgeliefert bin und sich manche Verhaltensmuster auflösen. Meine Grundstimmung hellt sich auf.

Wenn meine Meditation noch stiller wird, tritt das Problem in den Vordergrund, das Ziel des Meditierens erreichen zu *wollen*. Dauernd habe ich irgendwelche Vorstellungen, die überdies auch noch wechseln, was dabei hilfreich wäre, z. B. den Atem zu vertiefen oder zum Stillstand zu bringen, die Leere zum bevorzugten Meditationsobjekt zu machen oder doch mich dem zuzuwenden, was hier und jetzt ist. Jedenfalls strenge ich mich an. Ich begegne dieser Herausforderung damit, Wollen und Anstrengung zu lassen, sobald ich sie bemerke. Da Wollen immer ein Verlassen des Hier und Jetzt ist, schaue ich mich nun in meinem Bewusstsein um, wie es gerade um mich bestellt ist, und gestehe mir mein Befinden hier und jetzt ein. Ich lasse geschehen, was geschieht, nehme meine Anstrengung und Fokussierung zurück und öffne mich für das Ganze: das Ganze meiner selbst, wie ich dasitze, das Ganze des Raums, der mich umgibt und wovon ich ein Teil bin.

Wenn die Phänomene an Bedeutung verlieren, wenn es gleichgültig wird, wie die Meditation verläuft, wenn es still geworden ist mit Denken und Wollen, dann sind Sammlung und innere Stille hoch. Nur noch wenige Phänomene tauchen auf und es ist nicht mehr schwierig, sie zu lassen, da sie das Denken und Wollen nicht mehr wie früher schüren. Es ist leer im Bewusstsein und es besteht die Neigung, die Leere zum Meditationsobjekt zu machen. Die zum Objekt gemachte Leere ist nicht die verwirklichte Leere, die jenseits von Subjekt und Objekt liegt. Auch hier ist Geduld vonnöten, sein zu lassen, was ist, sich sinken zu lassen, nichts zu wollen. Auch hier ermutigt der Blick in die Veränderungen im Alltag. Der Übende ist liebevoller geworden und weniger abhängig von Erfolgen oder positiven Reaktionen seiner Mitmenschen oder dem Gefühl seiner Bedeutung. Er lebt mehr aus sich selbst heraus, ist, wer er ist, und zugleich offen und allem zugewandt, ohne sich in etwas zu verlieren.

Die Unmittelbarkeit der Transzendenz, der Präsenz im Nichts, des Ganzen in seiner verhüllenden Einfachheit ist kein letzter Schwerpunkt der Meditation. Sie ist immer da, von Anfang an. Jederzeit kann sich das nicht-wissende Wissen darum ereignen, es folgt nicht notwendig aus dem Zustand hoher Sammlung. Die entscheidende Disposition dafür entsteht durch das gelassene Verweilen bei dem, was hier und jetzt ist.

Bin ich erleuchtet?

In unserer Sprache wird das Wort „Erleuchtung“ für eine plötzliche Erkenntnis, einen Einfall, eine Eingebung gebraucht. Eine kreative Problemlösung ist ein Beispiel für eine solche Erleuchtung: Der Einfall hängt zusammen mit einer plötzlich eintretenden Klarheit, die ein ganz neues Licht auf die Situation wirft, begleitet von einem unwillkürlichen „Ja, so ist es!“.

Wird der Begriff im spirituellen Kontext verwendet, geht es ebenfalls um eine Erfahrung, aber nun eine „Erfahrung“, in der dem Empfänger das Ganze, der Grund, das Geheimnis der Wirklichkeit, Geist aufleuchtet. Nicht zufällig nimmt „Erleuchtung" die Symbolik des Lichtes auf. Unsichtbar strahlt es aus sich selbst. Erst im Licht ist zu sehen, wie die Dinge wirklich sind. Sie erscheinen in ihm und machen es sichtbar. War eben noch die Welt das faktisch und selbstverständlich Vorhandene, wird sie im Geist zum staunenswerten Gegebenen, das da ist, aber nicht da sein muss. Die Kausalität, die die Welt zu determinieren scheint, wird im Licht des Ganzen zum Werkzeug der Freiheit, die in ihr waltet. Kannte der Mensch in seinem bisherigen Leben nur vergängliche Sinninseln und Glücksmomente, gehen dem Erleuchteten umfassender Sinn und wahre Erfüllung auf. Aus einer Welt der Oberflächen, in der alles ist, wie es erscheint, wird eine Wirklichkeit, deren Tiefe ins Geheimnis mündet. Aus dem Gefängnis der Idiopolis wird eine weite, von Licht überflutete und von Liebe durchseelte Wirklichkeit, die sich dem Menschen auftut, der dabei für einen Moment vom dauernden Gehämmer des um sich selbst und seine Belange kreisenden Ich befreit wird.

Eine solche Erfahrung ist für viele der Beginn einer spirituellen Praxis. Offenbar genügt ihnen die erfahrene Erleuchtungserfahrung nicht. Natürlich nicht. Denn die erfahrene Erfahrung ist nur eine Reflexion einer erfahrenden Nicht-Erfahrung unmittelbarer Einheit und kann diese nicht bewahren. Der Erleuchtete sehnt sich danach, in dieser Unmittelbarkeit zu leben. Er möchte das Licht nicht nur erfahren haben, sondern im Licht leben, selbst licht werden. Darum übt er und beginnt einen Prozess, der in seinem Leben zu keinem Ende kommt.

So bin auch ich zu regelmäßigem Gebet und Meditation gekommen. Eine Erleuchtungserfahrung ist eine starke Motivation für die Meditationspraxis, jedoch weder eine notwendige Voraussetzung dafür noch ihr Ziel. Ihr Ziel ist keine Erfahrung, sondern die Transformation des Meditierenden in Licht.[8] Das war mir jedoch, als ich meine Praxis begann, keineswegs

8 Weiteres zum Thema ist in den Texten und dem Kommentar der 48. Woche zu finden.

klar. Ich suchte etwas wie Erleuchtung oder Einheit mit Gott oder dergleichen und habe mir darunter lange Zeit eine Erfahrung vor allem ekstatischer *Gefühle* von Glück und innerer Freiheit vorgestellt, die mich dauerhaft den Niederungen, Sorgen und Leiden des Alltags enthebt: Erleuchtung – eine ewige Gipfelerfahrung. Tatsächlich habe ich immer wieder kleinere und größere Durchbrüche erfahren, in denen sich etwas zuvor Abgespaltenes in mein Leben integriert hat und ich vom geheimnisvollen transzendenten Grund aller Wirklichkeit berührt wurde. Viele dieser Durchbrüche waren mit intensiven Gefühlen des Trostes verbunden, Liebe, Glück und Schmerz in einem. Manchmal hielten sie wochenlang an. Aber dauerhaft angehalten haben sie eben nie. Gefühle kommen und irgendwann gehen sie auch wieder, auch die schönsten und intensivsten. Erfahrungen verblassen. Es bleibt nur die Erinnerung daran. *Das Wesentliche des Erleuchtetseins sind also nicht die Gefühle, die vergehen, sondern die bleibende Wandlung der Person.*

Aber erreichte diese nüchterne Einsicht mein Herz? Als ich vor 20 Jahren in Bodh Gaya, dem Ort, an dem Buddha erwachte, 40 Tage lang intensiv Vipassana-Meditation übte, gab es eine Phase von mehreren Tagen, in der ich dasaß und mich unmittelbar vor der ultimativen Gotteserfahrung wähnte – und alles mir Mögliche tat, damit sie sich einstellte. Das wäre dann die Erleuchtung in Form von überwältigendem Glück gewesen, die ich mir vorgestellt und gewünscht hatte. Sie blieb jedoch aus. Stattdessen war meine Meditation meist unangenehm, oft schmerzhaft, vor allem aber geprägt von Eintönigkeit, Langeweile, vom dauernden Hin und Her zwischen Meditationsobjekt und Abschweifung, vom Brennen im Po, im Rücken, im Hals, von Lärm, Unruhe, Müdigkeit, Enttäuschung und Ärger. Es war auszuhalten, so schlimm war es nun auch wieder nicht, es fehlte oftmals eigentlich nichts. Dennoch wollte ich weg aus der Meditation, einfach nur weg, mich verändern, mich rühren. Wie, was für eine Veränderung, wozu, das wusste ich nicht, es war mir egal. Hauptsache, Abwechslung, Ablenkung, mich nicht mehr spüren und ertragen müssen, abtauchen können …

In dieser Spannung wurde ich quengelig, fing an, innerlich zu wimmern, als würde man mir weiß Gott was Schlimmes antun. Aber da war nichts Schlimmes. Ich musste nur mit meinem Gewimmer aufhören, gesammelter und genauer ins Hier und Jetzt spüren, um die durchaus erträgliche Öde ertragen zu können. Am Ende der 40 Tage in Bodh Gaya war ich nüchtern geworden – und gleichzeitig in der Nicht-Erfahrung des Ganzen. Zu Hause befragt, wie mein Aufenthalt war, konnte ich nichts sagen. „War es gut?" Tja, irgendwie war es gut, aber was heißt gut? Mein „gut" beinhaltete auch Öde und Schmerzen, die aufgehoben, aber nicht nicht waren in der einfachen, hellen, über-guten Klarheit des Unaussprechlichen, in dem die Gefühle zur Ruhe gekommen waren.

War ich nun erleuchtet? Ich fühlte mich nicht als Sieger, auch wenn ich täglich zehn bis zwölf Stunden Meditation geübt hatte. Die Erfahrung empfand ich als Geschenk, das mich eher bescheidener machte. Und wer glaubt, in meiner Meditation sei ich von nun an auf Wolke sieben geschwebt, den muss ich enttäuschen. Anders als vor Bodh Gaya war nur, dass mein Verlangen nach Erleuchtung einschlief. Das Thema spielte einfach keine Rolle mehr für mich. Es versiegte allmählich.

Auf der Ebene der Meditationsobjekte war es immer dasselbe: Gedanken, Langeweile, Wegwollen, mal mehr Ruhe, mal mehr Unruhe, manchmal ging die Zeit schnell um, manchmal konnte ich das Ende der Meditation kaum erwarten, manchmal konnte ich sie kaum aushalten, weil ich Schmerzen hatte oder müde war. Gefühle von Trost, wie ich sie aus früheren Zeiten kannte, überhaupt positive Meditationserfahrungen blieben ganz aus. Immer wieder ertappte ich mich bei kleinen Manipulationen, durch die ich meine Meditation „verbessern" wollte, erfolglos. Der Versuch, dieses Bemühen einzustellen: erfolglos, allenfalls konnte ich es unterbrechen. Meine Meditation wurde im Laufe der Zeit also eher karger und nüchterner.

Sie wurde aber auch stiller. Stiller in dem doppelten Sinn, dass einfach weniger los war in meinem Bewusstsein und dass, wenn es dann doch irgendwelche Objekte gab, ich mich nicht mehr lange damit beschäftigen musste. So wurde meine Meditation leerer, die Momente von Nichts nahmen zu. Ich merkte, dass ich dieses Nichts zum Objekt meiner Aufmerksamkeit machte. Das mag zwar ein hoher Grad an Sammlung sein, aber es ist nicht das Nirwana-Nichts, es ist nicht reine Offenheit, denn ich machte mein Nichts ja zum die Offenheit begrenzenden Etwas. Die anfänglichen Heureka-Gefühle wichen: Dieses Nichts war keine Erfüllung, sondern es entpuppte sich als öde, langweilige Leere, aus der ich wegwollte. Ich sah mich vor der Frage, ob sich mein Dasein reduziert auf Leere, unerfüllte Sehnsucht, die sich in der Sucht nach Angenehmem konkretisiert, wenn das Alltagsgetöse und die Beschäftigung damit zur Ruhe gebracht sind.

Die Meditation lässt jedenfalls Licht in die Abgründe des Daseins leuchten, mit denen das Erleuchtet-Sein bewehrt ist. Ich kann sie nicht wegbekommen. Aber ich lerne, sie zu lassen. Wenn ich das tue und aufhöre, die Leere zum Objekt zu machen, öffne ich mich. Dann geschieht es, dass mein Körper sich entspannt, als würde er in Schlaf sinken. Der Geist jedoch ist wach ohne Anstrengung, ohne Objekt, ohne Wollen. Er ist eine grenzen- und zeitlose Weite, in der nichts ist und die doch alles in sich enthält. Sie ist kein Objekt, denn ich selbst bin diese Weite. Doch ist diese nicht identisch mit mir. Was da ist, ist ohne Gefühle. Es ist wie eine Freude, die immer stiller und innerlicher wird, bis sie nicht mehr ist, aber dann ganz zu sich selbst gekommen ist. Es ist nicht angenehm und nicht unangenehm. Es ist erfüllte Unerfülltheit und unerfüllte Erfüllung. Die Fülle füllt nicht aus, sie steigert die Sehnsucht und ist unerschöpflich. Die Einheit von Leere und Fülle ist jenseits allen Begreifens. Das Denken ruht. Es versteht, obwohl nichts zu verstehen ist.

Ich habe Grund anzunehmen, dass viele Leserinnen und Leser Interesse an solchen Meditationserfahrungen haben. Das Problem ist nur, dass sich das Eigentliche nicht ausdrücken lässt, nicht einmal in Paradoxien. Ausdrücken lässt sich nur eine Reflexion der Nicht-Erfahrung, in der etwas gemerkt und gedeutet wird. Unbegrenzte Weite, die gemerkt wird, wird zum begrenzten Objekt und hört auf zu sein, was sie in der erfahrenden Nicht-Erfahrung war.

Über diesen Versuchen, zu beschreiben, was in der Meditation geschieht, droht ein viel greifbarerer Aspekt des Meditierens und Erleuchtet-Werdens in den Hintergrund zu treten: die Verwandlung, die mit dem Meditierenden geschieht. Aus ihr kommt eine Erfülltheit, die bleibt und zunimmt, wenn der Meditierende den Weg weitergeht. Sie hat darin ihren Ursprung, dass der Übende mehr und mehr zu der Person wird, auf die hin er angelegt ist, und aus seinem eigenen Grund leben und sich in innerer Freiheit selbst besitzen kann. Das deckt weder die eigenen Fragen, Nöte oder Schwächen zu noch macht es blind für die Leiden anderer oder die Krisen der Zeit. Und doch verleiht es eine nüchterne Zufriedenheit, eine Versöhntheit mit sich und dem Leben und die Hoffnung, sich einmal ganz lassen zu können, anzukommen und zu Hause zu sein. Es ist der Vorgeschmack einer endgültigen Erfüllung.

Es ist heikel, über Veränderungen zu schreiben, die man an sich selbst wahrzunehmen glaubt. Man kann sich täuschen und steht dann blamiert vor denen da, denen das auffällt. Immerhin hat Petra Maria, seit 15 Jahren meine Kollegin im Ashram Jesu, die folgenden Zeilen gelesen und keinen Einspruch erhoben. Deswegen traue ich mich zu sagen, dass ich im Laufe der Zeit gelassener, geduldiger, innerlich weiter und freier, nachsichtiger mit anderen und auch mit mir selbst geworden bin. Die von Angst getriebenen Ansprüche an meine Perfektion konnte ich etwas mildern. Ich kann mich besser abgrenzen und bin bescheidener und realistischer geworden. Meine Sensibilität ist gewachsen, insbesondere auch für Störendes und Unangenehmes; ich weiß, es gehört zum Leben und man muss sich ihm stellen. Ich bin intuitiver geworden und klarer. Entscheidungen zu treffen, auch solche, die mich persönlich angehen, ist mir leichter geworden. Während ich mich früher lange damit plagen musste, um ja keinen Fehler zu machen, vergewissere ich mich heute, dass ich keinen offensichtlichen Blödsinn begehe, und tue das, was mir naheliegt. Das Wichtigste ist mir nämlich dabei, mich selbst nicht zu verraten, so dass ich offen und wahrhaftig im Vertrauen leben kann. Noch zu Bodh-Gaya-Zeiten habe ich mich oft einsam gefühlt und befürchtete, dass Einsamkeit mein Schicksal sein würde. Es ist aber anders gekommen, die Gefühle von Verlassenheit und des Abgeschnitten-Seins von allem Lebendigen haben mich verlassen. Ich bin gerne allein und lebe geborgen in einer Präsenz, die Fülle und Leere ist. Früher war mein Ideal, ein Heroe zu sein, der Großes tut und deswegen etwas Besonderes ist. Zum Helden habe ich es nicht gebracht und bin dankbar, dass ich keiner mehr sein muss. Wichtiger ist mir heute nämlich, ein unspektakuläres natürliches Leben zu führen, das es immer weniger nötig hat, sich durch Arbeit, Leistungen und Rollen zu definieren.

Was ich an meinem Beispiel beschrieben habe, halte ich nicht für außergewöhnlich. Es ereignet sich in analoger Weise an allen, die regelmäßig Meditation üben. Es bedeutet auch nicht, keine Schwächen mehr zu haben oder sich immer angemessen zu verhalten. Die Schwächen werden durch die Übung geschwächt, aber manche haben ihre Wurzeln so tief, dass sie nicht völlig zu überwinden sind. Doch auch das lehrt die Meditation: sich gleichmütig zu nehmen, wie man ist, auch mit seinen Schwächen und den Fehlern, die man macht.

Bin ich erleuchtet? Die Antwort lautet nicht ja oder nein, und letztlich ist die Frage bedeutungslos. Entscheidend ist vielmehr, auf dem Weg zu sein und zu bleiben. Das ist wichtiger, als eine Latte anzulegen, wie weit man denn nun schon gekommen ist, sich das womöglich selbst gutzuschreiben und sich mit anderen zu vergleichen. Auf dem Weg wird die Meditation zu einer Übung ohne „um zu“, zu einer Übung der Hingabe an das Hier und Jetzt. Ich schließe mich der Einsicht an, zu der der Jesuit Alfred Delp in Nazi-Haft gekommen ist. Er sagt es in seiner Sprache so: „Brot ist wichtig, die Freiheit ist wichtiger, am wichtigsten aber die ungebrochene Treue und die unverratene Anbetung.“[9]

9 Alfred Delp: Gesammelte Schriften, hrsg. von Roman Bleistein, Band 4 – Aus dem Gefängnis, Frankfurt am Main 1984, S. 236. Zu Delp findet sich auch eine Kurzbiographie im Kapitel „Autoren und Quellen“, s. u. S. 316.

Meditation und Gebet im Sinne Jesu

Ich schreibe diesen Abschnitt für alle Leserinnen und Leser, nicht nur für die christlichen oder für diejenigen, die ihre buddhistischen, hinduistischen oder psychotherapeutischen Erfahrungen mit ihren christlichen Wurzeln in Verbindung bringen wollen, weil sie spüren, dass es da etwas Verbindendes gibt. Bei den Schriftbetrachtungen habe ich den aus unterschiedlichen spirituellen Traditionen stammenden Texten zur Meditationsmethode jeweils einen christlichen beigegeben, weil dieser sich in einer anderen Weise der Thematik annähert. Das Christliche versinkt nicht im Klein-Klein methodischer Anweisungen, sondern verweist auf Grundsätzliches; darin liegt ein Teil des Mehrwerts. Ein anderer besteht darin, dass der Übende nach christlicher Überzeugung, ob er es weiß oder nicht, ob er es wissen will oder nicht, im Raum eines ihm zugewandten, um die Beziehung mit ihm werbenden, in freilassender und ihn, wie er ist, bejahender Weise liebenden Du ist. Außerdem zeigen Vertreter anderer Religionen eine große Wertschätzung gegenüber dem Christlichen, so z. B. der bekannte vietnamesische Zen-Meister Thich Nhat Hanh (1926–2022). Gandhi wäre womöglich Christ geworden, hätte ihn nicht die Dogmatik der Kirche davon abgehalten. Und immer wieder gerieten islamische Mystiker, die Sufis, unter den Verdacht, verkappte Christen zu sein.

Gebet im Sinne Jesu – das ist etwas anderes als die verbreiteten Vorstellungen von Gebet. Für Jesus ist Beten die Mitte seines Lebens und seiner Verkündigung. Das zeigen uns die Evangelien in unterschiedlicher Weise: Der johanneische Jesus ist geradezu lebendes Gebet: „Ich und der Vater sind eins“ (Joh 10,30). Lukas räumt dem Beten Jesu einen besonderen Platz in seinem Evangelium ein. Im Matthäusevangelium steht das Gebet im Zentrum der Bergpredigt. Diese ist die grundlegende Verkündigung Jesu, die Entfaltung der Kurzformel „Kehrt um, denn das Himmelreich ist nahe“ (Mt 4,17; vgl. Mk 1,14), in der die Synoptiker das ganze Evangelium zusammenfassen. Matthäus hat die Bergpredigt kunstvoll aus seinen Quellen aufgebaut: Wie bei einer Zwiebel legen sich ihre Abschnitte in Schalen um einen Kern. Das Thema dieses Kerns ist das Gebet. Das Innerste dieses Kerns ist das Vaterunser. Für den matthäischen Jesus ist daher Beten die Mitte der frohen Botschaft und der geforderten Umkehr und es orientiert sich am Vaterunser. Deshalb überdenken wir Bedeutung und Weise *unseres* Betens, wenn wir nun diesen zentralen Text aus der Bergpredigt (Mt 6,5–15) lesen und dann durchgehen:

„Wenn ihr betet, macht es nicht wie die Heuchler! Sie stellen sich beim Gebet gern in die Synagogen und an die Straßenecken, damit sie von den Leuten gesehen werden. Amen, ich sage euch: Sie haben ihren Lohn bereits erhalten.

Du aber, wenn du betest, geh in deine Kammer, schließ die Tür zu; dann bete zu deinem Vater, der im Verborgenen ist! Dein Vater, der auch das Verborgene sieht, wird es dir vergelten.

Wenn ihr betet, sollt ihr nicht plappern wie die Heiden, die meinen, sie werden nur erhört, wenn sie viele Worte machen.

Macht es nicht wie sie; denn euer Vater weiß, was ihr braucht, noch ehe ihr ihn bittet.

So sollt ihr beten:

Unser Vater im Himmel, geheiligt werde dein Name, dein Reich komme, dein Wille geschehe wie im Himmel, so auf der Erde.

Gib uns heute das Brot, das wir brauchen! Und erlass uns unsere Schulden, wie auch wir sie unseren Schuldnern erlassen haben! Und führe uns nicht in Versuchung, sondern rette uns vor dem Bösen!

Denn wenn ihr den Menschen ihre Verfehlungen vergebt, dann wird euer himmlischer Vater auch euch vergeben. Wenn ihr aber den Menschen nicht vergebt, dann wird euch euer Vater eure Verfehlungen auch nicht vergeben."

Es gibt eine Fülle von Literatur zu diesem Text,[10] die sich ausführlich und umfassend mit ihm beschäftigt. Ich möchte

10 Ich selbst habe dazu auch einen Beitrag geleistet: Dickerhof, Vom Lieben und Sterben. Auf der Suche nach dem Kern des Christlichen, Würzburg 2021.

ihn hier kommentieren im Horizont unseres Themas: „Meditation: Was ist das? Was ist dabei wichtig? Worauf zielt sie?"

Der Text beginnt mit „Betern an den Straßenecken". Das ist in unseren Breiten fremd. Jedoch gibt es Menschen, die sich als Beter inszenieren, in Kirchen und Kursen. Diese sind dabei nach außen gerichtet und auf den Beifall der Leute aus. Wenn das nach Jesu strengem Urteil Heuchelei ist, dann darf jesuanisches Beten nicht die eigene Bestätigung oder überhaupt Erfolg oder Lohn im Blick haben.

Der jesuanische Beter geht in seine Kammer. Das macht man nicht für einen Augenblick. Beten dauert für Jesus. Es hat eine zeitliche Erstreckung, auch wenn er nicht vorgibt, wie lange sie sein soll. Wenn Jesus, wie die Evangelien berichten, verschiedentlich auf einen Berg steigt oder in Jerusalem abends zum Ölberg geht, um zu beten, dann nicht nur, um dort ein Vaterunser zu sprechen. *Verweilen* ist ein Kennzeichen jesuanischen Betens, das damit zu einer echten Unterbrechung des Alltags wird, zum Stoppen des Hamsterrades aus Arbeit, Freizeit, Gewohnheiten. Darum schließt der Beter auch die Tür zu: Mit dem Außen, mit dem, was ihm im Kopf herumgeht, will er sich gedanklich nicht beschäftigen. Er richtet sich auf das Innere. Unser Text stellt die Orte des Gebets und die ihnen jeweils entsprechende innere Ausrichtung des Beters einander gegenüber. Während an den „Straßenecken und Synagogen" Frömmigkeit zur Schau gestellt wird, um Eindruck zu schinden, ist die „Kammer" des Gebets ein Raum, in welchem dem Beter alles zu Bewusstsein kommen darf, was ihn innerlich bewegt. Er muss keinen Normen, keinen Erwartungen, keinen Bedingungen genügen, er braucht keine Zensur auszuüben.

„Dann betet er zu seinem Vater, der im Verborgenen ist." Wenn der Vater, dem der Beter sich zuwendet, verborgen ist, wohin soll der Gläubige sich da wenden? Hier ist ein Problem. Festhalten an der Vorstellung, die der Beter von Gott hat, würde seinem Gebet zwar eine Richtung geben, aber den „Vater, der im Verborgenen ist", verfehlen. Das ist keine Lösung. Verfolgen wir eine andere Spur: Jesus nennt den Adressaten seines Betens „Vater". Wir mögen mit unseren Vätern oder unseren Eltern hadern, für Jesus ist der mütterliche „Vater im Himmel“ absolut positiv besetzt, so sehr, dass er die Anrede „guter Meister“ seitens eines reichen Mannes zurückweist: „Niemand ist gut außer der eine Gott“ (Mk 10,18). Gottes Gutsein übersteigt für ihn alles menschliche Maß und alle menschlichen Vorstellungen. Gott „lässt seine Sonne aufgehen über Bösen und Guten und lässt regnen über Gerechte und Ungerechte“ (Mt 5,45). Dieser reinen Güte, die über alle Unterschiede hinaus ist, darf der Beter vertrauen, so wie ihr Jesus vertraut hat, der sich von ihr sogar in seine Passion führen ließ. Wer aber vertrauen kann, ja sich ganz und gar anvertrauen kann, der öffnet sich. Die Zuwendung des Beters zum „Vater, der im Verborgenen ist“, besteht darin, dass er sich öffnet. Damit beginnt er sein Gebet. Sich-Öffnen ist die Weise des Gebets zum verborgenen Vater Jesu.

Nichtbefassen mit den Alltagsdingen und Öffnung, die weder von Selbstzensur noch von Absichten limitiert wird, prägen das jesuanische Beten; Vertrauen in den liebend zugewandten Gott ist seine Grundhaltung. Dann kann der Betende sich eingestehen, was hinter und unter seinem Alltagsbewusstsein verborgen ist und ihn wirklich bewegt. Oft wird das etwas sein, was ihn bedrückt oder was ihm fehlt. Immerhin ist das Vaterunser ein *Bittgebet.* Mangel und Unsicherheit begleiten das Leben des Menschen. Der Beter soll, woran es ihm mangelt, als Bitte vor Gott bringen.

Doch darf er sich nicht auf *seine* Vorstellung davon fixieren, was seinen Mangel beheben würde. Und er soll nicht der Erfüllung seines Wunsches nachhelfen, indem er „plappert wie ein Heide“ oder sonst etwas unternimmt, um sein Ziel zu erreichen. Die Beter sollen sich anvertrauen und offenbleiben, „denn euer Vater weiß, was ihr braucht, noch ehe ihr ihn bittet“. Wieder ein Aufruf zum Vertrauen und Loslassen. Gott berennen, damit er tut, was der Beter will, das ist nicht die Methode jesuanischen Betens. Was aber ist sie dann? Was „macht“ der Beter, wenn er nicht viele Worte macht?

Hier setzt nun der Text des Vaterunsers ein mit den Worten: „So sollt ihr beten.“ Diese gehen in ihrer Bedeutung über die Aufforderung, den Text zu rezitieren, weit hinaus. Jegliches Beten eines Menschen soll von den Bitten und vom Geist des Vaterunsers geprägt sein. *Das Vaterunser ist die Gebetsmethode des Christen.*

Als Erstes erinnert es wieder daran: Der Raum des Gebets ist ein vom Heil Gottes erfüllter Raum, der Raum des Vaters im Himmel, „der weiß, was ihr braucht, noch ehe ihr ihn bittet“. Das Beste, was geschehen kann, ist dann, dass *sein* Reich kommt und *sein* Wille geschieht. Folglich ist ein weiteres Charakteristikum jesuanischen Betens, dass der Beter damit aufhört, *seine eigenen* Absichten zu verfolgen, an *seinen eigenen* Vorstellungen festzuhalten und *seine eigene* Welt zu bauen. Das alles tut er im Alltag ganz selbstverständlich, beim Beten jedoch soll er es merken und lassen. Darin besteht die Umkehr, zu der Jesu Verkündigung aufruft. Für jesuanisches Beten ist daher wesentlich, Kontrolle abzugeben im Bewusstsein, alles, restlos alles geschehen zu lassen, was geschieht und wie es geschieht. Der Beter liefert sich damit aus. Das macht Angst. Deswegen erinnert die gesamte Verkündigung Jesu und insbesondere das Vaterunser immer wieder daran, dass Gott voll Liebe auf den Menschen schaut. Er hat alle Haare auf dessen Kopf gezählt (Mt 10,30), und genauso nah, konkret und verbindlich ist seine Gegenwart. Darum kann der Beter es wagen, sich voll Liebe und Erbarmen anzuschauen, sich zu öffnen und zu überlassen. Denn was geschieht, wenn er z. B. damit aufhört, Gott mit seiner Bitte zu berennen? Dann *fühlt* er den Mangel unmittelbar, den er zuvor in Worte eingepackt hatte, um ihn per Bittgebet ganz beseitigt zu bekommen. Die Umkehr, die nun gefordert ist, heißt dann konkret, sich dem Gefühl des Zu-Wenigen auszusetzen; es da sein zu lassen, ohne es zu manipulieren. Damit beginnt der Beter, es zu betrachten und zu durchleben.

Nochmals anders gesagt: Der Beter in der Gesinnung Jesu empfängt und nimmt, was in sein Bewusstsein tritt, egal, ob es ihm gefällt oder nicht. *Empfangen und Annehmen sind die hauptsächlichen Tätigkeiten dessen, der im Geiste des Vaterunsers betet.* Damit er empfangen und annehmen kann, was je jetzt ist, muss er seine entgegenstehenden Absichten und Vorstellungen loslassen. Dabei verleugnet er seine selbstverständliche Tendenz, Unangenehmes wegzuschieben und Angenehmes festzuhalten. Er übt damit im Gebet ein, wozu Jesus seine Jünger auffordert: „Wer sein Leben retten will, wird es verlieren; wer aber sein Leben um meinetwillen und um des Evangeliums willen verliert, wird es retten“ (Mk 8,35).

Worin besteht dieses „Retten des Lebens“, der „Lohn“ des Gebets, die „Vergeltung des Vaters“ für das Zulassen des Verborgenen?

Jesuanisches Beten verwandelt den Beter: Er wird mehr zu der Person, die er in Wahrheit ist, und er wird innerlich frei. Auf der psychischen Ebene ist das Integration von abgespaltenen Teilen, auf der spirituellen Ebene die Hineinnahme dieses Selbst in das Leben Gottes. Es ist von Gottes Geschlecht (Apg 17,28). Es wird zum Sohn oder zur Tochter Gottes. Lukas formuliert das im Zusammenhang des Bittgebetes so: „Wenn nun ihr, die ihr böse seid, euren Kindern gute Gaben zu geben versteht, wie viel mehr wird der Vater im Himmel [den] Heiligen Geist denen geben, die ihn bitten!“ (Lk 11,13; vgl. Mt 7,11). Der springende Punkt dieses Satzes besteht nicht im Schlechtmachen des in seinem Ego gefangenen Menschen. Er möchte vielmehr das Übermaß der Gabe Gottes herausstellen: Wenn schon das gut ist, was die in ihrem Ego gefangenen Eltern ihren Kindern geben, in welchem Übermaß ist dann das gut, was der ganz und gar selbst-lose Vater im Himmel – er lässt seine Sonne aufgehen über Bösen und Guten und lässt regnen über Gerechte und Ungerechte – denen zuteilwerden lässt, die ihn bitten? Der Heilige Geist ist eine Gabe, die jede Assoziation von gut übersteigt. Das letztendliche Ziel des Gebets besteht daher nicht in Gaben, wie sie Eltern ihren Kindern geben, z. B. dass geschieht, was der Beter sich gewünscht hat, sondern in der Mitteilung des Heiligen Geistes. Diese ist Eingehen des Menschen in Gott. Der Mensch wird vergöttlicht. Er ist nicht mehr nur der Gefangene seiner vergänglichen Welt, die er, getrieben von Angst, mühsam zu erhalten sucht. Er ist nicht mehr nur das Mängelwesen, das letztlich allein und getrennt von den anderen schließlich im Tod untergeht. Er gehört zu Gott und seinem ewigen Reich. Das ist seine ultimative Erhebung und Würdigung. Dieses Bewusstsein wird im Gebet genährt, lässt das Vertrauen des Beters auf Gott wachsen und entzündet die Liebe zu dem, den er als freilassende Liebe erfahren hat.

Wenden wir uns den *Wir-Bitten* des Vaterunsers zu. Sie betreffen die für das Leben des Menschen grundlegendsten Bereiche – das Materielle: das tägliche Brot; das Psychosoziale: Beziehungen, versöhnt mit anderen und sich selbst; das Ethisch-Spirituelle: Personwerdung des Menschen, die nicht untergraben wird durch Versuchung oder das Böse. Diese drei Felder sind im Leben zu bearbeiten. Sie fordern uns Menschen heraus, und dennoch liegt es nicht allein an unserem guten Willen und unseren Fähigkeiten, ob die Bewältigung dieser drei Bereiche gelingt. Wir können nicht sicherstellen, dass wir bekommen, was wir zum Leben brauchen: Zu allen Zeiten gibt es Hungrige und Arme. Wir haben nicht unter unserer Kontrolle, dass unsere Beziehungen gelingen, dass wir verzeihen können oder Vergebung erfahren. Und in Versuchungen und erst recht, wenn uns Böses begegnet, sind wir schnell überfordert und werfen unsere hehren Vorsätze, Maximen und Ziele über Bord. Die Wir-Bitten machen daher dem Menschen seine Grenzen bewusst. Sie holen ihn herunter vom hohen Ross einer illusionären Selbstsicherheit, überzogener Ansprüche und der Überschätzung seiner Fähigkeiten. Sie machen demütig und sie laden ihn zum Beten ein. Sie meinen, dass das Leben nicht durch immer mehr Anstrengung gelingt, sondern durch demütiges Innehalten, Sein-Lassen, was ist, und Sich-Öffnen für die Liebe Gottes. Das sollten wir uns in dieser Ära der Krisen gesagt sein lassen.

Im jüdischen Kontext ist es außergewöhnlich, dass in einem Gebet wie dem Vaterunser die Vergebungsbitte des Beters mit dessen Vergebung gegenüber seinen Schuldnern verknüpft wird. Und in den beiden Versen, die auf den Vaterunser-Text unmittelbar folgen, wird diese Verknüpfung nochmals wiederholt und verschärft: „Denn wenn ihr den Menschen ihre Verfehlungen vergebt, dann wird euer himmlischer Vater auch euch vergeben. Wenn ihr aber den Menschen nicht vergebt, dann wird euch euer Vater eure Verfehlungen auch nicht vergeben." Gott vergibt nur denen, die ihren Schuldnern vergeben. Was hat das mit dem Gebet zu tun? Vergeben geht nicht wie das Umlegen eines Schalters, selbst wenn man es will. Da ist das erlittene Unrecht, die Kränkung, vielleicht Wut und Hass, und all das brennt in der Seele. Durch den Kopf gehen Vorwürfe, Rachegedanken und die Abwertung des Täters. Mancher Beter wird finden, dass solcher Unrat im reinen und erhabenen Raum des Gebets nichts zu suchen hat, und verdrängt ihn aus seinem Bewusstsein! Zu Unrecht. Denn: „Nicht die Gesunden bedürfen des Arztes, sondern die Kranken. Ich bin nicht gekommen, um Gerechte zu rufen, sondern Sünder", lehrt Jesus (Mk 2,17). Jesus will nicht das Verstecken des Unrats der Sünde, sondern deren Bewusstwerdung und Eingeständnis. Das Gebet ist geradezu der Ort, wo der Mensch Sünder sein darf, wo ihm die Folgen seines unersättlichen Strebens nach Befriedigung – sexuelle Gewalt, ein ausschweifendes Leben auf Kosten der Armen und des Klimas, die Vergötzung relativer Werte wie Besitz, Einfluss, Publicity ..., Feindseligkeit gegenüber Anders-Aussehenden, -Denkenden und -Lebenden, Jähzorn und Streitereien, Eifersucht und Neid, maßloses Essen und Trinken (vgl. Gal 5,19–21) – bewusst werden können und dürfen, alles also, wodurch er die Würde seiner göttlichen Herkunft und Hinkunft verfehlt. Nur so ist Wandlung möglich. Denn die Versöhnung mit sich, mit anderen und dem Leben überhaupt, auch wenn sie letztlich ein Geschenk ist, erwächst doch aus dem Sich-Eingestehen und Durchleben aller jeweils vorhandenen Gefühle im Gebet. Dabei entdeckt der Beter auch die gemeinsame Vorgeschichte der Beziehung mit dem Täter und kann die Tat zwar als falsche, aber doch auch als Antwort auf sein eigenes Verhalten verstehen. Das Opfer stößt auf seinen Beitrag am Geschehen, „den Balken in *seinem* Auge" (Mt 7,4), und erkennt, wie es selbst und der Täter Gefangene je ihrer Welt sind. Diese Einsicht macht den Weg frei für das Geschenk der Versöhnung, die in einem Versöhnung mit dem Täter und Versöhnung mit Gott ist. *Die zentralen jesuanischen Anliegen Versöhnung und Vergebung erwachsen aus dem Gebet, wenn dieses Gebet Unangenehmes und negativ Bewertetes zu- und dasein lässt.*

Damit sind wir am Ende des Textes angelangt. Drei Bemerkungen möchte ich noch anfügen:

1. Wer soll das Vaterunser beten? Nach unserem Text ist das ein „Wir“, eine Gruppe oder Gemeinschaft, was natürlich nicht aus-, sondern einschließt, dass auch einer allein im Geist des Vaterunsers betet. Öfter als bei Texten insbesondere der asiatischen Religionen stehen die Adressaten christlicher Texte im Plural. Damit muss nicht gleich eine große Organisation gemeint sein. Es können ein paar Personen sein, eine Gruppe, die sich trifft, um gemeinsam innezuhalten, und sei es per Zoom. Es können Menschen sein, die zwar nicht gleichzeitig im selben Raum miteinander beten, aber über dieses Anliegen sich miteinander verbunden wissen und sich durch gelegentlichen Austausch auf ihrem Weg unterstützen. Es kann das weltumspannende Netzwerk von Grüppchen, Gemeinschaften und Einzelnen sein, die sich aufgemacht haben, den Berg der Gegenwärtigkeit zu besteigen, das Reich Gottes zu suchen. Aber dieses „Wir“ ist wichtig. Es hilft und macht Mut, wo der Beter auf sich gestellt nicht mehr weiterkommt und zum Aufgeben neigt. Außerdem wird in der Gruppe gemeinsam schweigender und meditierender Menschen eine Präsenz spürbar – es gilt die Verheißung, dass Jesus mitten unter denen ist, die in seinem Namen versammelt sind (Mt 18,20) –, die den Einzelnen trägt und lockt und öffnet.

2. Es mag denjenigen, der sich Gebet als Gespräch vorstellt, befremden, dass im jesuanischen Beten Worte nicht das entscheidende Mittel des Gesprächs sind. Und doch lässt sich Gebet im Sinne Jesu als Gespräch Gottes mit einem Menschen verstehen. Kein Gespräch ist möglich ohne Vertrauen, Aufmerksamkeit und Offenheit. Es muss Raum geschaffen werden für das Gespräch mit Gott, die Alltagsgedanken und -beschäftigungen werden zurückgestellt. Im existenziellen Dialog des Betens hat Gott die Führung. Er spricht den Betenden an in dem, was dieser (von sich) merkt. Sache des Beters ist es zu hören, d. h. bei den inneren Bewegungen aufmerksam zu verweilen, die das Gemerkte in ihm auslöst. Dann zeigt ihm Gott diejenigen seiner Vorstellungen und Absichten, die der Annahme des Gehörten im Wege stehen, und wirbt darum, dass der Betende sie loslässt. Geht er darauf ein und lässt los, erwidert Gott, indem er ihn zu sich selbst befreit und ihm im Heiligen Geist ewiges Leben schenkt. Die Antwort des Beters an Gott besteht dann darin, dass er aus diesem Geist lebt und wirkt und ihn dadurch an die Welt weitergibt.

Wenn und wie es dem Betenden entspricht, kann er, was in seinem Gebet geschieht, immer wieder in Worte fassen. Doch sollte er sich bewusst bleiben, dass das Wesentliche jesuanischen Betens nicht Reden, sondern Empfangen, Hören, Lauschen nach innen ist.

3. Etwas zugespitzt könnte man sagen, dass jesuanisches Beten grosso modo Meditation plus Glaube an Gott als einen liebenden Vater ist. Wenn dieser Glaube gereift ist, ist er für den Meditierenden sehr hilfreich, weil er eine schwierige Meditation als Hingabe an den Willen Gottes hier und jetzt verstehen kann und weiß, dass es letztlich auf solche Hingabe ankommt. Wenn der Glaube jedoch noch unreif ist, noch nicht geprüft und geläutert wurde in Gottverlassenheit oder Gottesenttäuschung, dann kann die Rede vom „lieben Gott“ dazu verführen, Grenzerfahrungen im Gebet auszublenden, weil sie mit den eigenen Vorstellungen vom und Erwartungen an den „lieben Gott“ nicht zusammenpassen. Für viele läuten deshalb Zeiten der Trockenheit und Trostlosigkeit, wenn Gott nicht mehr auf die Weise lieb ist, die sie sich vorstellen, das Ende des Betens ein. Den Meditierenden hilft an dieser Stelle ihr Methodenköfferchen – die festgelegte Dauer der Meditation, Atmen, Wahrnehmen statt Denken und Wollen, Entspannen und Sich-Öffnen, die Behandlung von Gefühlen … –, um schwierige Meditationen durchzustehen und damit de facto einen Akt des Vertrauens zu setzen. Allmählich lernen sie, dass gerade solche schwierigen Meditationen, Grenzerfahrungen, ihre lebensfeindlichen Beziehungsmuster heilen und sie zu ihrem wahren Selbst befreien.

Dieses Geschehen reinigt das Gottesbild und lässt den Glauben reifen. Gott wird konkret, lebensnah, ein wahrhaftiger Heiler und Befreier. Doch mutet er den Glaubenden die Wahrheit ihres Daseins zu. Er begegnet ihnen personal und sie dürfen in seiner liebenden Gegenwart „leben, sich bewegen und sein" (Apg 17,28). Doch bei alledem bleibt er das unbegreifliche Geheimnis der Wirklichkeit.

Und die Meditierenden, die keinen Gottesbezug haben? Sie erleben die gleiche Befreiung zu sich selbst. Doch ohne den Hinweis auf die Kraft, die sie verlockte, zu vertrauen und sich loszulassen in den Tod ihres bisherigen Lebens hinein, wird es schwer sein, diese zu erkennen, da „man nur sieht, was man weiß" (Goethe). Es braucht also die Verkündigung. Denjenigen, die die Erfahrung, zu sich selbst befreit zu werden, gemacht haben, geht dann auf, dass sie darin den Grund aller Wirklichkeit berührt haben und dass dieser Grund freilassende und selbstlose Liebe ist, der sie sich anvertrauen können.

Die Wochentexte

1.

Das Ziel meiner Sehnsucht sucht nach mir

Liebe,
wenn ich nach dir Ausschau halte,
merke ich,
dass du mich suchst.
Wenn ich meine Blicke schweifen lasse,
finde ich die Locken deines Haars
in den eig'nen Händen wieder.
Ich glaubte stets, von deinem Wein berauscht zu sein,
und merke nun, dass er von mir betrunken ist.

Dschalal ad-Din Muhammad Rumi[11]

11 Aus: Rumi, Das Lied der Liebe, Hrsg.: Jonathan Star und Shiva Sharam, mit freundlicher Genehmigung von der Verlagsgruppe Droemer Knaur GmbH & Co. KG, München 2005, S. 105.

1 Joh 3,1a–2; 4,10[12]

Seht, welche Liebe uns der Vater geschenkt hat: Wir heißen Kinder Gottes und wir sind es.
Geliebte, jetzt sind wir Kinder Gottes. Doch ist noch nicht offenbar geworden, was wir sein werden. Wir wissen, dass wir ihm ähnlich sein werden, wenn er offenbar wird; denn wir werden ihn sehen, wie er ist …
Darin besteht die Liebe: Nicht dass wir Gott geliebt haben, sondern dass er uns geliebt und seinen Sohn als Sühne für unsere Sünden gesandt hat;

12 Wenn nichts anderes angegeben ist, wird die Bibel nach der Einheitsübersetzung der Heiligen Schrift zitiert, © 2016 Katholische Bibelanstalt GmbH, Stuttgart. Alle Rechte vorbehalten.

2.

Die Wende nach innen

Es gibt eine Kraft,
die dir das Leben schenkt –
suche sie.
Im Innern deines Leibes
ruht ein kostbarer Schatz –
suche ihn.
O Wanderer,
wenn du den großen Schatz
zu finden trachtest,
sieh dich nicht draußen um;
blicke in dich hinein
und suche ihn.

Dschalal ad-Din Muhammad Rumi[13]

13 Aus: Rumi, Das Lied der Liebe, Hrsg.: Jonathan Star und Shiva Sharam, mit freundlicher Genehmigung von der Verlagsgruppe Droemer Knaur GmbH & Co. KG, München 2005, S. 111.

Mk 1,9–15

Und es geschah in jenen Tagen, da kam Jesus aus Nazaret in Galiläa und ließ sich von Johannes im Jordan taufen. Und sogleich, als er aus dem Wasser stieg, sah er, dass der Himmel aufriss und der Geist wie eine Taube auf ihn herabkam. Und eine Stimme aus dem Himmel sprach: Du bist mein geliebter Sohn, an dir habe ich Wohlgefallen gefunden.
Und sogleich trieb der Geist Jesus in die Wüste. Jesus blieb vierzig Tage in der Wüste und wurde vom Satan in Versuchung geführt. Er lebte bei den wilden Tieren und die Engel dienten ihm.
Nachdem Johannes ausgeliefert worden war, ging Jesus nach Galiläa; er verkündete das Evangelium Gottes und sprach: Die Zeit ist erfüllt, das Reich Gottes ist nahe. Kehrt um und glaubt an das Evangelium!

3.

Die Bedeutung des Atems

In den ersten Schritten der Übung studieren wir den Atem auf eine besondere Weise.

Wir bemerken jede Art von Atem, die vorkommt, und untersuchen ihre Eigenart.

Lange Atemzüge, kurze Atemzüge, ruhige Atemzüge, grobe Atemzüge, schnelle und langsame Atemzüge: wir müssen sie alle kennenlernen. Wir untersuchen die Natur, die Eigenschaften und die Funktion jedes einzelnen Atemzuges, der auftritt. Beobachtet, welchen Einfluss die verschiedenen Atemarten auf den Körper haben.

Der Einfluss des Atems auf den physischen Körper ist groß und dieser Einfluss muss klar gesehen werden. Beobachtet beide Seiten dieser Beziehung, bis es offensichtlich wird, dass sie untrennbar miteinander verbunden sind.

Seht, dass der Atem den Körper gestaltet …

Niemand kann hier sitzen und unmittelbar den Körper wirklich tief entspannen. Aber wir entdecken, wie wir den Körper durch die Beruhigung des Atems entspannen können. Wenn die Atmung ruhig ist, wird der Körper ruhig sein.

Buddhadasa[14]

14 Auszug aus: Buddhadasa Bhikkhu, Anapanasati. Die sanfte Heilung der spirituellen Krankheit; Hrsg.: Buddhistische Gesellschaft München e.V., https://www.dhamma-dana.de/, S. 23–24.

Jes 42,1–3.5

Siehe, das ist mein Knecht, den ich stütze; das ist mein Erwählter, an ihm finde ich Gefallen.
Ich habe meinen Geist auf ihn gelegt, er bringt den Nationen das Recht.
Er schreit nicht und lärmt nicht und lässt seine Stimme nicht auf der Gasse erschallen.
Das geknickte Rohr zerbricht er nicht und den glimmenden Docht löscht er nicht aus;
ja, er bringt wirklich das Recht.
So spricht Gott, der HERR, der den Himmel erschaffen und ausgespannt hat, der die Erde gemacht hat und alles, was auf ihr wächst, der dem Volk auf ihr Atem gibt und Geist allen, die auf ihr gehen.

4.

Die Arbeit der Meditation

Die Ruhe des Geistes im Anfangsstadium von Konzentration entsteht aus der einfachen Praxis der Ausgerichtetheit auf einen Punkt. Wenn aber diese Ruhe uns verlässt, leiden wir, weil wir an ihr hängen. Das Erreichen dieser Ruhe ist nicht das Ende von Buddhas Weg. Entstehen und Leiden existieren noch immer.

Also nahm der Buddha seine Konzentration, die Ruhe, und meditierte weiter. Er erkundete die Wahrheit dieses Leidens, bis er nicht länger an der Ruhe hing.

Ruhe ist nur irgendeine relative Wirklichkeit, eine von zahllosen mentalen Formationen, nur ein Stadium auf dem Weg. Wenn du an ihr hängen bleibst, wirst du in Geburt und Werden feststecken, basierend darauf, dass dir die Ruhe gefällt. Wenn die Ruhe vergeht, kommt Aufregung, an der du sogar mehr anhaften wirst. ...

Deshalb solltest du weder an Ruhe noch an Konzentration hängen; du solltest nicht sagen, dass du in Frieden oder Ruhe bist oder dass du sie hast. Dies zu tun, kreiert die schmerzliche Illusion eines Selbst, einer Welt des Anhaftens und der Täuschung.

Achaan Chah[15]

15 Auszug aus: Achaan Chah: A Still Forest Pool. The Insight Meditation of Achaan Chah, compiled by Jack Kornfield and Paul Breiter, Wheaton, Illinois (USA) und Chennai (India), [12]2016, S. 16f; Übersetzung B(ertram). D(ickerhof).

Mt 11,28–30

[Jesus spricht:]
Kommt alle zu mir, die ihr mühselig und beladen seid! Ich will euch erquicken.
Nehmt mein Joch auf euch und lernt von mir; denn ich bin gütig und von Herzen demütig; und ihr werdet Ruhe finden für eure Seele.
Denn mein Joch ist sanft und meine Last ist leicht.

5.

Die erste Phase kontemplativen Betens

Die erste Phase [kontemplativen Betens] ist vor allem von praktischen Themen charakterisiert, von Unruhe bis Langeweile und Kreisen-um-sich-selbst. Selbst im Gebet erfahrene Menschen können Zeiten erleben, in denen es fast unmöglich ist, mehrmals täglich für 20 bis 30 Minuten auch nur körperlich stillzusitzen.

Für die meisten Menschen ist die Herausforderung der ersten Phase, einerseits mit dem ungeheuren Lärm, der in unserem Kopf vorgeht, zurechtzukommen und andererseits mit einer lähmenden Langeweile.

Es geht nicht darum, die chaotischen Gedanken wegzuschieben und durch friedvolle Gedanken zu ersetzen. Das wäre mehr von Verstrickung ins Denken, nur auf eine andere Weise. … Wir können sehr wohl merken, wie wir kommentieren: „dies ist eine hoffnungslos langweilige und dämliche Praxis". Das sind nur mehr Gedanken.

Der Rat ist immer derselbe und lautet:

- bemerke die Gedanken;
- lass sie da sein;
- geh zurück zu deiner Praxis.

Die Fähigkeit, die dabei kultiviert wird, ist, zur Praxis zurückzukehren, egal, was geschieht, ob es gut geht oder ob die Hölle losbricht. … Wenn diese Praxis wirklich in uns Wurzeln fasst, wenn wir zunehmend mehr Zeit damit verbringen, wann immer der Verstand nicht für andere Aufgaben gebraucht wird, wenn wir immer weniger Zeit damit verbringen, unsere internen Videos anzuschauen, dann sind wir durch die erste Tür zur Gegenwart hindurchgegangen.

Martin Laird[16]

16 Auszug aus: Martin Laird, Into the Silent Land. The Practice of Contemplation, London [8]2016, S. 59f; Übersetzung von B.D.

Mk 4,26–29

Er [Jesus] sagte: Mit dem Reich Gottes ist es so, wie wenn ein Mann Samen auf seinen Acker sät; dann schläft er und steht wieder auf, es wird Nacht und wird Tag, der Samen keimt und wächst und der Mann weiß nicht, wie.
Die Erde bringt von selbst ihre Frucht,
zuerst den Halm,
dann die Ähre,
dann das volle Korn in der Ähre.
Sobald aber die Frucht reif ist, legt er die Sichel an; denn die Zeit der Ernte ist da.

6.

Die rechte Anstrengung

Einmal weilte der Erhabene [der Buddha] in der Nähe von Rajagaha auf dem Geierberg. Zu jener Zeit dachte der ehrwürdige Sona, der sich ganz alleine in den tiefen Wald zurückgezogen hatte, bei sich: „Ich bin einer der eifrigsten Jünger des Erhabenen. Trotzdem habe ich noch keine geistige Befreiung gefunden." Als nun der Erhabene diese Gedanken des ehrwürdigen Sona erkannte, verließ er den Geierberg und erschien im tiefen Wald vor dem ehrwürdigen Sona und sagte ihm: „Sona, dachtest du nicht bei dir: ‚Ich bin einer der eifrigsten Jünger des Erhabenen. Trotzdem habe ich noch keine geistige Befreiung gefunden?'" „Ja, Herr."

„Sag einmal, Sona, hast du nicht früher einmal Laute gespielt?" „Ja, Herr."

„Und klang deine Laute gut, und ließ sie sich leicht spielen, Sona, wenn die Saiten zu straff gespannt waren?" „O nein, Herr."

„Und klang deine Laute gut, und ließ sie sich leicht spielen, wenn die Saiten zu schlaff waren?" „O nein, Herr, keineswegs."

„Wenn sie aber richtig gestimmt war, Sona, und die Saiten weder zu straff noch zu schlaff waren, hatte dann deine Laute nicht einen wunderbaren Klang und war sie nicht leicht zu spielen?" „O ja, Herr, gewiss."

„Ähnlich, Sona, führt zu viel Anspannung der Willenskraft zu Ruhelosigkeit und zu wenig Anspannung zu Trägheit. Deshalb halte deine Kräfte im Gleichgewicht, sorge für ein Ebenmaß deiner Fähigkeiten und strebe so nach deinem Ziel."

„Ja, o Herr", antwortete der ehrwürdige Sona demütig.

Von da an bemühte Sona sich darum, und erlangte alsbald durch unmittelbare eigene Erfahrung das unvergleichliche Ziel des tugendhaften Lebens.

Nach dem Anguttara Nikaya[17]

17 Aus: Jack Kornfield: Die Lehren Buddhas. Ein Brevier buddhistischer Weisheit, Verlagsgruppe Droemer Knaur, München 2010, S. 75f.

Ps 127,1–2

Ein Wallfahrtslied.
Von Salomo.

Wenn nicht der HERR das Haus baut, mühen sich umsonst, die daran bauen.
Wenn nicht der HERR die Stadt behütet, wacht umsonst, der sie behütet.
Es ist umsonst, dass ihr früh aufsteht und euch spät erst niedersetzt, um das Brot der Mühsal zu essen;
was recht ist, gibt der HERR denen, die er liebt, im Schlaf.

7.

Die rettende Wahrheit liegt in dir selbst!

Haltet euch an die Wahrheit, die euch leuchtet.
Nehmt zur Wahrheit Zuflucht.
Sucht in niemand anderem eure Rettung als in euch selbst.
Und diejenigen, Ananda, die jetzt oder nach meinem Tod
dem Licht in sich selbst folgen
und in nichts Äußerem ihre Rettung suchen,
sondern an der Wahrheit als ihrem Licht festhalten
und zur Wahrheit ihre Zuflucht nehmen
und die in niemand anderem Rettung suchen als in sich selbst
– sie sind es, die die höchste Höhe erreichen können.
Aber sie müssen beharrlich sein.

Aus dem Mahaparinibbana Sutta[18]

18 Aus: Jack Kornfield: Die Lehren Buddhas. Ein Brevier buddhistischer Weisheit, Verlagsgruppe Droemer Knaur, München 2010, S. 104.

Woche

Joh 17,1a.13.17.19

Und er [Jesus] erhob seine Augen zum Himmel und sagte: Vater, die Stunde ist gekommen … Jetzt komme ich zu dir und rede dies noch in der Welt, damit sie [die Jünger] meine Freude in Fülle in sich haben …
Heilige sie in der Wahrheit; dein Wort ist Wahrheit …
Und ich heilige mich für sie, damit auch sie in der Wahrheit geheiligt sind.

Joh 20,19f

Am Abend dieses ersten Tages der Woche [am Sonntag nach dem Karfreitag], als die Jünger aus Furcht vor den Juden bei verschlossenen Türen beisammen waren, kam Jesus, trat in ihre Mitte und sagte zu ihnen: Friede sei mit euch! Nach diesen Worten zeigte er ihnen seine Hände und seine Seite. Da freuten sich die Jünger, als sie den Herrn sahen.

8.

Über das Denken in der Meditation

Wir müssen unterscheiden zwischen einem „aktiven“, zielgerichteten, schlussfolgernden Denken, das das Ich unternimmt, und einem „passiven“, assoziativen Denken, das von selbst geschieht, sobald wir den Verstand nicht auf eine Aufgabe konzentrieren. Das „aktive“ Denken brauchen wir in unserem Alltag, z. B. wenn jemand vor Antritt seiner Reise überlegt, was er in seinen Koffer packt.

Hingegen ist das „passive“ Denken wie eine Welle aus sekundären Ereignissen wie Kommentaren, Bewertungen, Hypothesen, Lösungsversuchen, Wünschen, Befürchtungen, Gefühlen …, die ausgelöst wird durch ein primäres äußeres oder inneres Ereignis, das uns betrifft. Ist z. B. das primäre Ereignis ein Schmerz, der mich durchfährt, steigt sofort die Welle sekundärer Ereignisse auf: „Was hat das zu bedeuten?“ „Es wird doch nichts Ernstes sein?“ „Schon vor ein paar Tagen war mir so merkwürdig zu Mute.“ „Sollte ich zum Arzt gehen?“ … Verunsicherung, Beunruhigung treten auf, Spannung, Hab-Acht-Stellung und vermehrte Selbstbeobachtung stellen sich ein, vielleicht auch Angst. Alles, was wir mit dem auslösenden Ereignis als Möglichkeiten aus Erfahrung oder aus unserer Vorstellung verbinden, geht uns in Gedanken, Bildern oder Szenen im Kopf herum und nimmt unsere Aufmerksamkeit gefangen, umso mehr, je störender und irritierender das auslösende Ereignis für uns ist.

Man kann dieses passive Denken als Versuch unseres bestehenden Selbstverständnisses ansehen, ein primäres Ereignis einzuordnen und sich so vor In-Frage-Stellung und Veränderung zu schützen.

Die Meditation ist nicht der Ort für aktives, schlussfolgerndes Denken. Sie ist vielmehr ein Ort zu lernen, ein primäres Ereignis zu gewahren, ohne sich mit dem passiven Denken zu beschäftigen.

Bertram Dickerhof

Mt 4,13–17

Er [Jesus] verließ Nazaret, um in Kafarnaum zu wohnen, das am See liegt, im Gebiet von Sebulon und Naftali. Denn es sollte sich erfüllen, was durch den Propheten Jesaja gesagt worden ist: Das Land Sebulon und das Land Naftali, die Straße am Meer, das Gebiet jenseits des Jordan, das heidnische Galiläa: Das Volk, das im Dunkel saß, hat ein helles Licht gesehen; denen, die im Schattenreich des Todes wohnten, ist ein Licht erschienen.
Von da an begann Jesus zu verkünden: Kehrt um! Denn das Himmelreich ist nahe.

9.

Gedanken und Gefühle machen nicht unsere Identität aus

Der Zweck der Störungen der ersten Phase der Meditation ist es, eine der fundamentalen Fallen der spirituellen Reise aufzubrechen: die Identifikation mit unseren Gedanken und Gefühlen. Wenn wir glauben, dass unsere Gedanken und Gefühle uns ausmachen, dann gehen wir durchs Leben, indem wir auf das, was um uns herum vorgeht, spontan reagieren, ohne uns dessen bewusst zu sein oder uns bewusst zu sein, dass das Leben anders sein könnte. …

Wenn wir versuchen zu meditieren, haben wir zunächst wenig Sinn dafür, dass es in uns etwas anderes gibt als diese dauernd spielenden Videos. Gewöhnlich sind wir so in ihnen gefangen, dass wir sie nicht einmal wirklich bemerken, obwohl sie unser Leben bestimmen. Die Cocktail-Party, die in unserem Kopf stattfindet – sie ist unser Leben.

Das Problem dieser frühen Phase des Gebets ist, dass wir dem, was geschieht, mit Kommentierungen statt mit innerer Ruhe begegnen. Das ganze reaktive Geschnatter … lässt das Leiden unermesslich und unnötig wachsen. Deshalb bleiben die meisten Menschen nicht lange bei einer kontemplativen Praxis; es wird zwar immer davon gesprochen, dass Kontemplation zu innerem Frieden führt, doch wir treffen Chaos statt Frieden. Aber es ist genau das Verweilen im Chaos, das heilsam ist … Der Friede kommt tatsächlich – als Frucht nicht des Wegschiebens von Störungen, sondern des Verweilens in innerer Ruhe bei den Gedanken und Gefühlen, statt sie zu kommentieren. …

Diese erste Phase braucht viel Geduld, weil unser Bewusstsein so sehr mit Denken befrachtet ist.

Martin Laird[19]

19 Aus: Martin Laird, Into the Silent Land. The Practice of Contemplation, London [8]2016, Auszug aus S. 77–79; Übersetzung B. D.

Joh 18,3–8.12f.15a.17f.25b–27[20]

Judas nun nimmt die Abteilung und Diener von den Hohenpriestern und den Pharisäern und kommt dorthin [in den Garten Getsemani] mit Fackeln und Lampen und Waffen. Jesus nun wusste alles, was auf ihn zukommen sollte. Er ging hinaus und sagte zu ihnen:
„Wen sucht ihr?“ Sie antworteten ihm: „Jesus, den Nazoräer!“
Er sagt zu ihnen: „ICH BIN!“
Es stand aber auch Judas, der ihn Überliefernde, bei ihnen. Als er nun zu ihnen sagte: „ICH BIN!“, wichen sie zurück und fielen zu Boden. Nun fragte er sie wiederum: „Wen sucht ihr?“
Sie aber sagten: „Jesus, den Nazoräer!“
Jesus antwortete: „Ich sagte euch, dass ICH BIN.
Wenn ihr also mich sucht, lasst diese [die Jünger] weggehen!“ …
Die Abteilung nun und der Oberst und die Diener der Juden nahmen Jesus fest und banden ihn und führten ihn zuerst zu Hannas [dem Schwiegervater des Hohepriesters] …
Simon Petrus aber folgte Jesus nach …
Da sagt die Magd, die Türhüterin, zu Petrus: „Bist du etwa auch einer von den Jüngern dieses Menschen?“
Jener sagt: „Ich bin (es) nicht.“
Es standen aber die Sklaven und die Diener herum, die ein Kohlenfeuer gemacht hatten, weil es kalt war, und wärmten sich … Nun sagten sie zu ihm: „Bist du etwa auch einer von seinen Jüngern?“
Jener leugnete und sagte: „Ich bin (es) nicht.“
Einer von den Sklaven des Hohenpriesters, der verwandt war mit dem, welchem Petrus das Ohr abgeschlagen hatte, sagte: „Habe ich dich denn nicht im Garten bei ihm gesehen?“ Nochmals leugnete da Petrus. Und sofort krähte ein Hahn.

20 Übersetzung Prof. Benedikt Schwank OSB, aus: ders., Evangelium nach Johannes, St. Ottilien 1996, S. 425, 429.

10.

Wie man beten soll

Mach dich ans Beten mit einem einfachen Blick auf den Gegenstand, d. h. in einem bloßen Erfassen des Gegenstandes im Glauben, ohne sonstiges Nachdenken und Zergliedern.

Ich rate dir: verweile, solange du kannst, bei dem, was dich in der Demut und in der Zerknirschung voranbringt. Je mehr du dich am Ende des Gebets von deinem Elend durchdrungen und wie darin versenkt fühlst, desto mehr bist du bereitet, die Gaben Gottes zu bekommen.

Man soll sich nicht so viel aus den Zerstreuungen machen. Wird man sie gewahr, soll man seinen Geist und besonders sein Herz ganz gelassen zum Glauben an Gottes Gegenwart und zum Verkosten der heiligen Ruhe zurückrufen. Will das nicht gelingen, dann soll man sich einfach fügen. Dieses Kreuz der Zerstreuungen ist oft verdienstvoller als das Gebet selbst. Denn in der Vereinigung unseres Willens mit dem Willen Gottes liegt unser ganzer Wert.

Jean Pierre de Caussade SJ[21]

21 Aus: Jean Pierre de Caussade SJ: Eins mit Gott. Briefe der Seelenführung. Hrsg.: Leander Bopp OSB, St. Ottilien ^{6}1954, S. 23f übersetzt aus P. Ramière, Abandon à la Providence Divine, Paris ^{22}1934, Band I, S. 217ff.

Psalm 131[22]

Der Frieden in Gott
[Ein Wallfahrtslied]

Herr,
mein Herz ist nicht stolz,
nicht hochmütig blicken meine Augen.
Ich gehe nicht um mit Dingen,
die mir zu wunderbar und zu hoch sind.
Ich ließ meine Seele ruhig werden und still;
wie ein kleines Kind bei der Mutter
ist meine Seele still in mir.
Israel, harre auf den Herrn
von nun an bis in Ewigkeit!

22 Einheitsübersetzung der Heiligen Schrift 1980.

11.

Fortschritt durch Geduld

Wenn wir die Dinge annehmen, wie sie sind, können wir aufhören, uns zu wünschen, dass sie anders wären, können wir üben ohne Ungeduld, Langeweile, Frustration. Lasst mich uns alle daran erinnern, dass *khanti* (Geduldiges Ertragen) ein notwendiges spirituelles Werkzeug ist. Der Buddha sagte:

„*Khanti paramam tapo titikkha*"

Geduldiges Ertragen ist das überragende Mittel, um die Beschmutzungen des Geistes zu verbrennen (Dhammapada 184).

Viele von uns haben die Angewohnheit, sich anhand verschiedener Maßstäbe zu beurteilen und zu messen. Manche wetteifern und messen sich an den anderen. Manchmal beurteilen wir uns anhand der verschiedenen Ideale, die wir haben …

Messt den Fortschritt nicht … [daran], sondern an der Entwicklung von spirituellen Qualitäten wie *sati* [Bewusstheit], Energie, Verständnis, Zuversicht, Ruhe, Freundlichkeit, Mitgefühl, Ausgeglichenheit und so weiter. Messt ihn an dem Nachlassen von Verhaftungen und dem Verschwinden von Gier, Hass und Verblendung.

Diese Ergebnisse von richtiger Übung werden merklich wachsen … Die Wirklichkeit von *Nibbana* ist ohne Bedingungen und nicht in der Zeit gefangen … Ihr braucht euch nicht zu beeilen … wenn ihr … nur richtig übt – mit Geduld, Ausgeglichenheit, Klarheit und Weisheit, ohne Klammern und Festhalten … Also seid bitte sehr, sehr geduldig. Mit Geduld wird sich der Geist entwickeln … Solange Ungeduld und das Verlangen voranzukommen vorhanden sind, lernt ihr wenig von Bedeutung und erlebt viel dukkha [Leid, Unzufriedenheit, Schmerz].

Buddhadasa[23]

23 Aus: Buddhadasa Bhikkhu, Anapanasati. Die sanfte Heilung der spirituellen Krankheit; Hrsg.: Buddhistische Gesellschaft München e.V., https://www.dhamma-dana.de/, S. 118–120.

Röm 5,1–6

Gerecht gemacht also aus Glauben, haben wir Frieden mit Gott durch Jesus Christus, unseren Herrn. Durch ihn haben wir auch im Glauben den Zugang zu der Gnade erhalten, in der wir stehen, und rühmen uns der Hoffnung auf die Herrlichkeit Gottes.
Mehr noch, wir rühmen uns ebenso der Bedrängnisse; denn wir wissen:
Bedrängnis bewirkt Geduld,
Geduld aber Bewährung,
Bewährung Hoffnung.
Die Hoffnung aber lässt nicht zugrunde gehen;
denn die Liebe Gottes ist ausgegossen in unsere Herzen durch den Heiligen Geist, der uns gegeben ist.
Denn Christus ist, als wir noch schwach waren, für die zu dieser Zeit noch Gottlosen gestorben.

12.

Die Vorstellungen aufgeben, wie die Meditation sein sollte

Wir pflegen in das unerforschte Land des Gebetes eine falsche Landkarte zu bringen, die uns sagen soll, wie das Gebet auszusehen hat. Diese Erwartung ist zwar sinnlos, aber wir beurteilen unser Gebet danach. „Das und das korrekt machen, so sollte mein Gebet sein."

Dieses Urteil ist einfach ein Gedanke, und es ist wichtig, es genau als solchen anzusehen. John Chapman schreibt in seinen „Geistlichen Briefen": „Man muss das Gebet wegen Gott tun, ohne eine Befriedigung daraus für sich selbst zu bekommen im Sinn des Gefühls ‚ich mache das Beten gut', ‚ich habe eine unfehlbare Methode.' Das wäre desaströs, da wir ja gerade unsere eigene Schwachheit, Ohnmacht, Unwürdigkeit kennenlernen wollen. Man sollte sich kein Gebet wünschen, außer dem Gebet, das Gott uns gerade gibt – wahrscheinlich ein sehr abgelenktes und in jeder Hinsicht unbefriedigendes Gebet."

Erwartungen, wie das Gebet sein sollte, erzeugen Frustration, die das Vorankommen verhindert. …

Es ist wichtig, den [die Meditation] beurteilenden Gedanken wahrzunehmen, bevor er zu einer Erzählung von Frustration und Langeweile wird. Wie alle Störungen wird auch er den direkten, verweilenden, ruhigen Blick nicht überleben.

Am Ende werden wir dahin kommen zu erkennen, dass unsere Vorstellung vom „guten" Gebet nicht in der Weise wirklich ist, wie wir das zuvor dachten.

Martin Laird[24]

24 Martin Laird, Into the Silent Land. The Practice of Contemplation, London ^{8}2016, Auszug der S. 85f; Übersetzung von B. D.

Woche

Mt 6,5–8

Wenn ihr betet, macht es nicht wie die Heuchler.
Sie stellen sich beim Gebet gern in die Synagogen und an die Straßenecken, damit sie von den Leuten gesehen werden.
Amen, das sage ich euch: Sie haben ihren Lohn bereits erhalten.
Du aber, wenn du betest, geh in deine Kammer, schließ die Tür zu;
dann bete zu deinem Vater, der im Verborgenen ist.
Dein Vater, der auch das Verborgene sieht, wird es dir vergelten.
Wenn ihr betet, sollt ihr nicht plappern wie die Heiden, die meinen, sie werden nur erhört, wenn sie viele Worte machen.
Macht es nicht wie sie; denn euer Vater weiß, was ihr braucht, noch ehe ihr ihn bittet.

13.

Der Buddha – das bist du!

Ihr braucht euch nicht auf die Suche nach dem Transzendenten zu machen, denn das Transzendente wird euch aufspüren…

Warum sind Menschen in unserer Zeit nicht in der Lage, die Früchte der Übung zu realisieren? Es ist so, weil sie nicht über die Tugend des Selbstvertrauens verfügen.

Weil ihr nicht über die Tugend des Selbstvertrauens verfügt, seid ihr ständig beschäftigt, habt es eilig, Myriaden Arten von Objekten außerhalb eurer selbst hinterherzulaufen, immer auf der Suche nach etwas, das ihr festhalten könnt, um euch behaglich zu fühlen, und dann werdet ihr von diesen Objekten im Kreis herumgeführt und verliert all eure Freiheit.

Wenn ihr imstande seid, dem Denken, das hinter äußeren Objekten herjagt, ein Ende zu machen, dann werdet ihr erkennen, dass es keinen Unterschied zwischen euch selbst und unserem Lehrer, dem Buddha, gibt.

Wollt ihr wissen, wer unser Lehrer, der Buddha, ist?

Der Buddha seid ihr selbst, wie ihr hier vor mir steht und mir zuhört, wie ich das Dharma lehre… Meine Freunde, der Einsicht dieses Bergmönchs zufolge [Linji bezeichnet sich selbst als den Bergmönch] gibt es keinen Unterschied zwischen euch und Shakyamuni Buddha.

Linji Lu (jap. Rinzai roku)[25]

25 Aus: Thich Nhat Hanh: Es gibt nichts zu tun. Die Zen-Unterweisung des Meisters Linji, Berlin 2013, S. 29f.

Weisheit 7,21–23.25f

Alles Verborgene und alles Offenbare habe ich erkannt; denn es lehrte mich die Weisheit, die Werkmeisterin aller Dinge.
In ihr ist nämlich ein Geist,
vernunftvoll, heilig, einzigartig,
mannigfaltig, zart, beweglich,
durchdringend, unbefleckt, klar,
unverletzlich, das Gute liebend, scharf,
nicht zu hemmen, wohltätig, menschenfreundlich,
fest, sicher, ohne Sorge,
alles vermögend, alles überschauend und alle Geister durchdringend, die gedankenvollen, reinen und zartesten …
Sie ist ein Hauch der Kraft Gottes und reiner Ausfluss der Herrlichkeit des Allherrschers; darum dringt nichts Verunreinigtes in sie ein.
Sie ist der Widerschein des ewigen Lichts, der ungetrübte Spiegel von Gottes Kraft, das Bild seiner Güte.

14.

Wohnen in sich selbst

Gregor: Dann kehrte er [Benedikt von Nursia] an die Stätte seiner geliebten Einsamkeit zurück.
Allein,
unter den Augen Gottes, der aus der Höhe herniederschaut,
wohnte er in sich selbst.

Petrus: Es ist mir nicht ganz klar, was das bedeutet: „Er wohnte in sich selbst."

Gregor: Ich wollte sagen: Der heilige Mann wohnte in sich selbst,
weil er stets wachsam auf sich achtete,
sich immer unter den Augen des Schöpfers sah,
sich allezeit prüfte und
das Auge des Geistes nicht außerhalb seiner selbst umherschweifen ließ.

Gregor der Große,
Buch der Dialoge (II, 5,5.7)[26]

26 Aus: Emmanuel Jungclausen OSB (Hrsg.): Benedikt von Nursia. Das zweite Buch der Dialoge Gregors des Großen, Püttlingen 1998, S. 33f.

Lk 15,11b.13–20

Ein Mann hatte zwei Söhne… [Der jüngere Sohn packte] alles zusammen und zog in ein fernes Land. Dort führte er ein zügelloses Leben und verschleuderte sein Vermögen. Als er alles durchgebracht hatte, kam eine große Hungersnot über jenes Land und er begann Not zu leiden. Da ging er zu einem Bürger des Landes und drängte sich ihm auf; der schickte ihn aufs Feld zum Schweinehüten. Er hätte gern seinen Hunger mit den Futterschoten gestillt, die die Schweine fraßen; aber niemand gab ihm davon.
Da ging er in sich und sagte: Wie viele Tagelöhner meines Vaters haben Brot im Überfluss, ich aber komme hier vor Hunger um. Ich will aufbrechen und zu meinem Vater gehen und zu ihm sagen: Vater, ich habe mich gegen den Himmel und gegen dich versündigt. Ich bin nicht mehr wert, dein Sohn zu sein; mach mich zu einem deiner Tagelöhner!
Dann brach er auf und ging zu seinem Vater.
Der Vater sah ihn schon von Weitem kommen und er hatte Mitleid mit ihm. Er lief dem Sohn entgegen, fiel ihm um den Hals und küsste ihn …

15.

Das Problem der „guten" Meditation

Nach einer, unserem Urteil nach, „guten" Gebetszeit – z. B. verging die Zeit schnell und ein Gefühl ruhiger, sogar tiefer Gesammeltheit war da – kommt es zu einem Knäuel von Störungen. Wir wollen die gute Gebetszeit wiederherstellen und kontrollieren somit unser Gebet. Mehr noch: Diese Bemühung ist oftmals verbunden mit der Erwartung, dass unser Gebet von nun an immer so sein sollte.

Und so halten wir daran fest. Wir sitzen in der gleichen Weise da, wie wir saßen, als der magische Moment sich einstellte, richten unsere Kleidung wie damals. War es eine Dusche vorher und ein Kaffee, die mir halfen, mich zu konzentrieren? Gedimmte Lichter, etwa so? Räucherstäbchen? Ein spezieller Klang? Manches davon mag hilfreich sein. Aber der Punkt ist, dieses Spiel unseres Geistes zu merken. Nicht, um es zu beenden, das wird zu einem weiteren Spiel, zu mehr von Geschwätz.

Lass ins Bewusstsein aufsteigen, was immer aufsteigt, ohne zu bestimmen, was ins Bewusstsein kommen darf und was nicht. Begegne allem mit einem verweilenden, ruhigen Blick. Dasjenige, was das Spiel des Geistes bemerken kann, ist frei von diesem Spiel.

Martin Laird[27]

27 Martin Laird, Into the Silent Land. The Practice of Contemplation, London ^{8}2016, Auszug von S. 86, Übersetzung B. D.

Woche

Mt 6,9–13

So sollt ihr beten:
Unser Vater im Himmel,
geheiligt werde *dein*[28] Name,
dein Reich komme,
dein Wille geschehe
wie im Himmel, so auf der Erde.
Gib uns heute das Brot, das wir brauchen!
Und erlass uns unsere Schulden,
wie auch wir sie unseren Schuldnern erlassen haben!
Und führe uns nicht in Versuchung,
sondern rette uns vor dem Bösen!

28 Das dreimalig kursiv gesetzte „*dein*" stammt von B. D.

16.

Ich bin nicht geflohen

Ich bin ein Liebender,
und vor seiner Liebe
bin ich nicht geflohen.
Ich bin ein Krieger,
und auf dem Schlachtfeld
bin ich nicht geflohen.
Obgleich mein Ziel der höchste Himmel war:
vor den Fallstricken der Welt
bin ich nicht geflohen.
Mit ganzer Seele ehrt' ich den Propheten,
doch vor schlechten Menschen
bin ich nicht geflohen.
Ich lebe in einem Gefäß namens Leben,
ich lebe nur,
weil meine Seele nicht geflohen ist.
Die Wunden der Schlacht sind zum Sieg geworden,
weil ich vor den Schmerzen
nicht geflohen bin.
Ich schwimme in einem Meer von Nektar
und bin mit Wonne erfüllt,
weil ich vor des Lebens Widrigkeiten
nicht geflohen bin.

Dschalal ad-Din Muhammad Rumi[29]

29 Aus: Rumi, Das Lied der Liebe, Hrsg.: Jonathan Star und Shiva Sharam, mit freundlicher Genehmigung von der Verlagsgruppe Droemer Knaur GmbH & Co. KG, München 2005, S. 156f.

Woche

Mk 15,22.24a.–34.37b.39–41

Und sie brachten Jesus an einen Ort namens Golgota, das heißt übersetzt: Schädelhöhe ... Dort kreuzigten sie ihn ... Es war die dritte Stunde, als sie ihn kreuzigten. Und eine Aufschrift gab seine Schuld an: Der König der Juden. Zusammen mit ihm kreuzigten sie zwei Räuber, den einen rechts von ihm, den andern links.

Die Leute, die vorbeikamen, verhöhnten ihn, schüttelten den Kopf und riefen: Ach, du willst den Tempel niederreißen und in drei Tagen wieder aufbauen? Rette dich selbst und steig herab vom Kreuz! Ebenso verhöhnten ihn auch die Hohepriester und die Schriftgelehrten und sagten untereinander: Andere hat er gerettet, sich selbst kann er nicht retten. Der Christus, der König von Israel! Er soll jetzt vom Kreuz herabsteigen, damit wir sehen und glauben. Auch die beiden Männer, die mit ihm zusammen gekreuzigt wurden, beschimpften ihn.

Als die sechste Stunde kam, brach eine Finsternis über das ganze Land herein – bis zur neunten Stunde. Und in der neunten Stunde schrie Jesus mit lauter Stimme: Eloï, Eloï, lema sabachtani?, das heißt übersetzt: Mein Gott, mein Gott, warum hast du mich verlassen? ... Dann hauchte er den Geist aus ... Als der Hauptmann, der Jesus gegenüberstand, ihn auf diese Weise sterben sah, sagte er: Wahrhaftig, dieser Mensch war Gottes Sohn. Auch einige Frauen sahen von Weitem zu, darunter Maria aus Magdala, Maria, die Mutter von Jakobus dem Kleinen und Joses, sowie Salome; sie waren Jesus schon in Galiläa nachgefolgt und hatten ihm gedient.

17.

Wer durchs Feuer geht

Schüler des Weges, seht euch an. Wer hier und jetzt zuhört, ist derjenige, der „durchs Feuer geht, ohne verbrannt zu werden, der ins Wasser hinabtaucht, ohne zu ertrinken, und der in den drei tiefsten Höllen unterwegs ist, als wäre er auf einem Jahrmarkt, der die Welt der hungrigen Geister und stummen Geschöpfe betritt, ohne von ihnen belästigt zu werden".
Warum ist das so?
Weil er nichts verachtet.
Wenn ihr das Heilige verehrt und das Weltliche verachtet, werdet ihr weiter im Meer von Geburt und Tod umhertreiben. Die Leidenschaften entstehen im Herzen. Wenn das Herz zufrieden ist, wo können dann noch Leidenschaften sein?
Hört auf,
euch selbst durch ständiges Unterscheiden zu erschöpfen,
und ganz natürlich, wie von selbst,
werdet ihr den Weg finden.

Linji Lu (jap. Rinzai roku)[30]

30 Aus: Jack Kornfield: Die Lehren Buddhas. Ein Brevier buddhistischer Weisheit, Verlagsgruppe Droemer Knaur, München 2010, S. 139.

Mt 5,43–48

Ihr habt gehört, dass gesagt worden ist: Du sollst deinen Nächsten lieben und deinen Feind hassen.
Ich aber sage euch: Liebt eure Feinde und betet für die, die euch verfolgen,
damit ihr Söhne eures Vaters im Himmel werdet;
denn er lässt seine Sonne aufgehen über Bösen und Guten, und er lässt regnen über Gerechte und Ungerechte.
Wenn ihr nämlich nur die liebt, die euch lieben, welchen Lohn könnt ihr dafür erwarten? Tun das nicht auch die Zöllner?
Und wenn ihr nur eure Brüder grüßt, was tut ihr damit Besonderes? Tun das nicht auch die Heiden?
Seid also vollkommen, wie euer himmlischer Vater vollkommen ist.

18.

Der Weg des getrennten Selbst zu seinem wahren Wesen

Das Wesen der Meditation ist, sich bewusst zu sein, dass man bewusst ist. ...

Durch keine Art von zielgerichtetem Üben können wir werden, was wir wesentlich schon sind. Durch solche Praxis können wir nur werden, was nicht wesentlich für uns ist ...

Wenn uns jedoch einmal aufgeht, dass wir ein getrenntes Selbst sind und unsere Aufmerksamkeit stets begrenzt ist [durch die Objekte, auf die sie sich richtet], dann ... gibt es ... eine Praxis, die geübt, oder einen Pfad, der beschritten werden muss, um das wesentliche Selbst wiederzufinden und darüber hinaus Zugang zu erhalten zu dem Frieden und dem Glück, das diesem innewohnt: Meditation in der Form von Selbsterforschung und Selbsthingabe ...

Jemand, der leidet, ist auf der Suche. Nichtstun ist keine Option ... Für ihn gibt es nur zwei Möglichkeiten: vorübergehende Erleichterung in Objekten, Substanzen, Aktivitäten, Geisteszuständen und Beziehungen zu suchen oder die Quelle des Leidens in sich selbst zu suchen durch Selbst-Erforschung, die ganz natürlich dazu führt, bei sich zu verweilen und sich hinzugeben.

Für die meisten Menschen ist Meditation, Selbsterforschung oder kontemplatives Gebet anfangs eine Aktivität, die sie als getrenntes Selbst üben. Erst allmählich, wenn ihr Verständnis reift und ihre Praxis sich verfeinert, führt die Selbsterforschung zum Aushalten, zum Ruhen in sich selbst und zur Hingabe.

Daher wird meist erst allmählich klar, dass Meditation darin besteht, zu sein, was wir sind, und nicht ein Tun ist.

Rupert Spira[31]

31 Aus: Rupert Spira, Being Aware of Being aware, Oxford 2017, Auszug aus den S. 66–68; Übersetzung B. D.

Woche

Mt 24,37–44

Denn wie es in den Tagen des Noach war, so wird die Ankunft des Menschensohnes sein. Wie die Menschen in jenen Tagen vor der Flut aßen und tranken, heirateten und sich heiraten ließen, bis zu dem Tag, an dem Noach in die Arche ging, und nichts ahnten, bis die Flut hereinbrach und alle wegraffte, so wird auch die Ankunft des Menschensohnes sein.
Dann wird von zwei Männern, die auf dem Feld arbeiten, einer mitgenommen und einer zurückgelassen. Und von zwei Frauen, die an derselben Mühle mahlen, wird eine mitgenommen und eine zurückgelassen.
Seid also wachsam! Denn ihr wisst nicht, an welchem Tag euer Herr kommt.
Bedenkt dies: Wenn der Herr des Hauses wüsste, in welcher Stunde in der Nacht der Dieb kommt, würde er wach bleiben und nicht zulassen, dass man in sein Haus einbricht.
Darum haltet auch ihr euch bereit! Denn der Menschensohn kommt zu einer Stunde, in der ihr es nicht erwartet.

19.

Auf der Suche nach wahrer Erfüllung

Alles, was geboren ist,
geworden, entstanden, gemacht, gestaltet –
alles das ist unbeständig;
vielfacher Tod und Alter haften ihm an,
es ist illusorischer Natur, dem Untergang geweiht,
und es ist ganz von Nahrung abhängig –
man sollte sich nicht daran erfreuen.
Ich kenne einen Ort,
an dem es nichts Gewordenes gibt,
keinen Äther, kein Bewusstsein,
keine Sonne, keinen Mond,
kein Kommen und kein Gehen,
kein Entstehen, kein Vergehen,
ohne Grundlage, ohne Stütze –
das wird bezeichnet als das Ende aller Leiden.
Wenn der Seher aus sich selbst heraus
sein eigenes Sehertum erkannt hat,
dann wird er frei von allem Leid.
Dies ist das allerbeste Fundament,
der allerhöchste Ort der Ruhe;
es schwinden alle Unterscheidungen,
es ist der Ort von Erlösung und Unsterblichkeit.
Gesammelt, konzentriert aufs innere Selbst,
hat der Wahrnehmende zerbrochen die Schale,
die das Ei umhüllt.
Das Schwinden des Durstes übertrifft alles Glück.

Udanavarga 26,22–31[32]

32 Aus: Vom rechten Leben. Buddhistische Lehren aus Indien und Tibet, Hrsg.: Michael Hahn, Frankfurt a. M. 2007, S. 93f.

Mt 5,3–10

(1)[33] Selig, die arm sind vor Gott; denn ihnen gehört das Himmelreich.
(2) Selig die Trauernden; denn sie werden getröstet werden.
(3) Selig die Sanftmütigen; denn sie werden das Land erben.
(4) Selig, die hungern und dürsten nach der Gerechtigkeit; denn sie werden gesättigt werden.
(5) Selig die Barmherzigen; denn sie werden Erbarmen finden.
(6) Selig, die rein sind im Herzen; denn sie werden Gott schauen.
(7) Selig, die Frieden stiften; denn sie werden Kinder Gottes genannt werden.
(8) Selig, die verfolgt werden um der Gerechtigkeit willen; denn ihnen gehört das Himmelreich.

33 Die Nummerierung stammt von B. D.

20.

Haften an Geist und Körper aufgeben

Ein wahrhaft guter Mensch ist, wer unbemerkt und ohne Ansehen der Person anderen Gutes tut oder Gutes für die Zukunft vorbereitet. Um wie viel mehr sollte ein Mönch eine Haltung pflegen, die noch über jener steht?

Eine solche wäre: Mitgefühl mit den Menschen haben und dabei nicht zwischen Vertrauten und Fremden unterscheiden; immer bestrebt sein, alle ohne Unterschied zu retten und dabei niemals an den eigenen Gewinn denken, weder im Sinn weltlicher noch überweltlicher[34] Vorteile; auch wenn es die anderen nicht wissen und keine Dankbarkeit zeigen, einfach anderen Gutes tun, wie es euer Herz gebietet, und niemals anderen zur Kenntnis bringen, was ihr Gutes im Herzen hegt.

Das Geheimnis dieser Haltung besteht zunächst darin, der Welt zu entsagen und den eigenen Leib fahren zu lassen. Nur wer seinen eigenen Leib wirklich hinter sich gelassen hat, wird nicht mehr von anderen für gut gehalten werden wollen. Denkt ihr allerdings: ‚Sollen die anderen doch glauben, was sie mögen', tut Schlechtes und gebt euch in diesem oder jenem nach, so handelt ihr gegen den Willen Buddhas. Tut einfach Gutes, erwartet keine Belohnung, erhofft euch keinerlei Gewinn und handelt einfach nur, um anderen zu helfen.

Das Wichtigste ist das Streben nach der Befreiung vom eigenen Ich. Die Voraussetzung dafür ist das Erwachen zur Vergänglichkeit. Unser Leben ist wie ein Traum. Die Zeit vergeht wie im Flug. Unser taugleiches Leben ist schnell dahin. Die Zeit wartet auf niemanden; darum versucht zeit eures Lebens, anderen Gutes zu tun und dem Willen Buddhas zu entsprechen.

Eihei Dogen[35]

34 „Überweltliche Vorteile" *ist* die Bezeichnung für das Klären des Weges; es hat nichts mit der Erfüllung eigener Wünsche zu tun.

35 Aus: Eihei Dogen, Unterweisungen zum wahren Buddhaweg (Shobogenzo Zuimonki), III,3, Heidelberg ^{4}2011, S. 93f.

Woche

Lk 10,30b–35

Ein Mann ging von Jerusalem nach Jericho hinab und wurde von Räubern überfallen. Sie plünderten ihn aus und schlugen ihn nieder; dann gingen sie weg und ließen ihn halbtot liegen.
Zufällig kam ein Priester denselben Weg herab;
er sah ihn und ging vorüber.
Ebenso kam auch ein Levit zu der Stelle;
er sah ihn und ging vorüber.
Ein Samariter aber, der auf der Reise war, kam zu ihm;
er sah ihn und hatte Mitleid,
ging zu ihm hin, goss Öl und Wein auf seine Wunden und verband sie. Dann hob er ihn auf sein eigenes Reittier, brachte ihn zu einer Herberge und sorgte für ihn. Und am nächsten Tag holte er zwei Denare hervor, gab sie dem Wirt und sagte: Sorge für ihn, und wenn du mehr für ihn brauchst, werde ich es dir bezahlen, wenn ich wiederkomme.

21.

Die 2. Phase der Meditation: Vom Opfer zum Zeugen

In der ersten Phase der Meditation waren wir vollständig oder fast vollständig gefangen in oder beherrscht von unseren Reaktionen. Nachdem die erste Phase bewältigt ist, werden wir uns sehr viel mehr dessen bewusst, was in uns vorgeht. Eine der Früchte der inneren Ruhe ist genau diese Zunahme an Bewusstheit. Dieses Wachstum bedeutet nicht, dass wir nicht mehr mit unseren Angelegenheiten zu kämpfen haben. Mancher Kampf bleibt uns lange erhalten. Was sich aber verändert, ist, wie wir den Kampf erleben. Mit größerer Klarheit können wir sehen, was in uns vorgeht, sobald es geschieht …

Diese Veränderung vom Opfer zum Zeugen ist eine frühe psychische Frucht der kontemplativen Reise. Sie ist zutiefst befreiend und gibt uns das Gefühl, dass eine wirkliche Verwandlung unseres Lebens möglich ist. Oft kommentieren Menschen dieses Wachstum an Bewusstheit, das Gedanken und Gefühle einfach da sein lässt, als etwas, was ihre Therapeuten jahrelang versuchten, ihnen beizubringen – ohne Erfolg, weil sie zu sehr darin gefangen waren, auf ihre Gedanken und Gefühle zu reagieren und sie auszuagieren …

Wenn wir einen Gedanken als Ärger, Angst, Stolz usw. benennen können, statt ihn zu kommentieren, wie wir das üblicherweise machen, haben wir eine größere Chance, den Gedanken einfach loszulassen und zu unserer Praxis zurückzukehren.

Martin Laird[36]

36 Aus: Martin Laird, Into the Silent Land. The Practice of Contemplation, London [8]2016, Auszug der S. 80–84; Übersetzung B. D.

Woche

Joh 9,1.10f.13–17.26f.31–37

Unterwegs sah Jesus einen Mann, der seit seiner Geburt blind war [und heilte ihn. ... Die Nachbarn fragten den Geheilten:] Wie sind deine Augen geöffnet worden? Er antwortete: Der Mann, der Jesus heißt, machte einen Teig, bestrich damit meine Augen und sagte zu mir: Geh zum Schiloach und wasch dich! Ich ging hin, wusch mich und konnte sehen ... Da brachten sie den Mann, der blind gewesen war, zu den Pharisäern. Es war aber Sabbat an dem Tag, als Jesus den Teig gemacht und ihm die Augen geöffnet hatte. Auch die Pharisäer fragten ihn, wie er sehend geworden sei. Er antwortete ihnen: Er legte mir einen Teig auf die Augen und ich wusch mich und jetzt sehe ich. Einige der Pharisäer sagten: Dieser Mensch ist nicht von Gott, weil er den Sabbat nicht hält. Andere aber sagten: Wie kann ein sündiger Mensch solche Zeichen tun? So entstand eine Spaltung unter ihnen. Da fragten sie den Blinden noch einmal: Was sagst du selbst über ihn? Er hat doch deine Augen geöffnet. Der Mann sagte: Er ist ein Prophet ...
[Später] riefen [ihn] die Pharisäer ... zum zweiten Mal und ... fragten ihn: Was hat er mit dir gemacht? Wie hat er deine Augen geöffnet? Er antwortete ihnen: Ich habe es euch bereits gesagt, aber ihr habt nicht gehört ... Wir wissen, dass Gott Sünder nicht erhört; wer aber Gott fürchtet und seinen Willen tut, den erhört er. Noch nie hat man gehört, dass jemand die Augen eines Blindgeborenen geöffnet hat. Wenn dieser nicht von Gott wäre, dann hätte er gewiss nichts ausrichten können ... Und sie stießen ihn hinaus. Jesus hörte, dass sie ihn hinausgestoßen hatten, und als er ihn traf, sagte er zu ihm: Glaubst du an den Menschensohn? Da antwortete jener und sagte: Wer ist das, Herr, damit ich an ihn glaube? Jesus sagte zu ihm: Du hast ihn bereits gesehen; er, der mit dir redet, ist es.

22.

Durchleben der gegenwärtigen Wirklichkeit

Innerlich habe ich viel mit dem Herrgott zu tun und zu fragen und dranzugeben. Das eine ist mir so klar und spürbar wie selten: die Welt ist Gottes so voll. Aus allen Poren der Dinge quillt er gleichsam uns entgegen. Wir aber sind oft blind. Wir bleiben in den schönen und in den bösen Stunden hängen und erleben sie nicht durch bis an den Brunnenpunkt, an dem sie aus Gott herausströmen. Das gilt für alles Schöne und auch für das Elend. In allem will Gott Begegnung feiern und fragt und will die anbetende, hingebende Antwort. Die Kunst und der Auftrag ist nur dieser, aus diesen Einsichten und Gnaden dauerndes Bewusstsein und dauernde Haltung zu machen bzw. werden zu lassen. Dann wird das Leben frei in der Freiheit, die wir oft gesucht haben.

Alfred Delp, Kassiber vom 17. November 1944[37]

37 Aus: ders.: Gesammelte Schriften, Hrsg.: Roman Bleistein, Band IV „Aus dem Gefängnis", Frankfurt a.M. 1984, S. 26.

Jes 30,15f

Denn so spricht der GOTT, der Herr, der Heilige Israels:
Durch Umkehr und Ruhe werdet ihr gerettet,
im Stillhalten und Vertrauen liegt eure Kraft.
Doch ihr habt nicht gewollt,
sondern gesagt: Nein, auf Pferden wollen wir fliehen.
Darum sollt ihr fliehen.
Ihr habt gesagt: Auf schnellem Pferd wollen wir reiten.
Darum werden eure Verfolger schnell sein.

23.

Das Gasthaus

Ein Gasthaus ist dieses menschliche Dasein.
Jeden Tag eine Neuankunft.
Eine Freude, ein Kummer, eine Gemeinheit, ein kurzes Achtsamsein kommen als unerwarteter Gast.
Heiße alle willkommen und mach's allen schön!
Auch wenn sie ein Haufen Leiden sind, die dir brutal alle Möbel rausfegen.
Egal. Behandle jeden Gast mit Respekt.
Vielleicht schafft gerade er dir Platz für ganz neue Wonnen.
Den dunklen Gedanken, der Scham, der Boshaftigkeit –
öffne allen mit Lachen die Tür und lade sie ein, deine Gäste zu sein.
Sei dankbar für jeden, der kommt, denn jeder wurde als Führer von oben geschickt.

Dschalal ad-Din Muhammad Rumi[38]

38 Aus: © Rumi: Die Musik, die wir sind, Arbor Verlag, Freiamt 2009, 9 2023, S. 33. www.arbor-verlag.de.

Lk 14,7–9.11–14

[Jesus erzählte den zu einem Gastmahl Eingeladenen ein Gleichnis, als er bemerkte, wie sie die ersten Plätze wählten.] Er sagte zu ihnen:
Wenn du von jemandem zu einer Hochzeit eingeladen bist, nimm nicht den Ehrenplatz ein! Denn es könnte ein anderer von ihm eingeladen sein, der vornehmer ist als du, und dann würde der Gastgeber, der dich und ihn eingeladen hat, kommen und zu dir sagen: Mach diesem hier Platz! Du aber wärst beschämt und müsstest den untersten Platz einnehmen …
Denn wer sich selbst erhöht, wird erniedrigt, und wer sich selbst erniedrigt, wird erhöht werden.
Dann sagte er zu dem Gastgeber: Wenn du mittags oder abends ein Essen gibst, lade nicht deine Freunde oder deine Brüder, deine Verwandten oder reiche Nachbarn ein; sonst laden auch sie dich wieder ein und dir ist es vergolten. Nein, wenn du ein Essen gibst, dann lade Arme, Verkrüppelte, Lahme und Blinde ein. Du wirst selig sein, denn sie haben nichts, um es dir zu vergelten; es wird dir vergolten werden bei der Auferstehung der Gerechten.

24.

Umgang mit Gefühlen

Gefühle, die uns heimsuchen, sind eine Gelegenheit, durch die sich eine höhere Ebene von samadhi (Sammlung) entwickeln kann, wenn man dabei Folgendes beachtet:

Wir üben, indem wir ein auftretendes Gefühl im Geist da sein lassen und es vollständig erleben.

Bei angenehmen Gefühlen können wir uns dabei klarmachen, dass es bei der Meditation nicht darum geht, in angenehmen Gefühlen hängenzubleiben. Das „Ziel", Nibbana, ist nicht ein angenehmes Gefühl, sondern ein Glück unabhängig und jenseits aller Gefühle und überhaupt aller möglichen Gegenstände der Meditation. Das Festhalten am angenehmen Gefühl würde diese Ausrichtung der Meditation verhindern. Wir entziehen dem Gefühl Energie, wenn wir es nicht mehr wollen, unsere Identifikation damit zurücknehmen, uns distanzieren.

Bei unangenehmen Gefühlen geht es zunächst darum, sie sich einzugestehen. Es ist nichts falsch bei einem selbst oder seiner Praxis, wenn ein unangenehmes Gefühl auftaucht. Es gibt unangenehme Gefühle, viele Menschen haben mit ihnen zu tun, und nun sind wir selbst betroffen. Sie vergehen von selbst, wenn man nicht gegen sie ankämpft. Alle Versuche, sie wegzubekommen, z.B. darüber nachzudenken oder sich dagegen anzuspannen oder den Atem gewaltsam zu vertiefen, führen den unangenehmen Gefühlen nur mehr Energie zu. Ihnen zu erlauben, da zu sein und ihre Wahrnehmung mit dem Atem zu verbinden, verringert ihre Macht.

Bertram Dickerhof[39]

39 Der Text ist eine Zusammenfassung von: Buddhadasa Bhikkhu, Anapanasati. Die sanfte Heilung der spirituellen Krankheit; Hrsg.: Buddhistische Gesellschaft München e.V., https://www.dhamma-dana.de/, S. 74–76.

Mt 5,38–42

[Jesus sprach:]
Ihr habt gehört, dass gesagt worden ist: Auge um Auge und Zahn um Zahn. Ich aber sage euch: Leistet dem, der euch etwas Böses antut, keinen Widerstand, sondern wenn dich einer auf die rechte Wange schlägt, dann halt ihm auch die andere hin! Und wenn dich einer vor Gericht bringen will, um dir das Hemd wegzunehmen, dann lass ihm auch den Mantel! Und wenn dich einer zwingen will, eine Meile mit ihm zu gehen, dann geh zwei mit ihm! Wer dich bittet, dem gib, und wer von dir borgen will, den weise nicht ab!

25.

Der Stachel

Der dürre und trockene Weg ist dem der Tröstungen bei weitem überlegen, mag er noch so hart fallen. Nur auf ihm erstarkt die Tugend wirklich. Auf dem andern läuft die scheinbar vollkommenste Einstellung Gefahr, beim schwächsten Windhauch einer Versuchung oder Trockenheit zu versagen. Deshalb pflegt Gott die Seelen, die er eine Zeitlang getröstet hat und Süßigkeiten empfinden ließ, in die Prüfung zu führen.

Jean-Pierre de Caussade SJ
im Brief an Schwester Marie-Anne Thérèse de Rosen, 1731[40]

40 Jean-Pierre de Caussade, Seelenführung; Aus dem Französischen übertragen von Hugo Harder, Einsiedeln [3]1954, S. 49.

2 Kor 12,2.4b–10

[Paulus schreibt:]
Ich kenne einen Menschen in Christus, der vor vierzehn Jahren bis in den dritten Himmel entrückt wurde ... Er hörte unsagbare Worte, die ein Mensch nicht aussprechen darf. Diesen Menschen will ich rühmen; meiner selbst will ich mich nicht rühmen, höchstens meiner Schwachheit. Wenn ich mich dennoch rühmen wollte, wäre ich zwar kein Narr, sondern würde die Wahrheit sagen. Aber ich verzichte darauf; denn jeder soll mich nur nach dem beurteilen, was er an mir sieht oder aus meinem Mund hört.
Damit ich mich wegen der einzigartigen Offenbarungen nicht überhebe, wurde mir ein Stachel ins Fleisch gestoßen: ein Bote Satans, der mich mit Fäusten schlagen soll, damit ich mich nicht überhebe. Dreimal habe ich den Herrn angefleht, dass dieser Bote Satans von mir ablasse. Er aber antwortete mir: Meine Gnade genügt dir; denn die Kraft wird in der Schwachheit vollendet. Viel lieber also will ich mich meiner Schwachheit rühmen, damit die Kraft Christi auf mich herabkommt. Deswegen bejahe ich meine Ohnmacht, alle Misshandlungen und Nöte, Verfolgungen und Ängste, die ich für Christus ertrage; denn wenn ich schwach bin, dann bin ich stark.

26.

Meditation ist Nicht-Aktivität oder Nicht-Übung

Bewusstheit kann sich nicht durch Erkennen-Wollen erkennen, weil das Erkennen-Wollen die Bewusstheit offensichtlich begrenzt.

So wie man eine Strömung im Ozean als Aktivität des Ozeans bezeichnen könnte, so ist Aufmerksamkeit die Aktivität von Bewusstheit. So gesehen ist Aufmerksamkeit Bewusstheit in Bewegung; Bewusstheit ist Aufmerksamkeit im Ruhezustand. Die Aufmerksamkeit, die nach der Erkenntnis von Bewusstheit sucht, ist wie eine Strömung im Ozean auf der Suche nach Wasser. Solch ein Erkennen-Wollen ist zu ewiger Unzufriedenheit bestimmt.

Erkennen-Wollen ist diejenige Aktivität von Bewusstheit, in die die Bewusstheit sich verstrickt. Sie scheint sich dabei in ihrer Tätigkeit zu verlieren; sie verhüllt sich damit vor sich selbst.

Meditation löst die Verstrickung der Bewusstheit in ihre Aktivität. In der Meditation wird die einfache Erfahrung, bewusst zu sein, befreit von allen Gegenständen, derer wir bewusst sind ... Es gibt nichts, was das Erkennen-Wollen dazu tun kann, Bewusstheit zu erkennen, da die Aufmerksamkeit gerade die Bewusstheit begrenzt, die sie erkennen will, indem sie sie zum Objekt macht. Alles, was Erkennen-Wollen tut, besteht darin, die Bewusstheit zu verhüllen.

Meditation ist das Absenken dieser Aktivität des Erkennen-Wollens; aus ihr geht die Offenbarung des wahren Wesens des Geistes als reiner Bewusstheit hervor. Nur Bewusstheit erkennt Bewusstheit. In der Nicht-Aktivität oder Nicht-Übung der Meditation senkt sich die Aktivität der Aufmerksamkeit ab, Bewusstheit verliert dabei alle Begrenzungen und gibt sich selbst ihr Wesen als reine Bewusstheit zu erkennen.

Rupert Spira[41]

41 Auszug aus: Rupert Spira, Being Aware of Being Aware, Oxford 2017, S. 48f; Übersetzung B. D.

Joh 16,7.12–15

[Jesus sprach zu den Jüngern:]
Doch ich sage euch die Wahrheit: Es ist gut für euch, dass ich fortgehe. Denn wenn ich nicht fortgehe, wird der Beistand nicht zu euch kommen; gehe ich aber, so werde ich ihn zu euch senden … Noch vieles habe ich euch zu sagen, aber ihr könnt es jetzt nicht tragen.
Wenn aber jener kommt, der Geist der Wahrheit, wird er euch in der ganzen Wahrheit leiten.
Denn er wird nicht aus sich selbst heraus reden, sondern er wird reden, was er hört, und euch verkünden, was kommen wird.
Er wird mich verherrlichen;
denn er wird von dem, was mein ist, nehmen und es euch verkünden. Alles, was der Vater hat, ist mein; darum habe ich gesagt: Er nimmt von dem, was mein ist, und wird es euch verkünden.

27.

Das Mysterium des Elends

Eines Tages kam jemand zu Rumi und fing an, sich über seine Armut und sein Unglück zu beklagen.
„Verschwinde!“, rief Rumi aus. „Und betrachte mich von diesem Augenblick an nicht mehr als deinen Freund!“
Dann sprach Rumi diese edlen Verse:
„Komm, werd’ wie ich, o du von reinem Antlitz!
Streb nicht nach Reichtum oder schönem Leben –
Wäre der Teufel so vertrauensvoll gewesen,
Wäre er der König und der Bannerträger.“
Den Versen fügte Rumi hinzu: „Eines Tages sagte einer der Gefährten zum Propheten: ‚Ich liebe dich.‘ ‚Wenn dem so ist‘, erwiderte der Prophet, ‚was stehst du dann hier noch herum? Ergreife deinen Schild. Tritt vor und sei bereit, Prüfung auf Prüfung zu erdulden, denn Elend ist die Gabe, die Er jenen zuteilwerden lässt, die Ihn lieben.‘
Gott sprach: *Bin ich nicht dein Herr?*, und deine Antwort lautete: *Ja, natürlich*. Was ist das Geheimnis dieses *Ja*? Natürlich Elend zu ertragen.‘“

Rumi nach Aflâkî[42]

42 Aus: © Harvey, Die Lehren des Rumi. 2001 dtv Verlagsgesellschaft mbH & Co. KG, S. 115.

Mk 14,55–64

Die Hohenpriester und der ganze Hohe Rat bemühten sich um Zeugenaussagen gegen Jesus, um ihn zum Tod verurteilen zu können;
sie fanden aber nichts.
Viele machten zwar falsche Aussagen gegen ihn, aber die Aussagen stimmten nicht überein. Einige der falschen Zeugen, die gegen ihn auftraten, behaupteten: Wir haben ihn sagen hören: Ich werde diesen von Menschenhand gemachten Tempel niederreißen und in drei Tagen einen anderen aufbauen, der nicht von Menschenhand gemacht ist.
Aber auch in diesem Fall stimmten die Aussagen nicht überein.
Da stand der Hohepriester auf, trat in die Mitte und fragte Jesus: Willst du denn nichts sagen zu dem, was diese Leute gegen dich vorbringen?
Er aber schwieg und gab keine Antwort.
Da wandte sich der Hohepriester nochmals an ihn und fragte: bist du der Christus, der Sohn des Hochgelobten?
Jesus sagte: Ich bin es.
Und ihr werdet den Menschensohn zur Rechten der Macht sitzen und mit den Wolken des Himmels kommen sehen.
Da zerriss der Hohepriester sein Gewand und rief: Wozu brauchen wir noch Zeugen? Ihr habt die Gotteslästerung gehört. Was ist eure Meinung?
Und sie fällten einstimmig das Urteil: Er ist des Todes schuldig.

28.

Es ist alles da

Einmal fragte jemand: „Was haltet Ihr von folgender Sache? Nehmt einmal an: Ein Schüler hörte, er selbst sei der Buddha-Dharma, und es sei vergeblich, irgendetwas außerhalb seiner selbst zu suchen; nehmt weiter an, er glaubte dies tief, gäbe seine Praxis und sein Studium auf und verbrächte den Rest seines Lebens damit, seinem eigenen Wesen gemäß Gutes und Böses zu tun."

Dogen lehrte: „Man ist der Tatsache gewahr, dass Praxis und Studium selber der Buddha-Dharma sind, und stürzt sich... nicht in... schlechte Angelegenheiten... Gehört etwas zur WEG-Praxis, so tut man es, selbst wenn es dem eigenen Willen zuwiderläuft. Und überdies: Mag man durch diese Praxis die Vollendung des WEGES erreichen, so hängt sie doch nicht davon ab, weil man von vornherein im eigenen Herzen nichts verlangt hat. Von einer solchen Haltung kann man wohl sagen, dass sie dem Prinzip ‚Nicht-Suchen' entspricht.

Nangaku polierte einen Dachziegel, um einen Spiegel daraus zu machen, und unterwies damit Baso, der zum Buddha werden wollte.[43] Das heißt aber nicht, dass er Baso davon abhielt Zazen zu üben. Das Sitzen selbst ist das Tun des Buddha. Das Sitzen selbst ist Nicht-Tun. Es ist genau die wahre Gestalt des Selbst. Darüber hinaus gibt es nichts, was als Buddha-Dharma zu suchen wäre."

Eihei Dogen, Shobogenzo Zuimonki, II, 22[44]

43 Dogen spielt auf folgende Begebenheit an: Der Meister Nangaku besuchte seinen Schüler Baso und fragte: „Was willst du durch das Sitzen erreichen?" Baso sagte: „Ich will ein Buddha werden." Daraufhin nahm Nangaku ein Stück Dachziegel und fing an, es zu polieren. Baso fragte: „Meister, was tut ihr?" Nangaku antwortete: „Ich poliere den Dachziegel, damit er ein Spiegel wird." Baso sagte: „Wie könnt ihr einen Spiegel machen, wenn ihr einen Dachziegel poliert?" Nangaku antwortete: „Wie kann dich Sitzen zum Buddha machen?"

44 Aus: ders.: Unterweisungen zum wahren Buddhaweg. Heidelberg [4]2011, S. 85f.

Mk 10,17–22

Als sich Jesus wieder auf den Weg machte, lief ein Mann auf ihn zu, fiel vor ihm auf die Knie und fragte ihn: Guter Meister, was muss ich tun, um das ewige Leben zu erben?
Jesus antwortete: Warum nennst du mich gut? Niemand ist gut außer der eine Gott.
Du kennst doch die Gebote: Du sollst nicht töten, du sollst nicht die Ehe brechen, du sollst nicht stehlen, du sollst nicht falsch aussagen, du sollst keinen Raub begehen; ehre deinen Vater und deine Mutter!
Er erwiderte ihm: Meister, alle diese Gebote habe ich von Jugend an befolgt.
Da sah ihn Jesus an, gewann ihn lieb und sagte:
Eines fehlt dir noch: Geh, verkaufe, was du hast, gib es den Armen und du wirst einen Schatz im Himmel haben; dann komm und folge mir nach!
Der Mann aber war betrübt, als er das hörte, und ging traurig weg; denn er hatte ein großes Vermögen.

29.

Gedachter und wesenhafter Gott

Der Mensch soll sich nicht genügen lassen an einem *gedachten* Gott; denn, wenn der Gedanke vergeht, so vergeht auch der Gott. Man soll vielmehr einen *wesenhaften* Gott haben, der weit erhaben ist über die Gedanken des Menschen und aller Kreatur. *Der* Gott vergeht nicht, der Mensch wende sich denn mit Willen von ihm ab.

Wer Gott so, d.h. im Sein, hat, der nimmt Gott göttlich, und dem leuchtet er in allen Dingen; denn alle Dinge schmecken ihm nach Gott, und Gottes Bild wird ihm aus allen Dingen sichtbar. In ihm glänzt Gott allzeit, in ihm vollzieht sich eine loslösende Abkehr und eine Einprägung seines geliebten, gegenwärtigen Gottes. Vergleichsweise so, wie wenn es einen in rechtem Durst heiß dürstet: so mag der wohl anderes tun als trinken, und er mag auch wohl an andere Dinge denken; aber was er auch tut und bei wem er auch sein mag, in welchem Bestreben oder welchen Gedanken oder welchem Tun, so vergeht ihm doch die Vorstellung des Trankes nicht, solange der Durst währt.

Meister Eckhart, Reden der Unterweisung 6[45]

45 Aus: ders., Werke II, Bibliothek des Mittelalters, Frankfurt a.M. 1993, S.349.

Mt 7,21–23

[Jesus sprach:]
Nicht jeder, der zu mir sagt: Herr! Herr!, wird in das Himmelreich kommen,
sondern wer den Willen meines Vaters im Himmel tut.
Viele werden an jenem Tag zu mir sagen:
Herr, Herr, sind wir nicht in deinem Namen als Propheten aufgetreten
und haben wir nicht in deinem Namen Dämonen ausgetrieben
und haben wir nicht in deinem Namen viele Machttaten gewirkt?
Dann werde ich ihnen antworten: Ich kenne euch nicht.
Weg von mir, ihr Gesetzlosen!

30.

Die Auferstehung

Die einzige Bedingung für die Auferstehung ist,
erst zu sterben:
denn was heißt *auferstehen*, wenn nicht
„vom Tod ins Leben übergehen“?
Die Welt schlägt die ganz andre Richtung ein:
Jeder ist auf der Flucht vorm Nichtsein –
der einzig dauerhaften Zufluchtsstätte.
Wie erringen wir wahres Gewahrsein?
Indem wir dem Wissen entsagen.
Wie nähern wir uns der Erlösung?
Durch Verzicht auf die eigene Erlösung.
Wie können wir zum Sein gelangen?
Indem wir unserem Dasein entsagen.
Wie finden wir die wahre Frucht des Geistes?
Indem wir die Hand nicht ausstrecken nach der Frucht dieser Täuschung.

Rumi, aus dem Mathnawi[46]

46 Aus: © Harvey, Die Lehren des Rumi. 2001 dtv Verlagsgesellschaft mbH & Co. KG, S. 83.

Mk 8,31–33

[Damals begann Jesus, die Jünger] darüber zu belehren:
Der Menschensohn muss vieles erleiden und von den Ältesten, den Hohepriestern und den Schriftgelehrten verworfen werden;
er muss getötet werden
und nach drei Tagen auferstehen.
Und er redete mit Freimut darüber.
Da nahm ihn Petrus beiseite und begann, ihn zurechtzuweisen.
Jesus aber wandte sich um, sah seine Jünger an und wies Petrus mit den Worten zurecht:
Tritt hinter mich, du Satan!
Denn du hast nicht das im Sinn, was Gott will,
sondern was die Menschen wollen.

31.

Die Früchte der Widerstände

Ablenkungen dienen einem Zweck. Wenn wir ihnen nicht in innerer Ruhe standhalten können, geben sie uns den Eindruck, dass der Durchgang zum Land der Stille verschlossen ist. Wenn wir jedoch einfach still vor ihnen sind und weder versuchen sie wegzuschieben noch uns selbst von ihnen wegtragen zu lassen, dann helfen sie uns, unsere kontemplative Praxis zu vertiefen … Die Früchte dieser Pädagogik sind mannigfaltig, folgende drei sind fundamental:

Erstens realisieren wir, dass wir nicht unsere Gedanken und Gefühle sind. Es ist sehr befreiend zu erkennen, dass, was in unserem Kopf vorgeht, der ganze Bewusstseinsstrom, nicht das letzte Wort über unsere Identität hat. Das Leben vereinfacht sich dadurch.

Zweitens sind die Spannungen, die das Leben bringt, einfacher zu durchleben, sobald wir einmal erfahren haben, dass wir nicht der Bewusstseinsstrom aus Gedanken und Gefühlen sind. Unser Inneres ist kein beengter Raum, sondern ein weitläufiges Tal. Wolken von Gedanken und Gefühlen kommen und gehen. Wir sind in der Lage, diese Wolken präzise zu identifizieren, aber wir identifizieren uns selbst nicht mehr mit ihnen.

Drittens realisieren wir, dass das, was sich dieses weiten und fließenden Ganzen bewusst ist, selbst dieses Ganze ist. Wir erkennen, dass die Gedanken und Gefühle, die uns geplagt, unsere Sicht getrübt, uns verführt, uns unterhalten haben, selbst keine Substanz haben. Auch sie sind eine Manifestation der Weite, in der sie zur Erscheinung kommen.

Martin Laird[47]

47 Martin Laird, Into the Silent Land. The Practice of Contemplation, London [8]2016, Auszug aus S. 92–93; Übersetzung B. D.

Woche

Mt 13,24–30

Jesus legte [seinen Jüngern] ein anderes Gleichnis vor:
Mit dem Himmelreich ist es wie mit einem Mann, der guten Samen auf seinen Acker säte. Während nun die Menschen schliefen, kam sein Feind, säte Unkraut unter den Weizen und ging weg. Als die Saat aufging und sich die Ähren bildeten, kam auch das Unkraut zum Vorschein.
Da gingen die Knechte zu dem Gutsherrn und sagten: Herr, hast du nicht guten Samen auf deinen Acker gesät? Woher kommt dann das Unkraut?
Er antwortete: Das hat ein Feind getan.
Da sagten die Knechte zu ihm: Sollen wir gehen und es ausreißen?
Er entgegnete: Nein, damit ihr nicht zusammen mit dem Unkraut den Weizen ausreißt.
Lasst beides wachsen bis zur Ernte und zur Zeit der Ernte werde ich den Schnittern sagen: Sammelt zuerst das Unkraut und bindet es in Bündel, um es zu verbrennen; den Weizen aber bringt in meine Scheune!

32.

Das Tor ins „Stille Land" ist eine Wunde

Das Tor ins „Stille Land“ ist eine Wunde. Stille legt die Wunde bloß. Man muss nicht weit auf dem spirituellen Pfad reisen, um ein Gefühl für die Wunde zu bekommen, und genau deshalb geben nicht wenige eine kontemplative Praxis wie Meditation auf, sobald diese beginnt, die Wunde freizulegen; sie ziehen spirituelle Unterhaltung vor, da diese sie ablenkt …

Ganz sicher werden tiefe Bekehrung, Heilung und unaussprechliche Ganzheit auf dem kontemplativen Pfad entdeckt. Doch fühlt sich diese Entdeckung oft… als Scheitern an. „Wachstumssymptome können wie Scheitern oder Durcheinander aussehen; je mehr die Liebe der anderen und unser Verständnis davon, was mit uns vorgeht, uns helfen, unser Durcheinander in eine neue Ordnung hinein zu durchleben, umso glücklicher sind wir. Es ist ein Unglück, wenn unsere Angst vor dem, was wie Verwirrung oder Verfall der Person aussieht, uns blind macht für die Kräfte der Befreiung, die hier am Werk sind.“ (Mary Richards) …

Es gibt jedoch die tief verwurzelte Tendenz, vor unserer Gebrochenheit zurückzuweichen…, sie zu verabscheuen, wie wir es ein Leben lang gelehrt wurden. Wenn wir das tun, vermeiden wir, dass uns Gott in Christus nahekommt und umarmt. Thomas Merton drückt das in bewegender Weise aus: „Der Christus, den wir in uns selbst finden, ist nicht identisch mit dem, was wir vergeblich versuchen, an uns zu bewundern und zu vergöttern – im Gegenteil, er ist identisch mit dem, was wir an uns zurückweisen … Wir werden nie Frieden finden, wenn wir auf die Stimme unseres illusorischen Selbstbetrugs hören.“

Gott begegnet dem Menschen dort, wo er am meisten in Not ist, in seiner Armut und Gebrochenheit.

Martin Laird[48]

48 Martin Laird, Into the Silent Land. The Practice of Contemplation, London ^{8}2016, Auszug aus den S. 117–120; Übersetzung B. D.

Mk 8,34–38

Er [Jesus] rief die Volksmenge und seine Jünger zu sich und sagte: Wenn einer hinter mir hergehen will, verleugne er sich selbst, nehme sein Kreuz auf sich und folge mir nach.
Denn wer sein Leben retten will, wird es verlieren; wer aber sein Leben um meinetwillen und um des Evangeliums willen verliert, wird es retten.
Was nützt es einem Menschen, wenn er die ganze Welt gewinnt, dabei aber sein Leben einbüßt?
Um welchen Preis könnte ein Mensch sein Leben zurückkaufen?
Denn wer sich vor dieser treulosen und sündigen Generation meiner und meiner Worte schämt, dessen wird sich auch der Menschensohn schämen, wenn er mit den heiligen Engeln in der Herrlichkeit seines Vaters kommt.

33.

Die wahre Freude

[Eines Tages diktierte Franz von Assisi:] „Es kommt ein Bote und sagt, dass alle Magister von Paris zum Orden gekommen sind. Schreibe: das ist nicht die wahre Freude. Ebenso, alle Prälaten jenseits der Alpen, die Erzbischöfe und Bischöfe; ebenso der König von Frankreich und der König von England. Schreibe: Das ist nicht die wahre Freude. Ebenso, dass meine Brüder zu den Ungläubigen gegangen sind und sie alle zum Glauben bekehrt haben; ebenso, dass ich von Gott solch große Gnade erhalten habe, dass ich Kranke heile und viele Wunder wirke. Ich sage dir, dass in all dem nicht die wahre Freude ist."
„Was aber ist die wahre Freude?"
„Ich kehre von Perugia zurück, und in tiefer Nacht komme ich hierher, und es ist Winterszeit, schmutzig und so kalt, dass die kalten Wassertropfen am Saum des Habits gefrieren und immer an die Schienbeine schlagen, und das Blut aus diesen Wunden fließt. Und völlig in Schmutz und Kälte und Eis komme ich zur Pforte, und nachdem ich lange geklopft und gerufen habe, kommt der Bruder und fragt: Wer ist da? Ich antworte: Bruder Franziskus. Und er sagt: Geh fort! Es ist nicht die schickliche Zeit auszugehen. Du kommst nicht herein. Und auf weiteres Drängen antwortet er: Geh weg! Du bist der nämliche einfältige und ungebildete Mensch ... Wir sind so viele und von solcher Art, dass wir dich nicht brauchen. Und ich stehe wiederum an der Pforte und sage: Um der Liebe Gottes willen, nehmt mich auf in dieser Nacht. Und jener antwortet: Das werde ich nicht tun ... Ich sage dir: Wenn ich Geduld habe und nicht erregt werde, dass darin die wahre Freude ist und die wahre Tugend und das Heil der Seele."

Franz von Assisi[49]

49 Aus: Das Diktat von der wahren Freude, in: Berg, Dieter und Lehmann, Leonhard: Franziskus-Quellen. Die Schriften des heiligen Franziskus, Lebensbeschreibungen, Chroniken und Zeugnisse über ihn und seinen Orden, Butzon & Bercker, Edition Coelde, Kevelaer 2009, 56–57.

1 Kor 13,1–8

Wenn ich in den Sprachen der Menschen und Engel redete,
hätte aber die Liebe nicht,
wäre ich dröhnendes Erz oder eine lärmende Pauke.
Und wenn ich prophetisch reden könnte und alle Geheimnisse wüsste und alle Erkenntnis hätte; wenn ich alle Glaubenskraft besäße und Berge damit versetzen könnte,
hätte aber die Liebe nicht,
wäre ich nichts.
Und wenn ich meine ganze Habe verschenkte und wenn ich meinen Leib opferte, um mich zu rühmen,
hätte aber die Liebe nicht,
nützte es mir nichts.
Die Liebe ist langmütig, die Liebe ist gütig.
Sie ereifert sich nicht,
sie prahlt nicht, sie bläht sich nicht auf.
Sie handelt nicht ungehörig,
sucht nicht ihren Vorteil,
lässt sich nicht zum Zorn reizen,
trägt das Böse nicht nach.
Sie freut sich nicht über das Unrecht, sondern freut sich an der Wahrheit.
Sie erträgt alles, glaubt alles, hofft alles, hält allem stand.
Die Liebe hört niemals auf.

34.

Bin ich bewusst?

Die Entflechtung der Bewusstheit von ihrer eigenen Aktivität – der Aufmerksamkeit – kann durch eine Frage bewirkt werden, die den Geist einlädt, von der Erfahrung eines Objekts zurückzugehen zu seiner nicht reduzierbaren Natur.

Eine solche Frage ist: „Bin ich bewusst?"

Die meisten Fragen führen dazu, das Licht der Aufmerksamkeit auf das Wissen oder die Erfahrung eines Objekts zu richten; die Frage „Bin ich bewusst?" ist eine heilige Frage, die den Geist in eine Richtung ohne Objekte einlädt.

Wenn der Geist in dieser Richtung ohne Objekte voranschreitet, fängt er an, sich zu entspannen, zu sinken oder zurückzufallen in die Quelle des Gewahrseins, aus der er selbst kommt. Der Geist verliert mehr und mehr seine Aktivität, bis sich sein Wesen als reine Bewusstheit mitteilt.

Die Antwort auf die Frage „Bin ich bewusst?" ist offensichtlich „Ja". Die Frage „Bin ich bewusst?" ist als Frage ein Gedanke, in dem wir uns der Antwort nicht sicher sind. Die Antwort „Ja" ist ein zweiter Gedanke, in dem wir uns der Antwort absolut sicher sind. Etwas ist geschehen zwischen den beiden Gedanken, etwas, was die Ungewissheit, die sich in der Frage ausdrückt, in die Sicherheit der Antwort verwandelt...

Um die Frage „Bin ich bewusst?" beantworten zu können, mussten wir zur Erfahrung „gehen", bewusst zu sein. Mit anderen Worten: Wir müssen die Erfahrung von Gewahrsein kennen. Wir müssen uns dessen bewusst sein, bewusst zu sein.

Rupert Spira[50]

50 Rupert Spira, Being Aware of Being aware, Oxford 2017, S. 51f; Übersetzung B.D.

Mt 11,25–27

In jener Zeit sprach Jesus: Ich preise dich, Vater, Herr des Himmels und der Erde, weil du das vor den Weisen und Klugen verborgen und es den Unmündigen offenbart hast.
Ja, Vater, so hat es dir gefallen. Alles ist mir von meinem Vater übergeben worden;
niemand kennt den Sohn, nur der Vater,
und niemand kennt den Vater, nur der Sohn und der, dem es der Sohn offenbaren will.

35.

Bewusstheit der Vergänglichkeit bewirkt Entschlossenheit

[Den Dharma zu verwirklichen und den WEG zu erreichen,] hängt einzig und allein davon ab, ob die eigene Entschlossenheit wirklich reif ist oder nicht…

Um eine solche Entschlossenheit aufzubringen, muss man in der Tiefe des Herzens die Vergänglichkeit der Welt bedenken … Die Vergänglichkeit ist wahrhaftig das, was sich haargenau vor unseren Augen abspielt. … Morgens geboren, abends gestorben, jemanden, den wir gestern sahen, gibt es heute nicht mehr – das sind die Tatsachen, die wir mit eigenen Augen sehen und mit eigenen Ohren hören… Selbst wenn wir uns auf eine Lebensspanne von siebzig oder achtzig Jahren eingerichtet haben, so sterben wir doch, wann wir sterben müssen…

Es ist doch so: Ob wir nun an weltliche Angelegenheiten oder an den Buddha-WEG denken, alles können wir ausschließlich heute tun, ja sogar nur in diesem einen Augenblick.…

In einer derart unvorhersehbaren Welt ist es also außerordentlich dumm, so zu tun, als ob man ewig leben würde, obwohl die eigene Todesstunde unsicher ist, sich um seinen Lebensunterhalt Sorgen zu machen und womöglich auch noch hinterhältig Ränke zu schmieden …

Bewegt diese Wirklichkeit immer wieder im Herzen, vergesst sie nicht und vergeudet keinen Augenblick in dem Gewahrsein, dass ihr nur heute und nur in diesem Augenblick am Leben seid. Mit dieser Entschlossenheit ist (die Praxis des WEGES) wirklich einfach.

Eihei Dogen, Shobogenzo Zuimonki II, 14[51]

51 Aus: Ders.: Unterweisungen zum wahren Buddhaweg, Heidelberg ^{4}2011, S. 78–80.

Joh 6,60–64a.65–69

Viele seiner [Jesu] Jünger, die ihm zuhörten, sagten: Diese Rede ist hart. Wer kann sie hören?
Jesus erkannte, dass seine Jünger darüber murrten, und fragte sie: Daran nehmt ihr Anstoß? Was werdet ihr sagen, wenn ihr den Menschensohn aufsteigen seht, dorthin, wo er vorher war?
Der Geist ist es, der lebendig macht; das Fleisch nützt nichts. Die Worte, die ich zu euch gesprochen habe, sind Geist und sind Leben. Aber es gibt unter euch einige, die nicht glauben …
Deshalb habe ich zu euch gesagt: Niemand kann zu mir kommen, wenn es ihm nicht vom Vater gegeben ist.
Daraufhin zogen sich viele seiner Jünger zurück und gingen nicht mehr mit ihm umher.
Da fragte Jesus die Zwölf: Wollt auch ihr weggehen?
Simon Petrus antwortete ihm: Herr, zu wem sollen wir gehen? Du hast Worte des ewigen Lebens.
Wir sind zum Glauben gekommen und haben erkannt: Du bist der Heilige Gottes.

36.

Wahres Hören

Hören hat kein Zentrum, es ist ein multi-dimensionales Willkommen-Heißen …

Man sollte weder atmen wollen noch den Atem anhalten wollen. Da muss es keinerlei Willen geben. Beobachten Sie einfach das Kommen und Gehen des Atems, so wie Sie eine Wolke beobachten oder einen Vogel. Sie werden bemerken, dass Ihr Atem voller (An)Spannung ist. Indem Sie Ihren Atem einfach geschehen lassen, wird er in seine natürliche organische Bewegung finden.

Wichtig ist, dass Sie zu dem Augenblick kommen, in dem Sie sich selbst als bewusst seiend erleben. Bewusst sein ist hören, hören auf das, was sich von selbst präsentiert, egal was, so wie wenn viele verschiedene Töne auftauchen, ein spielendes Kind, ein laufender Automotor, ein singender Vogel und Sie zwischen diesen Klängen nicht wählen und sie auch nicht aufgreifen. Sie versuchen weder, sie zu ignorieren, noch schenken Sie ihnen Aufmerksamkeit. Auf diese Weise ist das, was Sie hören, nicht in der Lage, sich an Ihnen festzumachen, und die Energie, die für gewöhnlich aufs Dingfestmachen verwendet wird, darauf, den Atem oder das gehörte Geräusch zu kontrollieren [d.h. ein Objekt daraus zu machen und sich damit zu beschäftigen], wird auf sich selbst zurückgeworfen und Sie werden wahres Hören erleben … Es ist keine Wahrnehmung. Obwohl diese Realität um sich selbst weiß, ist es kein Subjekt-Objekt-Wissen … Hören ist von derselben Beschaffenheit wie Bewusstsein.

Jean Klein[52]

52 Aus: ders.: Nichts als Gegenwart, Hamburg 2012, S. 47.49f.

Ez 36,24–29a

[So spricht GOTT, der Herr:]
Ich nehme euch heraus aus den Nationen, ich sammle euch aus allen Ländern und ich bringe euch zu eurem Ackerboden. Ich gieße reines Wasser über euch aus, dann werdet ihr rein. Ich reinige euch von aller Unreinheit und von allen euren Götzen. Ich gebe euch ein neues Herz und einen neuen Geist gebe ich in euer Inneres. Ich beseitige das Herz von Stein aus eurem Fleisch und gebe euch ein Herz von Fleisch. Ich gebe meinen Geist in euer Inneres und bewirke, dass ihr meinen Gesetzen folgt und auf meine Rechtsentscheide achtet und sie erfüllt. Dann werdet ihr in dem Land wohnen, das ich euren Vätern gegeben habe. Ihr werdet mir Volk sein und ich, ich werde euch Gott sein. Ich befreie euch von all eurer Unreinheit.

37.

Die Lebensweise, die den spirituellen Fortschritt unterstützt

Um bei der Übung von *anapanasati* [ana = Einatem, apana = Ausatem, sati = Wissen, Bewusstheit; „anapanasati" ist also die Bewusstheit des Atmens] gute Ergebnisse zu erzielen, sind einige allgemeine Vorbereitungen nötig. Mit anderen Worten, wir müssen einige Veränderungen an unserer Lebensweise vornehmen … Wir müssen Nahrung essen, die Nahrung ist. Esst keine Nahrung, die ein „Köder" ist. Wir sollten den entscheidenden Unterschied zwischen „Nahrung" und „Köder" verstehen. Wir essen Nahrung, um das Leben auf angemessene Weise zu erhalten. Wir essen Köder zur Befriedigung unserer Geschmäckigkeit. Köder zu essen, macht uns dumm, so dass wir unbedacht Essen in uns hineinstopfen …

[Die Behausung] … sollte ausreichend und bescheiden sein und nicht exzessiv, … [sonst] wird die Behausung eine Quelle für immer größere Selbstsucht. Für die Übung des Dhamma ist eine angemessene Behausung diejenige, die möglichst naturnah ist … Das macht es einfacher, das Verständnis und die Übung im Einklang mit der Natur wachsen zu lassen.

Die letzte Notwendigkeit ist wichtiger als die anderen … Wir sprechen über das, was uns vergnügt, schmeichelt und unterhält, was uns zufrieden macht, unsere Angst und Unruhe mindert. Das Herz zufrieden und freudig zu stimmen, ist von entscheidender Bedeutung … Der entscheidende Punkt ist, dass es die richtige geistige Nahrung sein muss, die den Geist erhält. Wir sind bereit, Dhamma – Dhamma – Dhamma [die Wahrheit, das Gesetz der Wirklichkeit] zu unserem Vergnügen zu machen.

Buddhadasa Bhikkhu[53]

53 Auszug aus: Buddhadasa Bhikkhu, Anapanasati. Die sanfte Heilung der spirituellen Krankheit; Hrsg.: Buddhistische Gesellschaft München e.V., https://www.dhamma-dana.de/, S. 33–37.

Jes 55,1–3a.6–7

Auf, alle Durstigen, kommt zum Wasser!
Die ihr kein Geld habt, kommt, kauft Getreide und esst, kommt und kauft ohne Geld und ohne Bezahlung Wein und Milch!
Warum bezahlt ihr mit Geld, was euch nicht nährt, und mit dem Lohn eurer Mühen, was euch nicht satt macht?
Hört auf mich, dann bekommt ihr das Beste zu essen und könnt euch laben an fetten Speisen!
Neigt euer Ohr und kommt zu mir, hört und ihr werdet aufleben! ...
Sucht den HERRN, er lässt sich finden, ruft ihn an, er ist nah!
Der Frevler soll seinen Weg verlassen,
der Übeltäter seine Pläne.
Er kehre um zum HERRN, damit er Erbarmen hat mit ihm, und zu unserem Gott; denn er ist groß im Verzeihen.

38.

Die Befreiung des Geistes

Bei unserer Praxis ist es unsere Tendenz, etwas ergreifen zu wollen, Erfahrungen als von „sich“ oder als „meine“ zu nehmen. Wenn du denkst, „ich bin ruhig“, „ich bin erregt“, ... „ich bin glücklich oder unglücklich“, dann verursacht solches Klammern mehr von Entstehen und Geburt. Wenn Glück endet, erscheint Leiden; wenn Leiden endet, kommt Glück. Du wirst dich selbst unaufhörlich hin und her schwanken sehen zwischen Himmel und Hölle. ... So befasste [sich der Buddha] mit diesen Elementen der Erfahrung und meditierte ihre wahre Natur. Aufgrund von Haben-Wollen existieren Geburt und Tod. Froh-Werden ist Geburt, Niedergeschlagen-Werden ist Tod. Sind wir gestorben, werden wir geboren, sind wir geboren, sterben wir. Dieser Lauf von Geburt und Tod von einem Moment zum nächsten ist wie das endlose Drehen eines Rades.

Der Buddha erkannte, dass flüchtig ist, was immer der Geist entstehen lässt, bedingte Phänomene, die in Wirklichkeit leer sind. Als ihm das dämmerte, ließ er los, entkoppelte sein Verhalten davon und fand ein Ende des Leidens.

... Wenn ihr die Dinge kennt, wie sie sind, dann werdet ihr sehen, dass diese Elemente des Geistes eine Täuschung sind, um es mit Buddhas Worten zu sagen, dass der Geist nichts hat, nicht entsteht, nicht geboren ist und nicht mit irgendjemand stirbt. Er ist frei, strahlend, prachtvoll, nichts kann ihn besitzen. Der Geist kann nur besetzt werden, wenn er missversteht und von diesen bedingten Phänomenen getäuscht wird, diesem falschen Gefühl von Selbst. Deshalb heißt uns der Buddha, auf unseren Geist zu schauen.

Achaan Chah[54]

54 Aus: Achaan Chah, A Still Forest Pool. The Insight Meditation of Achaan Chah, compiled by Jack Kornfield and Paul Breiter, Wheaton, Illinois (USA) und Chennai (India), [12]2016, S. 18 Übersetzung B.D.

Mt 26,20–28.30–31a.33–35

Als es Abend wurde, begab er [Jesus] sich mit den zwölf Jüngern zu Tisch. Und während sie aßen, sprach er: Amen, ich sage euch: Einer von euch wird mich ausliefern.
Da wurden sie sehr traurig und einer nach dem andern fragte ihn: Bin ich es etwa, Herr? Er antwortete: Der die Hand mit mir in die Schüssel eintunkt, wird mich ausliefern. Der Menschensohn muss zwar seinen Weg gehen, wie die Schrift über ihn sagt. Doch weh dem Menschen, durch den der Menschensohn ausgeliefert wird! Für ihn wäre es besser, wenn er nie geboren wäre. Da fragte Judas, der ihn auslieferte: Bin ich es etwa, Rabbi? Jesus antwortete: Du sagst es.
Während des Mahls nahm Jesus das Brot und sprach den Lobpreis; dann brach er das Brot, reichte es den Jüngern und sagte: Nehmt und esst; das ist mein Leib. Dann nahm er den Kelch, sprach das Dankgebet, gab ihn den Jüngern und sagte: Trinkt alle daraus; das ist mein Blut des Bundes, das für viele vergossen wird zur Vergebung der Sünden …
Nach dem Lobgesang gingen sie zum Ölberg hinaus. Da sagte Jesus zu ihnen: Ihr alle werdet in dieser Nacht an mir Anstoß nehmen … Petrus erwiderte ihm: Und wenn alle an dir Anstoß nehmen – ich werde niemals an dir Anstoß nehmen! Jesus sagte zu ihm: Amen, ich sage dir: In dieser Nacht, ehe der Hahn kräht, wirst du mich dreimal verleugnen. Da sagte Petrus zu ihm: Und wenn ich mit dir sterben müsste – ich werde dich nie verleugnen. Das Gleiche sagten auch alle Jünger.

39.

Alles ist unbeständig, unbefriedigend, leer von Selbst

Wenn die Elemente des Geistes überprüft sind, lässt der Buddha sie gehen und wird lediglich einer, der ihrer bewusst war. Er beobachtete mit Indifferenz (Gleichmut). Bedingungen, die zu Geburt führen, existierten nicht für ihn. Mit seinem kompletten Wissen nannte er sie alle unbeständig (impermanent), unbefriedigend, leer von Selbst. Derjenige, der weiß, sieht entsprechend dieser Wahrheit und wird weder glücklich noch traurig, abhängig von sich verändernden Bedingungen. Das ist wahrer Friede, frei von Geburt, Alter, Krankheit und Tod, unabhängig von Ursachen, Wirkungen oder Bedingungen, jenseits von Glück und Leiden, oberhalb von Gut und Böse. Nichts kann darüber gesprochen werden. Keine Bedingungen sind im Stande, den wahren Frieden irgendwie herzustellen.

Du kannst von den Charakteristika der Existenz gehört haben und sie kennen, aber wenn die Dinge in deinem Geist entstehen, wirst du ihnen folgen? Wenn du in Kontakt kommst mit etwas, was dir gefällt, wirst du sofort daran kleben? Kannst du loslassen? Wenn unerfreuliche Erfahrungen entstehen, hält derjenige, der weiß, das Missfallen in seinem Geist oder lässt er es gehen? Wenn du Dinge siehst, die du nicht magst, und daran festhältst oder sie verfluchst, dann solltest du erwägen, dass dies nicht ganz korrekt ist, nicht die beste Art. Wenn du deinen Geist in dieser Weise beobachtest, wirst du wahrhaftig dich selbst erkennen.

Achaan Chah[55]

55 Aus: Achaan Chah, A Still Forest Pool. The Insight Meditation of Achaan Chah, compiled by Jack Kornfield and Paul Breiter, Wheaton, Illinois (USA) und Chennai (India), [12]2016, S. 17f; Übersetzung B.D.

Lk 14,25–33.35b

Viele Menschen begleiteten ihn [Jesus]; da wandte er sich an sie und sagte:
Wenn jemand zu mir kommt und nicht Vater und Mutter, Frau und Kinder, Brüder und Schwestern, ja sogar sein Leben gering achtet, dann kann er nicht mein Jünger sein.
Wer nicht sein Kreuz trägt und hinter mir hergeht, der kann nicht mein Jünger sein.
Denn wenn einer von euch einen Turm bauen will, setzt er sich dann nicht zuerst hin und berechnet die Kosten, ob seine Mittel für das ganze Vorhaben ausreichen? Sonst könnte es geschehen, dass er das Fundament gelegt hat, dann aber den Bau nicht fertigstellen kann. Und alle, die es sehen, würden ihn verspotten und sagen: Der da hat einen Bau begonnen und konnte ihn nicht zu Ende führen.
Oder wenn ein König gegen einen anderen in den Krieg zieht, setzt er sich dann nicht zuerst hin und überlegt, ob er sich mit seinen zehntausend Mann dem entgegenstellen kann, der mit zwanzigtausend gegen ihn anrückt? Kann er es nicht, dann schickt er eine Gesandtschaft, solange der andere noch weit weg ist, und bittet um Frieden.
Ebenso kann keiner von euch mein Jünger sein, wenn er nicht auf seinen ganzen Besitz verzichtet …
Wer Ohren hat zu hören, der höre!

40.

Das Wichtigste: lasst los, lasst los, lasst los!

Objekte zum Anhaften gibt es in Hülle und Fülle. Da sie recht tiefgreifend und subtil sind, ist es schwierig, sie zu sehen und zu verstehen. Trotzdem können wir vier Erscheinungsformen von Verhaftetsein identifizieren.

In die erste Kategorie fallen alle materiellen Objekte ... Besitz jeglicher Art, Bedarfsgegenstände, Juwelen, Schmuck, Gold und Geld etc. ... – all diese bilden die Grundlagen von Sinnlichkeit und Sexualität ...

Die zweite Kategorie besteht aus unseren falschen Meinungen, Glaubenssätzen, Ansichten und Theorien. Hier handelt es sich um Dinge, die wir nicht verstehen können, ... aufgrund von Unwissenheit aber annehmen und daran festhalten. ...

Die dritte Kategorie umfasst die althergebrachten Aktivitäten und Rituale, denen wir folgen. Jede oder jedes einzelne davon, ob religiös oder weltlich, basiert auf Aberglauben. ...

Die letzte und wichtigste Kategorie beinhaltet all jene Dinge, die wir als „Ich" oder „Mein" festhalten ...

Überprüft bei jeder Ein- und Ausatmung ununterbrochen jede Art von Verhaftetsein ... Lasst los, lasst los, lasst los!

Wenn wir einen Blick auf das Christentum werfen, sehen wir, dass es unsere Besorgnis bezüglich des Anhaftens teilt. Das Kreuz, das vorrangige Symbol des Christentums, weist auf das „Ich" (engl. „I", der senkrechte Balken) und das Abschneiden des „Ichs" (der waagrechte Balken) hin. Es symbolisiert das Ende des Anhaftens. In diesem Hauptziel stimmen alle Religionen überein: das Ausrotten des Anhaftens an „Ich" und „Mein". Das ist die höchste, die erhabenste Übung. Sie überwindet die Selbstsucht, den Ursprung aller Probleme ...

Buddhadasa[56]

56 Aus: Buddhadasa Bhikkhu, Anapanasati. Die sanfte Heilung der spirituellen Krankheit; Hrsg.: Buddhistische Gesellschaft München e.V., https://www.dhamma-dana.de/, S. 89–91.

Lk 24,13–21a.25–33a

[Am Ostertag] … waren zwei von den Jüngern auf dem Weg in ein Dorf namens Emmaus, das sechzig Stadien von Jerusalem entfernt ist. … Und es geschah, während sie redeten und ihre Gedanken austauschten, kam Jesus selbst hinzu und ging mit ihnen. Doch ihre Augen waren gehalten, sodass sie ihn nicht erkannten.
Er fragte sie: Was sind das für Dinge, über die ihr auf eurem Weg miteinander redet? Da blieben sie traurig stehen, und der eine von ihnen – er hieß Kleopas – antwortete ihm: Bist du so fremd in Jerusalem, dass du als Einziger nicht weißt, was in diesen Tagen dort geschehen ist? Er fragte sie: Was denn? Sie antworteten ihm: Das mit Jesus aus Nazaret. Er war ein Prophet, mächtig in Tat und Wort vor Gott und dem ganzen Volk. Doch unsere Hohepriester und Führer haben ihn zum Tod verurteilen und ans Kreuz schlagen lassen. Wir aber hatten gehofft, dass er der sei, der Israel erlösen werde …
Da sagte er zu ihnen: Ihr Unverständigen, deren Herz zu träge ist, um alles zu glauben, was die Propheten gesagt haben. Musste nicht der Christus das erleiden und so in seine Herrlichkeit gelangen? Und er legte ihnen dar, ausgehend von Mose und allen Propheten, was in der gesamten Schrift über ihn geschrieben steht.
So erreichten sie das Dorf, zu dem sie unterwegs waren. Jesus tat, als wolle er weitergehen, aber sie drängten ihn und sagten: Bleibe bei uns; denn es wird Abend, der Tag hat sich schon geneigt! Da ging er mit hinein, um bei ihnen zu bleiben.
Und es geschah, als er mit ihnen bei Tisch war, nahm er das Brot, sprach den Lobpreis, brach es und gab es ihnen. Da wurden ihre Augen aufgetan und sie erkannten ihn; und er entschwand ihren Blicken.
Und sie sagten zueinander: Brannte nicht unser Herz, als er unterwegs mit uns redete und uns den Sinn der Schriften eröffnete? Noch in derselben Stunde brachen sie auf und kehrten nach Jerusalem zurück.

41.

Die 3. Phase der Meditation: Gewahrsein

Wir lassen unsere Gedanken und Gefühle einfach da sein, ohne in sie verstrickt zu sein. Allmählich sehen wir die einfachste aller Tatsachen, so einfach, dass wir sie in all diesen Jahren übersehen haben:

Unsere Gedanken und Gefühle erscheinen in etwas Tieferem, in einer großen Weite. Diese Weite ist kein anderes Objekt unserer Bewusstheit, sondern der Grund der Bewusstheit schlechthin. …

Wenn du also in der Meditation Objekte gewahrst, Narrative, die unsere Aufmerksamkeit lebenslang gebunden haben – unseren Ärger, unsere Angst, unseren Neid, unsere hämmernden Kommentare, wie das Leben sein sollte –, verlagere sanft deine Aufmerksamkeit: weg von ihnen, hin zur Bewusstheit selbst. Sofort wird das Denken still. …

Es gibt dabei allerdings die Tendenz, eine Art Objekt aus der Bewusstheit zu machen und zu versuchen, sie sich als etwas Äußeres vorzustellen. Das ist ein anderes Spiel unseres Geistes. *Du bist* die schweigende, weite Bewusstheit selbst.

Verlagere die Aufmerksamkeit von diesem Geistesspiel zur Bewusstheit, bewusst zu sein.

Hier hältst du schweigende Wache.

Schweigende Bewusstheit gewahrt schweigende Bewusstheit.

Martin Laird[57]

57 Martin Laird, Into the Silent Land. The Practice of Contemplation, London [8]2016, S. 88; Übersetzung B. D.

Woche

Eph 4,1–3.6

Ich, der Gefangene im Herrn, ermahne euch, ein Leben zu führen, das des Rufes würdig ist, der an euch erging. Seid demütig, friedfertig und geduldig, ertragt einander in Liebe und bemüht euch, die Einheit des Geistes zu wahren durch das Band des Friedens! ... Ein Gott und Vater aller, der über allem und durch alles und in allem ist.

42.

Die Erkenntnis des wahren Selbst

Alles, was das getrennte Selbst tun muss, um sein Wesen zu erkennen und somit Zugang zu haben zu dem Frieden und dem Glück, die diesem innewohnen, ist, zu verstehen, dass dieses Wesen – reine Bewusstheit [Geist] – nicht durch die Erkenntnis von Objekten [etwas, worauf ich meine Aufmerksamkeit richte] begrenzt oder bedingt ist. ... Das heißt, dass die Bewusstheit sich selbst klar sehen muss, und damit sie sich selbst klar sehen kann, muss sie auf sich selbst schauen.

Wie jedoch der Strahl einer Taschenlampe zwar auf ein Objekt, nicht aber auf sich selbst gerichtet werden kann, so kann Bewusstheit in der Form von Aufmerksamkeit ihr Licht zwar auf die Erfahrung von Objekten richten, jedoch nicht auf sich selbst.

Wir können unsere Aufmerksamkeit nicht auf die Erfahrung der Bewusstheit richten; durch Erkennen-Wollen richten wir sie davon weg. Deshalb ist es richtiger zu sagen, dass die Bewusstheit nachlassen muss zu fokussieren oder sich von ihren Objekten entflechten und dabei der Aufmerksamkeit erlauben muss, zu sich selbst zurückzukehren oder in sich selbst [– der reinen Bewusstheit und puren Offenheit –] zur Ruhe zu kommen.

Die höchste Form der Meditation ist also nicht eine Aktivität der Aufmerksamkeit. Sie ist vielmehr eine Entspannung, ein Zurückfallen oder Versinken der Aufmerksamkeit in der Quelle reiner Bewusstheit, aus der sie aufgestiegen ist. Die Rückkehr der Bewusstheit in sich selbst, der Vergegenwärtigung ihrer selbst – des Gewahrseins gewahr zu sein – ist das Wesen von Meditation und Gebet und der direkte Pfad zu dauerndem Frieden und bleibender Freude.

Rupert Spira[58]

58 Rupert Spira, Being Aware of Being aware, Oxford 2017, S. 42f; Übersetzung B. D.

Offb 21,22f

Einen Tempel sah ich nicht in der Stadt [dem neuen Jerusalem]. Denn der Herr, ihr Gott, der Herrscher über die ganze Schöpfung, ist ihr Tempel, er und das Lamm. Die Stadt braucht weder Sonne noch Mond, die ihr leuchten. Denn die Herrlichkeit Gottes erleuchtet sie und ihre Leuchte ist das Lamm.

Apg 17,28

Denn in ihm leben wir, bewegen wir uns und sind wir; wie auch einige von euren Dichtern gesagt haben: Wir sind von seinem Geschlecht.

43.

In allem habe ich Ruhe gesucht

(Wichtig ist) ein reines, schlichtes Entsinken in das reine, einfache, unbekannte, ungenannte Gut, das Gott ist,

in einer sich selbst verleugnenden Weise,

und in alles, was sich in ihm enthüllen mag.

So sprach der heilige Dionysius: alles solle sich an sein Nichts halten; nichts wissen, nichts erkennen, nichts (hienieden) wollen, – es sei denn in sich selbst verleugnender Weise,

nichts suchen, nichts für sich wollen – als alles in einer (in Gott) entsinkenden Weise. Denn Gott ist nichts von alledem, was du von ihm aussagen kannst: er ist jenseits aller menschlichen Vorstellung von Form, Wesen oder Gut …

In diesem unbekannten Gott suche deine Ruhestätte, und blicke nicht aus nach Empfindung noch Erleuchtung … Später wirst du (diese Freude) empfinden …

Und wende dich nicht zu allem, was in dich leuchtet, es sei form- und gestaltlos, bildlos, über allem Sein erhaben … Kehr dich nicht dahin, um dort zu ruhen, lass es sein, was es will, frage und forsche nicht weiter, halte dich unten, tauche ein in dein Nichtwissen und Nichtwissen-Wollen. Halte dich, von allem entblößt, an deinen verborgenen und unbekannten Gott, und denke, du seist nicht der Mensch, den großen, unbekannten, verborgenen Gott irgendwie zu erkennen; bleibe vielmehr in Stille und Ruhe ohne Erleuchtung und Empfinden.

Johannes Tauler, Predigt Nr. 54[59]

59 Aus: Johannes Tauler, Predigten, Band II, Einsiedeln ^{4}2007, S. 419f.

Gal 2,19f

[Paulus schreibt:]
... ich bin durch das Gesetz dem Gesetz gestorben, damit ich für Gott lebe.
Ich bin mit Christus gekreuzigt worden.
Nicht mehr ich lebe, sondern Christus lebt in mir.
Was ich nun im Fleische lebe,
lebe ich im Glauben an den Sohn Gottes,
der mich geliebt und sich für mich hingegeben hat.

44.

Meditation ist das Aufhören des Tuns

Meditation ist das Nachlassen der Spannung im Aufmerksam-Sein und die nachfolgende Rückkehr der Bewusstheit in sich selbst. Sie ist die Auflösung der Aufmerksamkeit im Herzen der Bewusstheit – nicht die Ausrichtung des Geistes auf irgendeine Art gegenständlicher Erfahrung.

Meditation ist nicht etwas, was wir tun; sie ist das Aufhören des Tuns. Sie könnte daher Rückkehr in sich selbst oder Ruhen in sich selbst genannt werden.

Alles, außer dem Wissen unseres eigenen Seins, bedarf einer gewissen Aktivität. Denken, Fühlen, Handeln und Wahrnehmen sind alles Aktivitäten des Geistes, obgleich wir diese nicht als solche registrieren, da wir uns meist zu sehr daran gewöhnt haben.

Gewahrsein des Gewahrseins ist die einzig wahrhaft anstrengungslose Erfahrung, die es gibt. Alles andere, sogar Atmen oder Denken, erfordert Energie.

Rupert Spira[60]

60 Aus: Rupert Spira, Being Aware of Being aware, Oxford 2017, S. 63; Übersetzung B. D.

Lk 9,28–33a.34–36[61]

Und es geschah nach diesen Worten, etwa acht Tage, da nahm er [Jesus] Petrus, Johannes und Jakobus mit sich und stieg auf den Berg, um zu beten.
Und es geschah, während er betete, dass das Aussehen seines Gesichtes anders wurde und seine Kleidung weiß aufblitzte.
Und siehe, zwei Männer unterhielten sich mit ihm, die Mose und Elija waren. Sie erschienen in Herrlichkeit und sagten seinen Ausgang an, den er in Jerusalem erfüllen sollte.
Und Petrus und die mit ihm waren vom Schlaf bedrängt. Da sie sich aber wachgehalten hatten, sahen sie seine Herrlichkeit und zwei Männer, die bei ihm standen.
Und es geschah, als sie sich von ihm trennten, … [da] kam eine Wolke und überschattete sie. Und sie fürchteten sich, als sie in die Wolke eingingen, und eine Stimme kam aus der Wolke, die sagte: Dieser ist mein Sohn, der Erwählte, auf ihn hört!
Und da die Stimme kam, fand Jesus sich allein.
Und sie schwiegen und verkündeten in jenen Tagen niemandem etwas von dem, was sie gesehen hatten.

61 Übersetzung: François Bovon: Das Evangelium nach Lukas, EKK III/1, Zürich und Neukirchen-Vluyn 1989, S. 488.

45.

Der in Weisheit und Versenkung Gefestigte

Arjuna sprach:
Wie beschreibt man einen, dessen Weisheit beständig ist; der sich fest in Versenkung befindet?
Der Herr sprach:
Wenn er alle Begierden fallen lässt, die ja im Bewusstsein entstehen,
wenn er durch das Selbst im Selbst zufrieden ist,
dann wird er in Weisheit beständig genannt.
Wessen Geist in leidvollen Umständen nicht erregt wird
und in Erfahrungen der Freude frei von Begierde bleibt,
wessen Leidenschaft, Furcht und Zorn verschwunden sind,
der gilt als schweigender Weiser in Bewusstseinsruhe.

Bhagavad Gita II,54–56[62]

62 Aus: Bhagavad Gita. Der Gesang des Erhabenen. Aus dem Sanskrit übersetzt und mit einem Kommentar herausgegeben von Michael von Brück. Mit einem Glossar. © Verlag der Weltreligionen im Insel Verlag Frankfurt am Main und Leipzig 2007, S. 24.

Woche

Lk 12,22f.27–31

… [Jesus] sagte zu seinen Jüngern: Sorgt euch nicht um euer Leben, was ihr essen sollt, noch um euren Leib, was ihr anziehen sollt! Denn das Leben ist mehr als die Nahrung und der Leib mehr als die Kleidung …
Seht euch die Lilien an, wie sie wachsen: Sie arbeiten nicht und spinnen nicht. Doch ich sage euch: Selbst Salomo war in all seiner Pracht nicht gekleidet wie eine von ihnen.
Wenn aber Gott schon das Gras so kleidet, das heute auf dem Feld steht und morgen in den Ofen geworfen wird, wie viel mehr dann euch, ihr Kleingläubigen!
Und darum auch ihr: Sucht nicht, was ihr essen und was ihr trinken sollt, und ängstigt euch nicht! Denn nach all dem streben die Heiden in der Welt. Euer Vater weiß, dass ihr das braucht. Vielmehr sucht sein Reich; dann wird euch das andere dazugegeben.

46.

Nibbana: alles zurückwerfen können

Es gibt ein einfaches Gleichnis, um den letzten Schritt zu erklären. Unser ganzes Leben hindurch waren wir Diebe. Wir haben Dinge gestohlen, die natürlich – also in der Natur, der Natur zugehörig – existieren, nämlich die *sankhara* (Phänomene, mit denen sich der Geist in der Meditation beschäftigt). Wir haben die Natur geplündert und diese *sankhara* für unser Selbst ausgegeben und wie unseren Besitz genutzt. Deshalb sind wir nichts anderes als Diebe. Dafür werden wir mit *dukkha* [dem schwer zu Ertragenden] bestraft. Wir erleiden *dukkha* wegen unserer Diebereien und Verhaftungen. Sobald wir durch die Übung sehen, wie die Dinge wirklich sind, lassen wir sie los. Wir hören auf, Diebe zu sein, und geben alles an seinen ursprünglichen Besitzer – die Natur – zurück. Die *sankhara* gehören der Natur. Behauptet niemals wieder, dass sie „Ich" oder „Mein" seien! …

Nun jedoch erkennen wir, wie dumm es ist, sich solche Schwierigkeiten zu schaffen … Wir hingen so sehr an den natürlichen *sankhara*, dass wir sie überall herumschleppten und uns auf diese Weise ganz schrecklich belasteten … Wir nennen diesen Zustand „unter der Last der Welt leben" oder „in der Welt ertrinken" …

Lasst es uns noch einmal klarstellen, dass, wann immer wir dumm und unaufmerksam sind, wir Gewichte aufheben und sie zu Lebensbürden anhäufen. Wenn wir erst wissen, was sie uns antun, werfen wir sie weg … Wenn wir von allen Banden befreit sind, lassen wir alle Bürden los oder wir lassen uns selbst los … Loslassen geschieht, und das Ergebnis ist Befreiung. Wenn ihr wollt, könnt ihr es Erlösung, Ungebundenheit, Entbürdung oder Losgelöstheit nennen.

Buddhadasa[63]

63 Aus: Buddhadasa Bhikkhu, Anapanasati. Die sanfte Heilung der spirituellen Krankheit; Hrsg.: Buddhistische Gesellschaft München e.V., https://www.dhamma-dana.de/, S. 99f.

Phil 2,5–11

[Paulus schreibt:]
Seid untereinander so gesinnt, wie es dem Leben in Christus Jesus entspricht:
Er war Gott gleich,
hielt aber nicht daran fest, Gott gleich zu sein,
sondern er entäußerte sich
und wurde wie ein Sklave
und den Menschen gleich.
Sein Leben war das eines Menschen;
er erniedrigte sich
und war gehorsam bis zum Tod,
bis zum Tod am Kreuz.
Darum hat ihn Gott über alle erhöht und ihm den Namen verliehen, der größer ist als alle Namen, damit alle im Himmel, auf der Erde und unter der Erde ihr Knie beugen vor dem Namen Jesu und jeder Mund bekennt:
Jesus Christus ist der Herr zur Ehre Gottes, des Vaters.

47.

Wahre Meditation

Wahre Meditation bedeutet die Abwesenheit des Meditierenden und dessen, worauf er meditiert, die Abwesenheit der Subjekt-Objekt-Beziehung. Nur diese wahre Meditation, zeitloses Gewahrsein, kann uns aus dem Griff der automatischen Reaktionen ... befreien ...

Sie können niemals absichtlich meditieren. Sie können nur lernen, das aufzugeben, was Meditation nicht ist. Alles Bemühen, etwas auszuschließen oder zu werden, ist nutzlos ...

Alle Objekte der Meditation oder Anbetung ... sind mentale Kreationen, projizierte Qualitäten des Göttlichen, die uns in der Subjekt-Objekt-Beziehung halten, indem sie unsere Affektivität anregen ...

Um den Ursprung zu erreichen ... müssen Form und Vorstellungen vollkommen vergessen und verlassen sein.

Viele Sucher, die im Subjekt-Objekt-Netz verfangen sind, sehen sich selbst einem letzten Objekt gegenüber, dem leeren Zustand. Das Objekt ist auf seine übergeordnete Form [die Leere] reduziert worden, aber dieses undifferenzierte Potenzial wird dann zu einem Objekt, das nicht nach Hause kommen kann. Immer droht es, wieder differenziert zu werden. Es ist eine gewisse Anstrengung damit verbunden, den leeren Zustand aufrechtzuerhalten ... Indem der Sucher die dualen Bedingungen auf die subtilsten Ebenen verlagert und dadurch bestärkt, kann er seinem selbstgemachten Gefängnis niemals entkommen. Es ist ein tragisches Rätsel, das nur durch gesegnete und unerwartete Umstände gelöst werden kann.

Jean Klein[64]

64 Aus: Jean Klein, Nichts als Gegenwart, Hamburg 2012, Auszug aus S. 101–104.

Ex 33,18–20.23

Mose sagte zum HERRN: Lass mich doch deine Herrlichkeit schauen!
Da sagte er [der HERR]: Ich will meine ganze Güte vor dir vorüberziehen lassen und den Namen des HERRN vor dir ausrufen. Ich bin gnädig, wem ich gnädig bin, und ich bin barmherzig, wem ich barmherzig bin. Weiter sprach er: Du kannst mein Angesicht nicht schauen; denn kein Mensch kann mich schauen und am Leben bleiben … du wirst meinen Rücken sehen. Mein Angesicht kann niemand schauen.

1 Joh 3,2

Geliebte, jetzt sind wir Kinder Gottes. Doch ist noch nicht offenbar geworden, was wir sein werden. Wir wissen, dass wir ihm ähnlich sein werden, wenn er offenbar wird; denn wir werden ihn sehen, wie er ist.

48.

Erleuchtung

Wenn jemand unsere Aufmerksamkeit auf das weiße Papier richten würde, auf dem diese Worte geschrieben sind, würden wir seiner bewusst werden. Tatsächlich waren wir uns des Papiers immer bewusst, aber wir haben dies nicht realisiert, weil ausschließlich die Wörter im Mittelpunkt unserer Aufmerksamkeit standen.

Bewusstheit ist wie das weiße Papier. Bewusstheit ist die strahlende, ihrer selbst bewusste Gegenwärtigkeit, auf oder in der alle Erfahrung erscheint. Sie ist das nichtwissende Wissen, mit dem alles Erfahrene gewusst wird. Letztendlich ist sie der Stoff oder die Wirklichkeit, aus der alle Erfahrung gemacht ist. Der Dichter Shelly nannte sie das „weiße Leuchten der Ewigkeit".

Die Erkenntnis von Bewusstheit – das ist die Erkenntnis des Erkennens – ist nichts Neues; ... Erleuchtung oder Erwachen ist keine neue, außerordentliche Erfahrung. Es ist die Selbstoffenbarung des Wesens von Erfahrung selbst.

Rupert Spira[65]

65 Aus: Rupert Spira, Being Aware of Being aware, Oxford 2017, S. 50; Übersetzung B. D.

Eph 5,8–11.13–15

Einst wart ihr Finsternis, jetzt aber seid ihr Licht im Herrn.
Lebt als Kinder des Lichts!
Denn das Licht bringt lauter Güte, Gerechtigkeit und Wahrheit hervor.
Prüft, was dem Herrn gefällt, und habt nichts gemein mit den Werken der Finsternis, die keine Frucht bringen, deckt sie vielmehr auf! … Alles, was aufgedeckt ist, wird vom Licht erleuchtet.
Denn alles Erleuchtete ist Licht. Deshalb heißt es:
Wach auf, du Schläfer, und steh auf von den Toten und Christus wird dein Licht sein.
Achtet also sorgfältig darauf, wie ihr euer Leben führt, nicht wie Toren, sondern wie Kluge!

Gott ist dein Sein

Nur eines habe im Sinn: in deinem Herzen eine einfache, tiefe Sehnsucht nach Gott zu hegen …

Lass tiefe Dunkelheit dein ganzes Bewusstsein erfüllen …

Gott ist dein Sein, und in ihm bist du, was du bist.

Nicht nur, weil er der Grund und das Sein der Welt ist, sondern weil er dein eigener Grund und die Mitte deines eigenen Seins ist …

Verbleibe in der einfachen Bewusstheit, dass er „ist“ und dass du „bist“. So werden deine Gedanken nicht gespalten noch zerstreut, sondern in dem geeint, der alles ist.

Vergiss aber nie den Unterschied zwischen ihm und dir. Er ist dein Sein, doch du bist nicht das seine …

Halte dein Denken leer, dein Fühlen unabhängig und dich selbst in reiner Gegenwärtigkeit, damit Gnade dich anrühren und dich kräftigen kann mit der Erfahrung der wirklichen Gegenwart Gottes. Diese Erfahrung bleibt allerdings in diesem Leben immer dunkel und bruchstückhaft, damit deine Sehnsucht nach ihm immer neu geweckt wird …

Tue nichts anderes, sondern ruhe in diesem reinen, einfachen Bewusstsein: *Ich bin*.

Autor der „Wolke des Nichtwissens“
im Brief persönlicher Führung[66]

66 Willi Massa (Hrsg.): Wolke des Nichtwissens und Brief persönlicher Führung, Freiburg i. Br. 1999, S. 152f.

Joh 1,9–14.16

Das wahre Licht, das jeden Menschen erleuchtet, kam in die Welt.
Er war in der Welt und die Welt ist durch ihn geworden, aber die Welt erkannte ihn nicht.
Er kam in sein Eigentum, aber die Seinen nahmen ihn nicht auf.
Allen aber, die ihn aufnahmen, gab er Macht, Kinder Gottes zu werden,
allen, die an seinen Namen glauben,
die nicht aus dem Blut,
nicht aus dem Willen des Fleisches,
nicht aus dem Willen des Mannes,
sondern aus Gott geboren sind.
Und das Wort ist Fleisch geworden und hat unter uns gewohnt
und wir haben seine Herrlichkeit geschaut,
die Herrlichkeit des einzigen Sohnes vom Vater,
voll Gnade und Wahrheit…
Aus seiner Fülle haben wir alle empfangen,
Gnade über Gnade.

Befriedigung (piti) und Freude (sukha)

Wenn der ... Atem beruhigt ist, erscheinen *piti* (Zufriedenheit, Befriedigung, Entzücken) und *sukha* (Freude)... *Piti* entsteht aufgrund unseres Erfolges beim Erzeugen von *samadhi* [Sammlung] ... Die wichtigste Eigenart von *piti*, die ihr euch bewusst machen müsst, ist jedoch, dass *piti* nicht friedvoll ist. Es findet sich eine Art Erregung oder Störung darin ... Piti hat verschiedene Ebenen, aber alle haben die Eigenschaft zu stimulieren, den *citta* [Geist] zu erschüttern ...

Ihr werdet schnell bemerken, dass der Atem rau wird und sich der Körper grob anfühlt, wenn die Kraft von *piti* in Erscheinung tritt. Wenn *piti* stark ist, verursacht sie Schauer im Körper. Und wenn sie sehr stark ist, könnte der Körper sogar ... anfangen, zu tanzen und zu springen ... *Piti* verstört den Geist ...

Sukha [Freude] regt nicht an oder auf, vielmehr beruhigt und besänftigt sie ... [Sie ist] die Kraft, die den *citta* ruhig macht ... Wenn der Einfluss von *sukha* überwiegt, wird der Atem fein; der Körper beruhigt sich, fühlt sich feiner an ...

Piti und *sukha* sind Geist-Gestalter, so wie der Atem der Körper-Gestalter ist ... Wenn *piti* einen Gedanken bedingt oder zusammenbraut, [ist] dieser Gedanke grob. Wenn andererseits *sukha* einen Gedanken zusammenbraut, ist dieser ruhig und gelassen ... Sie kann feinsinnige und tief-schürfende Gedanken hervorbringen ...

Piti [ist] ein Feind von *vipassana,* während *sukha* ein Freund oder Unterstützer von *vipassana* ist. „*Vipassana*" bedeutet klar zu sehen, direkte Einsicht in die Wahrheit. Sollte *piti* entstehen, ist *vipassana* unmöglich.... *Sukha* [jedoch] macht den Geist aktiv und bereit für *vipassana.*

Buddhdasa[67]

67 Aus: Buddhdasa Bhikkhu, Anapanasati. Die sanfte Heilung der spirituellen Krankheit. Hrsg.: Buddhistische Gesellschaft München e.V., https://www.dhamma-dana.de/, Auszug aus den S. 67–73.

Mt 2,1–5.7–12

Als Jesus zur Zeit des Königs Herodes in Betlehem in Judäa geboren worden war, siehe, da kamen Sterndeuter aus dem Osten nach Jerusalem und fragten: Wo ist der neugeborene König der Juden? Wir haben seinen Stern aufgehen sehen und sind gekommen, um ihm zu huldigen.
Als König Herodes das hörte, erschrak er und mit ihm ganz Jerusalem. Er ließ alle Hohepriester und Schriftgelehrten des Volkes zusammenkommen und erkundigte sich bei ihnen, wo der Christus geboren werden solle. Sie antworteten ihm: in Betlehem in Judäa; denn so steht es geschrieben bei dem Propheten ...
Danach rief Herodes die Sterndeuter heimlich zu sich ... schickte sie nach Betlehem und sagte: Geht und forscht sorgfältig nach dem Kind; und wenn ihr es gefunden habt, berichtet mir, damit auch ich hingehe und ihm huldige! Nach diesen Worten des Königs machten sie sich auf den Weg.
Und siehe, der Stern, den sie hatten aufgehen sehen, zog vor ihnen her bis zu dem Ort, wo das Kind war; dort blieb er stehen. Als sie den Stern sahen, wurden sie von sehr großer Freude erfüllt. Sie gingen in das Haus und sahen das Kind und Maria, seine Mutter; da fielen sie nieder und huldigten ihm. Dann holten sie ihre Schätze hervor und brachten ihm Gold, Weihrauch und Myrrhe als Gaben dar.
Weil ihnen aber im Traum geboten wurde, nicht zu Herodes zurückzukehren, zogen sie auf einem anderen Weg heim in ihr Land.

Wachen und Loslassen

Wo Nacht ist für alle anderen Wesen,
wacht der sich Beherrschende.
Wenn die anderen Wesen wachen,
ist dies Nacht dem schweigenden Weisen, der alles durchschaut.
So wie die Wasser in den Ozean fließen,
der gefüllt wird
und dennoch unentwegt derselbe bleibt,
so erlangt Frieden jener,
in den zwar alle Begierden einströmen,
und der doch die Begierden nicht begehrt.

Bhagavad Gita II,69–70[68]

68 Aus: Bhagavad Gita. Der Gesang des Erhabenen, Hrsg.: Michael von Brück, Frankfurt a. M. 2007, S. 26.

Mk 14,32–41a

Sie [Jesus und seine Jünger] kamen zu einem Grundstück, das Getsemani heißt, und er sagte zu seinen Jüngern: Setzt euch hier, während ich bete! Und er nahm Petrus, Jakobus und Johannes mit sich. Da ergriff ihn Furcht und Angst und er sagte zu ihnen: Meine Seele ist zu Tode betrübt. Bleibt hier und wacht!
Und er ging ein Stück weiter, warf sich auf die Erde nieder und betete, dass die Stunde, wenn möglich, an ihm vorübergehe.
Er sprach: Abba, Vater, alles ist dir möglich. Nimm diesen Kelch von mir! Aber nicht, was ich will, sondern was du willst [soll geschehen].
Und er ging zurück und fand sie schlafend. Da sagte er zu Petrus: Simon, du schläfst? Konntest du nicht einmal eine Stunde wach bleiben? Wacht und betet, damit ihr nicht in Versuchung geratet! Der Geist ist willig, aber das Fleisch ist schwach.
Und er ging wieder weg und betete mit den gleichen Worten.
Als er zurückkam, fand er sie wieder schlafend, denn die Augen waren ihnen zugefallen; und sie wussten nicht, was sie ihm antworten sollten. Und er kam zum dritten Mal und sagte zu ihnen: Schlaft ihr immer noch und ruht euch aus? Es ist genug.

Unbedingte Bejahung

Als ich mich selbst zu lieben begann, verstand ich, wie sehr es einen Menschen beeinträchtigen kann, wenn ich versuche, ihm meine Wünsche aufzuzwingen, obwohl ich eigentlich weiß, dass der Zeitpunkt nicht stimmt und der Mensch nicht dazu bereit ist – und das gilt auch, wenn ich selber dieser Mensch bin. Heute nenne ich das *Respekt.*

Als ich mich selbst zu lieben begann, hörte ich auf, mich nach einem anderen Leben zu sehnen. Jetzt kann ich sehen, dass alles um mich herum Einladung und Aufforderung zum Wachsen ist. Heute weiß ich, das bereitet den Boden für *Reife.*

Als ich mich selbst zu lieben begann, habe ich verstanden, dass ich immer und bei jeder Gelegenheit zur rechten Zeit am rechten Ort bin und alles genau zum rechten Zeitpunkt geschieht. Von da an konnte ich gelassen sein. Heute weiß ich, das ist *Vertrauen. …*

Als ich mich selbst zu lieben begann, habe ich mich von allem befreit, was nicht gesund für mich ist, von Speisen, Menschen, Dingen, Situationen und von allem, was mich hinunterzieht oder mich von mir selbst entfernt. Heute weiß ich, das ist *Selbstliebe …*

Wir brauchen uns nicht weiter vor Auseinandersetzungen, Konflikten und Problemen mit uns selbst und anderen zu fürchten, denn sogar Sterne knallen manchmal aufeinander und es entstehen neue Welten. Heute weiß ich: *Das ist das Leben*!

Kim McMillan[69]

69 Auszug aus: URL[04.08.2022]: https://www.der-innere-weg.de/der-innere-weg/schatztruhe/charlie-chaplin/
Der Text geistert durchs Internet als Charlie Chaplins Rede bei seinem 70. Geburtstag am 16.04.1959. Vermutlich stammt er aber aus Kim McMillans posthum 2003 veröffentlichtem Buch „When I Loved Myself Enough“ und wurde Chaplin in den Mund gelegt.

Röm 8,31b–39

[Paulus schreibt:]
Ist Gott für uns, wer ist dann gegen uns?
Er hat seinen eigenen Sohn nicht verschont, sondern ihn für uns alle hingegeben – wie sollte er uns mit ihm nicht alles schenken?
Wer kann die Auserwählten Gottes anklagen?
Gott ist es, der gerecht macht.
Wer kann sie verurteilen?
Christus Jesus, der gestorben ist, mehr noch: Der auferweckt worden ist, er sitzt zur Rechten Gottes und tritt für uns ein.
Was kann uns scheiden von der Liebe Christi? Bedrängnis oder Not oder Verfolgung, Hunger oder Kälte, Gefahr oder Schwert?
Wie geschrieben steht: Um deinetwillen sind wir den ganzen Tag dem Tod ausgesetzt; wir werden behandelt wie Schafe, die man zum Schlachten bestimmt hat.
Doch in alldem tragen wir einen glänzenden Sieg davon durch den, der uns geliebt hat.
Denn ich bin gewiss: Weder Tod noch Leben, weder Engel noch Mächte, weder Gegenwärtiges noch Zukünftiges noch Gewalten, weder Höhe oder Tiefe noch irgendeine andere Kreatur können uns scheiden von der Liebe Gottes, die in Christus Jesus ist, unserem Herrn.

Die Ausgießung des Geistes

Als der Tag des Pfingstfestes gekommen war … wurden [alle] vom Heiligen Geist erfüllt und begannen, in anderen Sprachen zu reden, wie es der Geist ihnen eingab. Als sich das Getöse erhob, strömte die Menge zusammen und war ganz bestürzt; denn jeder hörte sie in seiner Sprache reden.

Da trat Petrus auf, zusammen mit den Elf; er erhob seine Stimme und begann zu reden: Ihr Juden und alle Bewohner von Jerusalem! Dies sollt ihr wissen, achtet auf meine Worte! … Jetzt geschieht, was durch den Propheten Joël gesagt worden ist: In den letzten Tagen wird es geschehen, so spricht Gott: Ich werde von meinem Geist ausgießen über alles Fleisch …

Israeliten, hört diese Worte: Jesus, den Nazoräer, einen Mann, den Gott vor euch beglaubigt hat durch Machttaten, Wunder und Zeichen … habt ihr durch die Hand von Gesetzlosen ans Kreuz geschlagen und umgebracht … Diesen Jesus hat Gott auferweckt, dafür sind wir alle Zeugen. Zur Rechten Gottes erhöht, hat er vom Vater den verheißenen Heiligen Geist empfangen und ihn ausgegossen, wie ihr seht und hört … Mit Gewissheit erkenne also das ganze Haus Israel: Gott hat ihn zum Herrn und Christus gemacht, diesen Jesus, den ihr gekreuzigt habt …

Die nun, die sein Wort annahmen, ließen sich taufen. An diesem Tag wurden ihrer Gemeinschaft etwa dreitausend Menschen hinzugefügt. Sie hielten an der Lehre der Apostel fest und an der Gemeinschaft, am Brechen des Brotes und an den Gebeten.

Lukas in der Apostelgeschichte
(2,1.3f.6.14.16.17a.22.23b.32f.36.41f)

Pfingstwoche

Joh 20,19–23

Am Abend dieses ersten Tages der Woche, als die Jünger aus Furcht vor den Juden bei verschlossenen Türen beisammen waren, kam Jesus, trat in ihre Mitte und sagte zu ihnen: Friede sei mit euch! Nach diesen Worten zeigte er ihnen seine Hände und seine Seite.
Da freuten sich die Jünger, als sie den Herrn sahen.
Jesus sagte noch einmal zu ihnen: Friede sei mit euch! Wie mich der Vater gesandt hat, so sende ich euch.
Nachdem er das gesagt hatte, hauchte er sie an und sagte zu ihnen: Empfangt den Heiligen Geist! Denen ihr die Sünden erlasst, denen sind sie erlassen; denen ihr sie behaltet, sind sie behalten.

Kommentare zu den Wochentexten

Zur 1. Woche: Annehmen, dass ich angenommen bin

Die beiden Texte umschreiben das Fundament des ganzen Weges:

Dass ich nach etwas Ausschau halte, was über die Grenzen dieser Welt hinausgeht, ist eine Folge davon, dass das Ersehnte, bevor ich anfangen konnte, mich nach ihm zu sehnen, immer schon in Liebe nach mir sucht. Das Entscheidende des spirituellen Weges besteht folglich darin, dass ich mich zeige und finden lasse: Nur so werde ich der Liebe, die mich sucht, gerecht und ihrer mehr und mehr gewahr. Wie die Kinder beim Verstecken-Spielen bin auch ich verborgen unter allerlei Gerümpel. Mich zeigen heißt: mir des Plunders der Bewusstseinsphänomene bewusst werden und ihn loslassen. Dadurch werde ich geöffnet und werde der, der ich bin.

Der 1. Johannesbrief spricht davon, dass die Quelle dieser Liebe „unser Vater“ ist. Von ihm stamme ich ab. Er ist mein Sein, der Kern meiner Existenz. Ich lebe durch göttlichen Atem. Das sind gute Worte, schöne Worte, die der Seele wohltun. Aber sind sie meine Erfahrung? Wie könnten sie das sein, wenn ich meist nur funktioniere, aber mich kaum jemals meinem inneren Selbst zuwende? Es ist mir unbekannt, so wie die anderen, von denen ich mich getrennt fühle. Um mein wahres Selbst zu entdecken, muss ich mich für mein Inneres interessieren und wahrhaftig sein. Ich brauche Geduld, muss warten. Ich kann es nicht erobern, es muss sich mir öffnen. Dann werde ich verstehen, dass es in dem gründet, wonach es sich sehnt und vom Ersehnten mit ewiger Liebe geliebt wird.

Diese Wahrheiten sollte ich auf dem Weg immer wieder einmal betrachten.

Zur 2. Woche: Wie nehme ich mich selbst an?

Wer die Quelle und den Schatz des Lebens finden möchte, der muss nach Rumi in sich selbst hineinschauen. Dieses In-sich-Hineinschauen ist ein langer Weg, der Weg der Meditation. Er beginnt damit, dass der Übende statt seine Alltagsaufgaben, -freuden, -verrichtungen, -ablenkungen sich selbst in die Mitte seiner Aufmerksamkeit stellt und dabei seiner selbst gewahr wird.

Der Markus-Text stellt das Innehalten und Seiner-Innewerden, also den ganzen Prozess der Meditation, in einen ganz großen Horizont:

In jedem Menschen lebt die Sehnsucht nach unbedingter Annahme. Er sehnt sich danach, bejaht zu werden, wie er ist, ohne Wenn und Aber. Dann kann er werden, wer er ist. Diese Bejahung erfährt Jesus, nachdem er in der Johannestaufe eingestanden hat, ein Unerfüllter und Suchender zu sein. Für den Christen ist Gott diese bejahende Kraft. Der Mensch stammt aus ihm. Er ist Gottes geliebter Sohn oder geliebte Tochter. Zunächst ist das auch für Jesus nur eine Erfahrung, eine Verheißung, die noch „Fleisch“ in seinem Leben werden muss.

Damit dies geschehen kann, schickt der Geist der Liebe ihn in Versuchung und Kampf: Er führt ihn in die Wüste – in Stille und Einsamkeit, wo ihm sein Inneres zu Bewusstsein kommt. Dort stehen *die wilden Tiere* – heftige, seine Freiheit übermächtigen wollende innere Bewegungen – im Konflikt mit den *Diensten der Engel*, den Anwälten des Schatzes wahren Lebens. Die „wilden Tiere“ – Gedanken, Szenen, Bilder, Wünsche, Körperempfindungen, Gefühle, geistige Gegebenheiten – greifen nach ihm und aktivieren sein Denken und Streben. Auf diese Weise vertreiben sie ihn aus der Gegenwart und verhindern, dass er sich öffnen kann. So wollen sie erreichen, dass ihm der Schatz des wahren Lebens, pure Präsenz, verborgen bleibt. In Spannung zu dieser Strategie der „wilden Tiere“ steht der Dienst der Engel. Diese werben darum, dem Druck standzuhalten, weder ihn zu bekämpfen noch davor zu flüchten, sondern ihn sich einzugestehen und geschehen zu lassen.

Wenn dieser Geisterkampf in der Meditation stattfindet, ist nichts falsch mit der Übung. Durch Geduld und Ausdauer in diesem Kampf werden die Momente des Geschehen-lassen-Könnens allmählich länger. Der Druck lässt langsam nach. Die innere Stille nimmt zu. Es wächst das Verlangen, sich loszulassen, trotz aller Angst davor. Die Kraft der Gegenwart wirbt darum, sich ihr anzuvertrauen und sich in sie hineinfallen zu lassen.

In diesem Loslassen wird die ersehnte unbedingte Bejahung zur Erfahrung und gleichzeitig zur Befreiung zu sich selbst. Öffnung erblüht, sodass der nächste Schritt des Weges einfallen kann, „das gute Werk, das Gott für mich im Voraus bestimmt hat, damit ich mit ihm mein Leben gestalte" (Eph 2,10). Diese Handlung muss bei mir nicht so radikal ausfallen wie bei Jesus, der seinen Beruf als Zimmermann an den Nagel hängt und öffentlich verkündet, was er an sich erfahren hat. Doch geschieht auch mein Schritt aus der Erfahrung unbedingter Annahme und ist Verkündigung der Kraft, die mich bejaht und mit mir versöhnt hat. Diese teilt sich mit in Frieden stiftenden, lösenden, öffnenden Begegnungen.

Zur 3. Woche: Atmen und die Unterbrechung des Denkens

Für ein paar Atemzüge kann man das Atmen willentlich beeinflussen. Aber über längere Zeit geht das nicht. Im Grunde genommen muss man also den Atem sein lassen, wie er ist. Doch entspannt das bewusste Atmen den Körper. Mit zunehmender Entspannung wird das Atmen selbst friedlicher. Zu Beginn der Meditation und auch immer wieder in ihrem Verlauf empfiehlt es sich, hinzuspüren, ob ich mich noch ein bisschen mehr loslassen, öffnen, entspannen, den Atem ein wenig ruhiger werden lassen kann.

Unser biblischer Text kennt den Zusammenhang von Atem und Geist. Das bewusste Atmen hat Auswirkungen auf den ganzen Menschen. Seine Lebenskräfte kommen langsam wieder. Er gewinnt Abstand und wird zentriert. Er findet in die ihm gemäße Ordnung. Bewirkt wird dies nicht durch großmächtige Tiraden und einschüchternde Appelle von außen, sondern durch einen sanften und stillen Geist in feinen und zarten Regungen meines Innersten, die mich zu mir selbst einladen; die heilen, wo ich geknickt bin, und die Hoffnung, die nur noch glimmt, neu entfachen. „Das geknickte Rohr zerbricht er nicht und den glimmenden Docht löscht er nicht aus.“

Dieser gewaltlose, liebevolle und heilsame Geist, der mich ganz konkret meint, wie ich mich gerade vorfinde, soll mich in der Meditation leiten. Dann kann ich meine Vorstellungen von mir und meiner Übung aufgeben und diese so sein lassen, wie sie eben ist; so wie ich sie fertigbringe. Mich abzukanzeln, zu rügen oder mich zusammenzureißen, würde diesem sanften Geist nicht entsprechen. Es würde ihn verletzen.

Das größte Hindernis für die Übung des bewussten Atmens ist das Spektakel in meinem Kopf: Szenen, Bilder, Themen, die mich beschäftigen, Kommentare, Beschwerden, Erinnerungen, Planungen, Versuche, zu verstehen und Lösungen zu entwickeln. Das ist so, das finde ich so vor. Die Meditation lässt mich erkennen, dass ich mein Leben im Kopf lebe, in einer gedachten Welt, die sich zwei Meter über dem Boden befindet: eine erste tiefgreifende Erkenntnis. Wie ist nun damit umzugehen?

Sinnlos ist es, sich mehr anzustrengen oder sich zu schimpfen, wenn das Getöse im Kopf nicht stiller wird. Über das Getöse nachzudenken bedeutet noch mehr Getöse. Also kommt es darauf an, es mir einzugestehen, sobald ich es bemerke, und das Denken dann zu lassen – oft kann ich es nur für einen Moment unterbrechen –, und zwar dadurch, dass ich bewusst wahrnehme: Ich spüre hin, was ich hier und jetzt von mir mitbekomme: Wenn ich etwas von meinem Körper empfinde – ich friere oder schwitze oder etwas tut weh, sticht, klopft, beißt –, etwas fühle oder von meinem Geist gewahre – Interesse, Wachheit, Freude oder Lustlosigkeit, Müdigkeit, Unruhe, Langeweile oder Unzufriedenheit –, dann wende ich mich dem aufmerksam zu. Merke ich nichts dergleichen, nehme ich die Bewegung meines Körpers beim Atmen wahr: Bauchdecke und Brust heben und senken sich, Ein- und Ausatem streichen an den Nasenlöchern ein- oder auswärts vorbei. Das ist immer da. *Ich kehre also vom Denken ins Wahrnehmen zurück*, und zwar mit einer entspannten Aufmerksamkeit, sobald ich merke, dass ich in Gedanken bin. Was in meinem Kopf vorgeht, brauche ich nicht zu bekämpfen. Es ist Ausdruck dessen, dass ich wie jeder Mensch im Kopf lebe.

Aus Gedanken ins Wahrnehmen: Das ist für lange Zeit die Hauptübung, die ich (B. D.) dem Gebrauch eines Mantras oder eines Gebetswortes vorziehe, obwohl beide ebenfalls eine lange Tradition haben. Wer ein Mantra oder ein Gebetswort gebraucht – im Christlichen ist „Jesus, Herr, erbarme dich meiner“ in verschiedenen Abwandlungen verbreitet –, sollte darauf achten, dass die Rezitation weder mechanisch wird noch mit so viel Konzentration geschieht, dass der Übende sich de facto verschließt. Und er sollte in der Wahrnehmung seiner Körperempfindungen oder Gefühle verweilen, wenn ihn diese von seinem Gebetswort abbringen. Ich finde es hilfreicher, das Mantra oder Gebetswort nicht permanent zu sprechen, sondern nur ab und an, dann nämlich, wenn die Gedanken allzu sehr toben.

Zur 4. Woche: Anhaften durchbrechen

Nach Achaan Chahs Worten im ersten Text der 4. Woche besteht die Arbeit in der Meditation darin, das Anhaften zu durchbrechen und mit der Zeit mehr und mehr aufzugeben. Solange ich der Koppelung unterworfen bin, zu ersehnen oder festzuhalten, was mir gefällt, und zu vermeiden oder wegzubekommen, was mir missfällt, lebe ich grundsätzlich in Unruhe. Wie wird diese Koppelung durchbrochen? „Buddha … meditierte weiter. Er erkundete die Wahrheit dieses Leidens [der vergehenden Ruhe], bis er nicht länger an der Ruhe hing.“ Dazu musste er in seiner Meditation das Leiden aushalten, das durch das Vergehen der Ruhe entstand. Er hat also Unruhe ausgehalten. Das war sicherlich unangenehm und unbefriedigend. Doch dabei geschieht etwas äußerst Bedeutungsvolles: Die Fesseln, die uns an das Gefällige der Ruhe und ans Wegbekommen-Wollen der missfälligen Unruhe binden, werden gelöst. An dieser Stelle durchbricht der Übende das Gesetz der Koppelung. Das ist der Beginn einer langen Reise zur inneren Freiheit.

Diesen Gedanken greift das Evangelium auf: Die „Mühseligen und Beladenen" tragen zusätzlich zu den Lasten, die die Verhältnisse ihnen auferlegen, das Joch des Gesetzes der Koppelung. Wenn Denken und Wollen darum kreisen, wie man die Last loswerden kann, versperren sie einen realistischen und kreativen Umgang mit ihr. Ein solcher Mensch kann sich seelisch an dem Ballast aufreiben, den das Leben ihm auferlegt. Die „Erquickung", die Jesus anbietet, ist „Ruhe für eure Seele", die eintritt, wenn das Joch des Gesetzes der Koppelung vertauscht wird mit dem Joch Jesu. Sein Joch besteht darin, die Auswirkungen der Last auf das Innere – Schmerzen, unangenehme Gefühle, Unzufriedenheit, Widerwillen, die ständige mentale Beschäftigung damit – *im Gebet*, *in der Meditation* einzugestehen und auszuhalten. Er verordnet eine Pause, eine Unterbrechung des mühseligen Alltags, in der dessen Auswirkungen auf die eigene Person in den Blick genommen werden. Durch die Zuwendung zu sich selbst entsteht eine Distanz zu den Schwierigkeiten und es wird eine neue, entlastende Sichtweise gewonnen. Das Symbol für das Joch Jesu ist das Kreuz. Der Querbalken des Unterbrechens und Sich-sich-selbst-Zuwendens streicht den Längsbalken des Egos (das englische „I" macht das Bild noch sprechender) durch, das vom Gesetz der Koppelung beherrscht wird. Das Ich bekommt eine Ahnung von seinem wahren Selbst, das Ruhe und Weite ist. Die Unmittelbarkeit dieser erfahrenden Nicht-Erfahrung kann nicht durch Aktivität hergestellt werden, sondern nur durch das Sein-Lassen dessen, was ist, das kreuzigende Aushalten des Unangenehmen.

Nun war das Kreuz ein Marterwerkzeug voll brutaler Gewalt. Auch das Sich-Aushalten in Gebet und Meditation kann eine Qual sein und den Übenden spontan dazu hinreißen, alle Kräfte gegen das Unangenehme aufzubringen und die Zähne zusammenzubeißen, um durchzuhalten. Doch das ist nicht der Weg Jesu, der von sich sagt: „Ich bin gütig und von Herzen demütig; und ... mein Joch ist sanft und meine Last ist leicht."

Er würde mir zwar empfehlen, es mit dem Aushalten zu versuchen, aber nur so gut ich es kann – nicht auf Gedeih und Verderb, nicht unbedingt in der gewählten Sitzhaltung. Vor allem würde er mir die Freiheit lassen. Er würde mir gütig und demütig nahebringen, der Gewalt der unangenehmen Meditation nicht mit Gewalt zu begegnen, sondern sanft, ungeschäftig und unangestrengt, ohne Widerstand zu leisten: Ich könne mich dabei entspannen und dürfe das Atmen nicht vergessen. Er würde mir ans Herz legen, mich nicht zu verurteilen, wenn ich nicht länger aushalten kann, sondern mir helfen, zu sehen, wie viel ich heute schon vermochte. Das alles sind Hilfen, *mich selbst sein zu lassen*, statt *etwas zu tun*. Er würde mir die Augen dafür öffnen, dass Atmen und Entspannen keine Mittel sein können zu dem Zweck, das Unangenehme doch irgendwie zum Verschwinden zu bringen: Absichtsvolle Entspannung entspannt halt nicht. Die Möglichkeit, entspannt zu atmen, tut sich auf, wenn ich mein unangenehmes Befinden da sein lasse und aufhöre, es anders haben zu wollen. Paradoxerweise eröffnet sich mir erst dann die Chance, allmählich unterscheiden zu können, ob ich eine konkrete Last verändern kann oder ob ich lernen muss, damit zu leben. Meine gütige und liebevolle Zuwendung zu mir selbst, in der die Stimme des gütigen und demütigen Jesus Gestalt gewinnt, verlockt mich dazu, diejenigen meiner Vorstellungen vom Leben, von der Welt, von mir selbst, die vom Hier und Jetzt verneint werden, aufzugeben und mich sinken zu lassen.

Der Prozess des Aushaltens des Unangenehmen ist der geistliche Kampf, in den der Mensch gestellt ist. Ohne ihn ist weder das Gute noch die Freiheit zu verwirklichen. Ich bin gut beraten, wenn ich mich, insbesondere, wenn es dabei schwer wird, von den demütigen und liebevollen Worten Jesu leiten lasse.

Zur 5. Woche: Die Übung, geschehen zu lassen, was geschieht, bringt von selbst Frucht

Wenn der Same des Gebets oder der Meditation auf den Acker der Seele gesät ist, beginnt ein Prozess, der seinen eigenen Rhythmus, sein spezifisches Tempo, seine immanenten Abläufe hat: „Es wird Nacht und es wird Tag", „die Erde bringt von selbst ihre Frucht, zuerst den Halm, dann die Ähre, dann das volle Korn in der Ähre". Das Geschehen – der Meditationsprozess – lässt sich nicht beherrschen. Es irritiert die Vorstellungen und Wünsche des Beters. Immer wieder entzieht es sich seinem Verständnis. Es dauert. Er braucht Geduld. Er kann nicht eingreifen in die Abläufe. *Letztlich kann er nichts tun*. Doch mit der Zeit reift etwas.

Doch leistet der Bauer im Evangelium einen unverzichtbaren Beitrag. Seine *Aktivitäten* bestehen in Folgendem: „Er schläft und steht wieder auf." Man könnte sagen: Er übt! Denn „aufgestanden" bemerkt er, was auf dem Feld seiner Seele und seines Bewusstseins geschieht, und gesteht es sich ein. Etwas verändern muss er nicht, „denn die Erde bringt von selbst ihre Frucht". Dann „schläft" er, d.h., er lässt sein, was ist, entspannt sich, lässt sich sinken und lässt alle seine Vorstellungen und all sein Wollen los. Auf diese Weise des Bemerkens und Sein-Lassens kann er allmählich geschehen lassen, was geschieht, ohne sich mit dem Geschehen zu beschäftigen. Er bekommt einen unvoreingenommenen Blick für die Wirklichkeit und kann erkennen, wann die Frucht reif und die Zeit der Ernte da ist.

Das sollte auch ich jeden Tag tun: aufstehen, entspannt und gelöst das Feld der Wirkungen meines Alltags auf meinen Körper, meine Gefühle und meinen Geist gewahren, dabei geschehen lassen, was geschieht, und meine Vorstellungen loslassen, insoweit sie dem Geschehen nicht entsprechen – egal, ob ich Lust zu dieser Übung habe oder nicht, gut oder schlecht gelaunt, müde oder ausgeschlafen bin, ganz gleich, was heute noch ansteht an Arbeit und Terminen.

Ich kann die Frucht der Übung nicht erzeugen. Nur: Ohne die Aktivitäten des Übens reift diese nicht heran. Also übe ich.

Ich lasse die Übung zu einem selbstverständlichen Teil meines Alltags werden.

Zur 6. Woche: Anstrengung vor, gelöste Offenheit in der Meditation

Buddha geht es um die angemessene Spannung, die passende Aufmerksamkeit, eine „mittlere“ Anspannung in der Meditation. Wie Sona stehen auch wir in der Gefahr, uns zu sehr anzustrengen. Dafür gibt es viele Gründe: Der Übende will seine Meditation gut machen. Er möchte Fortschritte sehen, Frieden in sich erleben, die Stille hören, die Nähe Gottes spüren. Der Suchende will finden; der Sehnsüchtige erstrebt die Erfüllung des Mangels, der sich in seiner Sehnsucht verbirgt, und so strengen sie sich unwillkürlich an – mehr, als es der Übung dient. Für Menschen, die sich selbst fortwährend optimieren, alle Chancen und Möglichkeiten des Lebens auskosten wollen, ist in einer Leistungsgesellschaft klar, dass sie sich dafür anstrengen müssen.

Anstrengung ist auch beim täglichen Innehalten nötig. Aber nur *vor* der Meditation. Das Hinsetzen zur Meditation braucht Disziplin. Wenn die Zeit zum Innehalten gekommen ist, treten alle möglichen Einwände auf: „heute nicht, ich bin so müde!“; „ach, ich muss dringend noch dies und das vorher erledigen und überhaupt habe ich heute so viel Stress“; „eigentlich habe ich keine Lust!“; „das Meditieren bringt sowieso nichts, ich sitz doch nur rum und warte, bis die Zeit um ist“; „wenn ich die Stille Zeit weglasse, könnte ich auf dem Weg zur Arbeit noch das Kleid aus der Reinigung abholen; nach der Arbeit wird das eine Riesen-Hektik“ … Gegen solche Widerstände hat der gute Wille einige Mühe, an der Stillen Zeit festzuhalten.

Sobald jedoch der Meditierende sich auf seinem Sitz niedergelassen hat, lässt er alles Streben und die dafür nötige Anstrengung los. Nun sind gelöste Offenheit dran und Vertrauen. Gelegentlich hinzuspüren, wie es darum bestellt ist, empfiehlt sich auch im weiteren Verlauf der Meditation. So wichtig das

Üben ist: Das letzte Ziel seiner Sehnsucht, ob es nun Nirwana oder Gott heißt, kann der Übende nicht herstellen. Es ist transzendent, jenseits seiner Vorstellungen und seines Vermögens und doch jederzeit da. Je mehr der Übende durch sein Üben sich lassen kann und offen wird, umso mehr ist er disponiert, Nichts, das alles in sich enthält, zu gewahren.

Insofern wird sein Haus nicht fertig, wenn er den Bau nicht dem HERRN übereignet, und er übt (wacht) vergeblich, wenn er sein Üben nicht dem HERRN überlässt. Es geht eben nicht darum, dass die Übung den eigenen Vorstellungen entspricht. Hält er an ihnen fest und versucht sie durchzudrücken, dann ist die Mühe des Sich-zur-Stillen-Zeit-Hinsetzens in der Tat umsonst. Jedoch nicht ganz: das ist der Weg, auf dem er allmählich lernt, dass das Ziel seiner Sehnsucht nicht durch Streben zu erlangen ist.

Zur 7. Woche: Die Rettung liegt in der eigenen inneren Wahrheit. Wie diese erkannt wird

Die Texte aus dem Mahaparinibbana Sutta und dem hohepriesterlichen Gebet Jesu sind Vermächtnisse. Beide, Gautama und Jesus, schauen auf ihren Tod. Ihnen ist ganz und gar klar, dass das Zulassen der eigenen inneren Wahrheit das ist, worauf es ankommt.

Ganz eindringlich mahnt der Buddha, in nichts anderem Zuflucht und Rettung zu suchen als in sich selbst. Genauer: bei seiner eigenen inneren Wahrheit. Äußeres wie Orte, Lehren, Methoden, Rituale, Wissenschaft oder Dogmen scheiden damit aus. Die eigene innere Wahrheit hat eine zweifache Bedeutung. Sie ist Zuflucht, in der die Schüler sich bergen, schützen und stärken können, und sie ist das Licht auf ihrem Weg, das Höchste zu erreichen.

Was aber ist „meine innere Wahrheit“? Wie erkenne ich sie?

Damit auch seine Jünger in der Wahrheit geheiligt seien, heiligt sich Jesus für sie, indem er seiner inneren Wahrheit folgt und in seine Passion geht. Das Sterben Jesu stürzt seine Schüler ihrerseits in eine Passion, da sie mit dem geliebten Lehrer und Freund auch ihre Vorstellungen von und Hoffnungen für die Zukunft verlieren. Sie stehen am Abgrund, dem sie nicht entfliehen können, da sie sich aus Furcht vor Verfolgung eingeschlossen haben. Es ist die Stunde der Wahrheit. Die Gespräche werden direkt und konfrontativ, sie können ihren Gefühlen nicht ausweichen. In der Auseinandersetzung mit den anderen müssen sie ergründen, was sie wirklich bewegt und bewegte. Was nicht eigene innere Wahrheit ist, hält weder der Konfrontation stand noch löst es etwas. So erfahren die Jünger, was Heiligung in der Wahrheit bedeutet: Durchleben seiner Gefühle und inneren Bewegungen bis auf den Grund in radikaler Aufrichtigkeit.

In der Meditation läuft ein vergleichbarer Prozess ab. Er beginnt damit, dass ich etwas von mir merke, z. B. „ich bin unzufrieden". Das ist ein Gedanke. Spontan beginne ich, mich mit ihm zu befassen und darüber nachzudenken. Diesem Nachdenken liegt die Absicht zugrunde, mir meine Unzufriedenheit zu erklären, damit die Gespanntheit nachlässt, in die die Unzufriedenheit mich versetzt hat. Diese Intention begrenzt meinen Horizont. Wahrheitserkenntnis braucht jedoch einen unbegrenzten Horizont. Die gefundene Erklärung kann nicht meine innere Wahrheit sein.

Also braucht die Erkenntnis meiner inneren Wahrheit einen anderen Weg: Woher weiß ich, dass ich unzufrieden bin? Ich kann das nur wissen, weil ich etwas gefühlt habe, das ich als Unzufriedenheit deutete. Nun versuche ich, dieses Gefühl, das zunächst vielleicht nur ein diffuses Konglomerat von Grautönen und von einer gewissen „Temperatur" ist, weiterhin zu spüren. Dabei werde ich mich x-mal ertappen, wie ich darüber *nachdenke*. Das macht nichts! Hauptsache, ich wende mich immer wieder dem *Gefühl* zu, das dem Gedanken der Unzufriedenheit zugrunde liegt, und beende damit meine gedankliche Beschäftigung, sobald ich diese bemerkt habe. Hält das Gefühl an, muss ich mir als eine erste Wahrheit über mich eingestehen: „Ich *bin* unzufrieden." Das ist nicht verboten, nicht verwerflich, kein Makel. Unzufriedenheit gibt es, nun ist sie bei mir gelandet. Es muss nichts anders sein. Ich darf unzufrieden sein und gebe dem Erleben des Gefühls Raum, gestatte ihm, mich zu erfüllen. Das gelingt umso besser, je höher meine Sammlung ist, je mehr mein Geist in der Lage ist, sich auf einen Punkt auszurichten.

Auf diesem weglosen Weg, auf dem mich allein Wahrhaftigkeit leitet, kann mir eine weitere Wahrheit aufgehen. Ja, *sie geht mir auf*! Ich denke sie mir nicht aus und erschließe sie nicht: Sie zeigt sich mir. Sie offenbart mir, was hinter dem Gefühl meiner Unzufriedenheit steckt, und zwar bei mir selbst – nicht in der Situation, sondern in meiner Person. Sie zeigt mir, welche meiner Vorstellungen und Wünsche getroffen, verletzt, enttäuscht wurden, sodass ich mit Unzufriedenheit reagiere. Das ist die zweite meiner inneren Wahrheiten, zu der mich das Durchleben meiner ersten inneren Wahrheit geführt hat. Wenn ich meine Ent-täuschung als das Ende meiner Täuschung annehmen kann, wenn ich meine Selbst- und Weltkonstruktion loslassen kann, die hier an ihre Grenze geraten ist, dann öffnet sich etwas in mir und eine dritte innere Wahrheit teilt sich mir mit: Ich verstehe, dass die Wirklichkeit nicht sein muss, wie ich sie denken musste und haben wollte. Das ist wie eine Befreiung, eine Last fällt von mir ab. Es kommt etwas in Bewegung, die Lebendigkeit kehrt zurück und Frieden und Freude wird die Tür geöffnet.

Wie bei den Jüngern. Nachdem der Prozess in ihrer Klausur die Welt, in der jeder von ihnen ganz selbstverständlich bis dahin lebte, durchbrochen – um nicht zu sagen: gekreuzigt – hat, entsteht eine Bewegung in ihrer Mitte, die etwas löst und Frieden hervorbringt. Die Wahrheit, die ihnen aufgegangen ist, hat sie zu sich selbst befreit und geöffnet. Eine Präsenz erfüllt den Raum, die selbst ungreifbar ist, aber alles umgreift und durchseelt: In ihr sind Tod und Leben, Leiden und Glück, Sünder und Gerechter, ja alle Gegensätze miteinander versöhnt in eine Einheit, die weder erfahren noch begriffen werden kann. Sie ist. In der Reflexion erkennen sie in ihr den auferstandenen Gekreuzigten und in ihm ihr wahres Selbst.

Dieses Nichts, das reine Präsenz, Fülle und völlige Geöffnetheit ist, ist *die* Wahrheit „meiner" inneren Wahrheiten, die rettet und Zuflucht ist.

Zur 8. Woche: Auf-hören zu bewerten und zu verstehen, um zu hören

Das helle Licht, von dem das Evangelium spricht, wird geschaut von den Menschen des heidnischen Galiläa. „Heidnisches Galiläa" lässt stutzen. Galiläa war doch jüdisches Kernland, überwiegend jüdisch besiedelt. Wieso spricht der Evangelist vom „*heidnischen* Galiläa"? Er dürfte mit diesem Ausdruck vorausverweisen auf das Ergebnis von Wirken und Schicksal Jesu. Die Heiden, die in Galiläa leben, nehmen seine Botschaft auf und sehen das Licht, während die israelitische Bevölkerung sich ihr weitgehend verschließt. Diese meinte, in Gesetz und Tempel, in den Ordnungen und Lehren ihrer Religion das Licht zu haben. Die Heiden, die Nicht-Juden, saßen für sie „im Dunkel" und wohnten „im Schattenreich des Todes". Unser Text verheißt jedoch denen das wahre Licht, die sich nicht an Riten, Worten, Dogmen, Ordnungen der institutionalisierten „wahren" Religion klammern; denen, die „im Dunkeln sitzen bleiben", insofern sie aufgeben, die Ereignisse und Gegebenheiten des Lebens verstehen und einordnen zu wollen.

In diesem Dunkel lässt sich auch Jesus nieder. Er wohnt am See ... Wieso erwähnt Matthäus dieses Detail? Will er damit sagen, dass Jesus offen ist auch für die Tiefen seiner Seele, die sich ihm zeigen können, weil er nicht schon deren Signale in ein System einordnet und deutet? Und dass demjenigen, der sich so verhält, darin das Himmelreich nahekommt? Die Signale der Tiefen der Seele stören, sind befremdend, rufen Spannung hervor und Widerstand: vermehrte Gedankentätigkeit, Müdigkeit, Unlust, Unruhe, Ärger ... Aufzuhören, sich mit alledem gedanklich zu beschäftigen, und stattdessen hinzuhören auf die Resonanz, ist somit ein wesentliches Moment der Umkehr, zu der Jesus aufruft.

Der Text ist eine Einladung und Ermutigung, mich in meiner stillen Zeit „an den See zu setzen“ und „im Dunkeln sitzen zu bleiben“, mir meine inneren Bewegungen bewusst werden zu lassen und mit der Aufmerksamkeit dabeizubleiben, ohne sie zu bewerten oder einzuordnen. Damit gebe ich meinen inneren Bewegungen Raum. In ihnen wende ich mich mir selbst zu. Gewöhnlich benutze ich mich nur und ordne meine inneren Bewegungen schnell ein, damit sie mich beim Funktionieren nicht stören. Aber nun bin ich eingeladen, mich selbst und was mich innerlich bewegt, neu und offen zu betrachten, ohne die Scheuklappen der Gewohnheit, der Moral, der vielen Botschaften von Eltern und Lehrern, Kirche und Community, wie ich sein soll. Ich wage mich zu mir selbst vor, ohne Kompass und Karte, einzig ausgerüstet mit liebender Offenheit und gelassener Aufrichtigkeit und der Hoffnung, in meiner vielleicht finsteren Wahrheit das helle Licht zu schauen.

Zur 9. Woche: Gedanken und Gefühle machen nicht unsere Identität aus

Im Evangelium gibt Petrus ein Anschauungsbeispiel für Lairds Feststellung, dass wir oft mit unseren Gedanken und Gefühlen identifiziert sind, ohne uns dessen bewusst zu sein.

Petrus begibt sich in die Höhle des Löwen und hat Angst, dort als Anhänger Jesu enttarnt zu werden und das gleiche Schicksal zu erleiden wie dieser. Mit der Notlüge „Ich bin nicht“ will er sich spontan davor schützen. Erst als der Hahn zum dritten Mal kräht, geht ihm auf, dass er gerade Jesus drei Mal verleugnet hat. Wenige Stunden zuvor hat er sich noch heftig gegenüber dieser Möglichkeit verwahrt: „Und wenn ich mit dir sterben müsste – ich werde dich nie verleugnen!“ (Mk 14,31).

Petrus ist sich seiner Gedanken und Gefühle als solcher nicht bewusst und deshalb blind mit ihnen identifiziert. Sie steuern sein Verhalten, ohne dass er darauf Einfluss nehmen kann. Insofern bekundet er in seiner Lüge „Ich bin nicht“ (einer von

Jesu Jüngern) seine Wahrheit: „Ich bin mir meiner selbst nicht bewusst“, „ich bin nicht bei mir“, „ich bin nicht ich selbst“. Da Bewusstheit seiner selbst zum Personsein und damit zum Sein des Menschen gehört, *ist* Petrus in diesem Sinn tatsächlich nicht.

Bei Benedikt Schwank, der näher am griechischen Urtext übersetzt, steht dem dreimaligen „Ich bin nicht“ des Petrus das dreimalige „Ich bin“ – ohne „es“ – Jesu gegenüber. Jesus weiß, was er tut. Er ist sich seiner selbst bewusst. Ahnend bis zur Gewissheit, dass ihn in Jerusalem Ablehnung, Leiden und Tod erwarten, ist er entschlossen nach Jerusalem hinauf- und in dieses Schicksal hineingegangen. Im Garten Getsemani hat er seine Todesangst durchlebt und die Möglichkeit zu fliehen zurückgewiesen. Er ist sich seiner selbst bewusst und steht im Sein: Er *ist*.

Zur 10. Woche: Lass geschehen, was geschieht, und lass das Denken bleiben

Die Texte machen mir Mut,

1. Denken und Verstehen-Wollen bleiben zu lassen,
2. mich vor allem dem zuzuwenden und es ins Bewusstsein zuzulassen, was mir unangenehm erscheint,
3. und auch eine völlig zerstreute Gebets- oder Meditationszeit auszuhalten und weder gegen Unruhe, Ablenkungen oder den Wunsch, sie abzukürzen, anzukämpfen noch diesem zu folgen.

Der Wert einer Meditations- oder Gebetszeit liegt nicht darin, dass ich schöne und trostreiche Gefühle habe, sondern dass ich mir meine Wirklichkeit hier und jetzt eingestehen und sie annehmen kann, so wie sie sich mir zeigt; dass ich bewusst da sein oder geschehen lassen kann, was hier und jetzt „ist“ oder geschieht. Dieses Annehmen und Dasein-Lassen ist der wesentliche Prozess der Meditation, deren Übung immer und immer wieder darin besteht, durch Wahrnehmen meiner innerlichen Wirklichkeit die gedankliche Beschäftigung und das Streben zu unterbrechen und allmählich die Kraft der Fokussierung zurückzunehmen. Es kostet einfach Geduld und treues Üben. Das ist der Weg, auf dem „ich meine Seele ruhig werden [lasse] und still“, bis sie in mir ruht „wie ein kleines Kind bei der Mutter“. Dann hat die Kraft des Innehaltens die Türe zu einer neuen Wirklichkeit aufgetan.

Zur 11. Woche: Das überragende Mittel der Befreiung ist, sich selbst auszuhalten an Grenzen

Andere und alles beurteilen, das mache ich eigentlich dauernd. Und dann ist es nur ein kleiner Schritt zum Vergleichen: „Oh, der X sitzt im vollen Lotussitz, das kann ich nicht“ (ein bisschen Neid steigt auf). „Y hat heute schon wieder bei der Meditationsübung gefehlt – na, da meditiere ich deutlich mehr als er“ (Befriedigung). „Z sitzt so was von schief! Merkt er das denn nicht?“ (Überheblichkeit). Wer kennt nicht solche und ähnliche Gedanken während eines Meditationskurses? In der Tat: Ich will gut meditieren, ganz still sitzen ohne Unruhe, ohne Schmerzen, ohne Bedrängnisse, tiefen Frieden empfinden, Fortschritte machen und das Ziel erreichen. Dieses Verlangen ist oft so stark, dass mich dann die ernsten Worte des Buddha – „Geduldiges Ertragen ist das überragende Mittel, die Beschmutzungen des Geistes zu verbrennen“ – und des Paulus – „Wir rühmen uns unserer Bedrängnisse“, weil sie Geduld, Bewährung, Hoffnung und Liebe bewirken – gar nicht wirklich antreffen. Ich lese diese Texte, nicke – und fahre fort, die Meditation meinen Wünschen anzugleichen. Wenn es nicht klappt, ärgere ich mich oder bin frustriert oder stehe auf und hoffe auf ein besseres Morgen. Aber die Begierde, die Meditation nach meiner Denkungsart zu kontrollieren, bleibt mir verborgen. So schleicht sie sich immer wieder ein in *meine* Vorstellungen von der Wirklichkeit und meiner selbst, in *meine* Werte und in *mein* Streben, kurz: in *meine* Welt. Die Früchte der Meditation – Bewusstheit, Energie, Verständnis, Zuversicht, Ruhe,

Freundlichkeit, Mitgefühl, Ausgeglichenheit – bleiben aus. Das zeigt mir mehr als alles andere, wo ich tatsächlich stehe auf meinem spirituellen Weg.

Ich habe noch nicht genügend begriffen, dass meine Vorstellungen, die ich ständig in der Meditation realisieren will, ein Gefängnis konstituieren, das *Gefängnis meiner selbstgeschaffenen Welt*, aus dem ich hinausgeführt würde, wenn ich an der Grenze, die die Meditation mir setzt, aushielte. Diese Idiopolis[70] kann mir keinen bleibenden Sinn, keine nachhaltige Erfüllung, keine innere Freiheit und keine Bewusstheit meiner selbst geben. Dasein und Tod sind in ihr unversöhnbare Gegensätze. Wenn es überhaupt möglich ist, dass sich mir etwas vom Leben und von der Wirklichkeit jenseits meiner Welt mitteilt, dann ist der Ort dafür die Grenzen meiner Idiopolis. Daher sind die Grenzen, die die Meditation meinen Vorstellungen, meinem Streben und damit meiner Welt immer wieder setzt – die paulinischen Bedrängnisse und das geduldig zu Ertragende des Buddha also –, die Schnittstellen zur Wirklichkeit jenseits meiner Welt und meine wahren Lehrmeister.

Es geht mir hier nicht anders als den Aposteln. Sie stoßen bei Jesus aber- und abermals an Grenzen, an denen sie den Meister nicht verstehen. Immer wieder sprengt er ihr Bild von sich und der Welt und konfrontiert sie mit ihrem Denken und Streben. Entscheidend ist: Sie bleiben mit ihm auf dem Weg, ambivalent, wie sie sind.

Das sollte auch ich: den Weg der Meditation nicht aufgeben und das Wort des Buddha beherzigen: „Geduldiges Ertragen ist das überragende Mittel, die Beschmutzungen des Geistes zu verbrennen“, und auf Paulus hören: „Wir rühmen uns unserer Bedrängnisse; denn wir wissen: Bedrängnis bewirkt Geduld, Geduld aber Bewährung, Bewährung Hoffnung. Die Hoffnung aber lässt nicht zugrunde gehen.“ Der Weg auf den *Boden* der Wirklichkeit führt notwendigerweise abwärts. Dort erkenne ich mich selbst und meine Welt und zugleich etwas von der Wirklichkeit jenseits meiner Welt, von dem Land, in das

70 Siehe oben S. 41.

die Meditation mich führen wird – wenn ich übe auszuhalten, wo sie enttäuschend, langweilig, unruhig oder sogar schmerzvoll und beängstigend ist. An den Grenzen sollte ich verweilen.

Zur 12. Woche: Was ist eine gute Meditation?

Die Texte dieser Woche sollte man sich wirklich hinter die Ohren schreiben. Zumindest hätte ich das tun sollen: Ich habe die meisten Jahre meines Lebens nicht geahnt, wie tief die Erwartung, Befriedigung im Gebet zu finden, wirklich sitzt und wie sehr sie mein Meditieren gesteuert hat. Im Gegenteil, ich war überzeugt davon, dass das Gebet befriedigend sein *müsse*, wenn ich es richtig mache. Das sei doch das Mindeste, wenn ich mich hinsetze und mir Mühe gebe. Wozu sonst beten oder meditieren? Meine Aufgabe schien somit darin zu liegen, an meiner Gebetsmethode herumzufeilen und sie zu optimieren. Ich weiß aus meiner Kurserfahrung, dass viele ähnlich denken: Frieden als geschuldeter Lohn für die Arbeit des Meditierens. Wir beurteilen unsere Meditation, wie wir auch sonst in unserer Welt denken; es gilt das Gesetz des Ausgleichs von Geben und Nehmen: Wer etwas gibt, der hat Anspruch darauf, etwas zu bekommen. Gutes Meditieren bewirkt gute Meditationserfahrungen. In einer so konzipierten Welt ist kein Platz für das Wunder ungeschuldeter Liebe. Doch gerade nach einer solchen Liebe sehnen wir uns. Wir möchten gutgeheißen werden, wie wir sind, ohne Wenn und Aber, was nicht heißt, dass alle unsere Taten abgesegnet werden müssen. Diese Liebe erahnen wir nur in kurzen Momenten des Glücks. Ansonsten halten wir an dieser unserer Welt fest. Denn man fürchtet am meisten, was man am meisten ersehnt: Wenn die Sehnsucht sich mit einem Schlag erfüllen würde, würde das unsere Welt komplett auf den Kopf stellen. Wir kennten uns nicht mehr aus und wären verloren. Darum führt uns die Meditation langsam, Schritt für Schritt, im Maß unseres Vertrauens hinaus aus unserer gewohnten Welt und hinein in das Land, in dem alles, was ist und geschieht, so sein und geschehen darf und genau so gut ist und Sinn und Fülle in sich trägt; ein Land der Offenheit und Hingabe. Deswegen sind Offenheit und Hingabe die fundamentalen Haltungen der Meditation. Dann kann in der Stille der Meditation dem Beter das „Verborgene", das ihn innerlich bewegt und umtreibt, bewusst werden: Themen und Wünsche, damit verbundene Gefühle, Empfindungen des Körpers, der Geist, in dem der Betende da ist. Manches von diesem Verborgenen ist ja nicht ohne Grund verborgen. Es passt nicht in die Welt des Betenden, es stört, ist verboten, stiftet Unruhe, erregt Wünsche, vielleicht auch Ängste oder Schuld, Scham, Wut ..., deckt die Sinnlosigkeit und Leere des eigenen Lebens auf. Was im Einzelnen in sein Bewusstsein aufsteigt, das kann er sich nicht aussuchen: Der aufrichtige Meditierer übt vielmehr zuzulassen und anzunehmen, was sich ihm zeigt, auch wenn dies unangenehm ist, auch wenn dies seine Vorstellungen von einer „guten" Meditation zunichtemacht. Doch genau in dieser Weise meditiert er gut, auch wenn es sich nicht so anfühlt.

Diese Passivität des Betens zu erlernen braucht viel Geduld. Sie zu üben ist eine immer neue Herausforderung. Machen und tun, um unsere Vorstellungen zu verwirklichen, ist uns lieber, als uns auszusetzen und auszuhalten. Warten bekundet Abhängigkeit und Ohnmacht. Kontrolle ziehen wir einer Offenheit vor, die verletzbar macht. Und doch ist es genau solches Üben in Offenheit und Aufrichtigkeit, das aus der Welt der Erklärungsversuche und des Feilschens in das freie Land unbedingter Bejahung führt.

Zur 13. Woche: Ich genüge! Darum kann ich meiner selbst bewusst werden

Wenn wir heute jemandem einen „Mangel an Selbstvertrauen" zuschreiben, dann meinen wir einen eher schüchternen Menschen mit unsicherem Auftreten, der leicht zu verwirren ist, der schnell zurücksteckt und sich nicht durchsetzen kann. Linji hat etwas anderes im Blick, wenn er von Selbstvertrauen spricht, nämlich Bewusstheit seiner selbst hier und jetzt. Was für ein gewaltiges Unterfangen es ist, sich seiner selbst bewusst zu werden, ist daran zu erkennen, dass wir ihm andauernd aus dem Weg gehen. Wir vermeiden die Bewusstwerdung unserer selbst dadurch, dass wir „ständig beschäftigt sind, es eilig haben, Myriaden von Objekten außerhalb unserer selbst hinterherlaufen, dauernd auf der Suche nach etwas …“ Wieso eigentlich? Es mag vernünftige Gründe geben, doch vor allem scheint dabei Angst im Spiel zu sein. Wenn wir innehalten und uns uns selbst stellen, so fürchten wir, würden wir nicht mehr leben können, wie alle leben, unseren persönlichen Weg gehen müssen und dabei Seiten unserer selbst sehen, die gewöhnlich als ungenügend oder schlecht bewertet werden. Womöglich würden wir gar unserem Schatten begegnen: Angst also vor schmerzlichen, Angst und Spannung erregenden Bewusstseinsinhalten. Linji hingegen hält es für überflüssig, die Bewusstseinsinhalte zu bewerten, sich gedanklich mit ihnen zu beschäftigen oder ihre Veränderung zu wollen. Ob sich jemand schwach, unsicher, schüchtern, ängstlich, verwirrt … erlebt, ist ohne Bedeutung. Er braucht nichts zu ändern. Es muss nichts anders sein. Denn es gibt keinen Unterschied zwischen dem „Zuhörenden“ und dem Buddha. Das verweilende Lauschen auf seine Bewusstseinszustände macht, dass der Schüler genügt, so ungenügend er sich dabei auch fühlen mag. Christen sagen, dass Jesus für uns „genug getan“ hat. Also muss ich nicht herumlaufen, um etwas zu finden, wodurch ich genüge: Es ist nichts zu tun, außer das, was ist, da sein zu lassen, sich damit nicht zu beschäftigen und nichts zu wollen. Das ist die beste Disposition, sich vom Transzendenten, das mich sucht, finden zu lassen – eine unerhörte Aussage eines Buddhisten.

Wenn ich mein Üben als Ausdruck meiner Sehnsucht nach Gott verstehe, dann darf ich gewiss sein, dass mich der Geist umgibt und leitet, den der Text aus dem Buch der Weisheit ehrfürchtig besingt. Für mein Meditieren bedeutet das etwa:

- Ich sitze entspannt und sorge dafür, dass ich entspannt und gelöst bleibe. Denn Gottes Geist ist „nicht zu hemmen, wohltätig, menschenfreundlich, … alles vermögend, alles überschauend". Er wird mich finden. Und er wird mich heil machen, mir wohltun, so dass ich aufatmen kann. Also vertraue ich mich dem an, was geschieht, und lasse es geschehen.

- Ich meditiere wahrhaftig und ohne Gewalt: Was ist, gestehe ich mir ein, entsage meinem Streben, es zu verändern. Denn der Geist Gottes ist heilig, unbefleckt von Falschheit, klar und scharf und doch zart – und gerade so führt er mich auf meinem Weg.

Der Geist Gottes erlaubt mir, *vertrauend, gelassen und liebevoll* dazusitzen und meine Vorstellungen getrost aufzugeben, wenn die Meditation ihnen eine Grenze setzt. Diese Haltung kann ich nicht herstellen. Aber ich kann sie wachsen lassen, wenn ich mich in der Meditation und auch tagsüber immer mal wieder frage, was ich eigentlich von meinem Leib und meiner Seele gerade spüre und in welchem Geist ich gerade da bin. Was immer ich merke: Ich muss nichts ändern. „‚Es ist, wie es ist, sagt die Liebe" (Erich Fried). Ich genüge, so wie ich bin. Alles darf ich mir eingestehen und es annehmen – auch meine Unfähigkeit dazu. *Denn ich genüge, so wie ich bin*! Alles Geschehen ist „Widerschein des ewigen Lichts". Ich gewahre es im „ungetrübten Spiegel von Gottes Kraft", im „Bild seiner Güte" und im Vertrauen darauf, dass mir gezeigt wird, was zu tun ist.

Zur 14. Woche: Zu sich selbst kommen

Benedikts Gebet besteht offenbar nicht in vielen Worten. Er ist dabei achtsam auf sein Inneres gerichtet – nicht etwa auf irgendeine Vorstellung von Gott – und verweilt dabei. Er sieht sich „unter den Augen des Schöpfers", d.h. angeschaut von einer bedingungslosen Liebe, bestaunt wie ein Kleinod von dem, der „alles ansah, was er gemacht hatte: Und siehe, es war sehr gut" (Gen 1,31). Dieser Blick erlaubt, sich loszulassen und zu öffnen, und macht das Innehalten zur Reise ins Wunderland der eigenen Person, die dabei Kontrolle und Verurteilung verlernen muss: Eigenschaften, mit denen sie ihr Bild des Schöpfers so oft ausstattet.

Das Evangelium illustriert das „Wohnen in sich selbst". Es erzählt, dass der jüngere Sohn, als die Hungersnot kommt, „in sich geht". Vorher muss er also außerhalb seiner selbst gewesen sein. Da war er ohne Kontakt zu sich, zu seinen inneren Bewegungen, zu seinem Herzen, blind und unfrei. Wie sonst ist zu verstehen, dass er nicht damit aufhören kann, sein Vermögen durchzubringen, obwohl absehbar war, dass sein Geld zur Neige geht und eine Wirtschaftskrise aufzieht? Offenbar ist für ihn nur relevant, was mit seinen Vorstellungen und mit seinen Absichten zu tun hat. Abstand dazu hätte er bekommen, wäre er wie Benedikt achtsam auf sein Inneres gerichtet gewesen. Das war er nicht und sitzt somit blind und handlungsunfähig im Zug seines Schicksals. Die Katastrophe tritt ein: kein Geld, kein Job, Lebensmittel knapp und teuer, keine Freunde.

„Nur an der Wand ist Wandlung möglich", lautet die Erfahrung des Leiters einer Suchtklinik. An der Wand angekommen, an der es partout nicht mehr weitergeht wie vorgestellt, hat der junge Mann nun Zeit. Nachdem er eine minimale Sicherheit als Schweinehirt gefunden hat, schwindet die Angst ums Überleben. Er schaut den Schweinen beim Fressen zu. Und da geschieht es: Es öffnet sich etwas in ihm, die Augen des Geistes gehen ihm auf und er merkt, dass er die Schweine um ihr Futter beneidet. Mit dem Zulassen und ernüchternden Innewerden der Wahrheit seines Scheiterns wird das Tor zu seinem Inneren aufgestoßen. Damit kommt er zu, ja in sich selbst. Er beginnt, sich zu bewohnen, d.h. zu bemerken, was ihn innerlich bewegt. Die Enthüllung seines Scheiterns bedeutet Sturz aus seiner Welt und seiner bisherigen Identität. Aber gleichzeitig gibt ihm diese Bewusstheit Grund. Es ist der Grund der Wirklichkeit, die er nun klar sehen kann: „So ist es!" Die verhüllenden Schleier des endlosen Gefeilsches in seinem Kopf, ob es so ist oder nicht anders besser wäre, sind weggezogen. Der Boden der Wirklichkeit, wie sie ist, gibt ihm Halt – auch zu dem weiteren Eingeständnis: „Vater, ich habe mich gegen den Himmel und gegen dich versündigt. Ich bin nicht mehr wert, dein

Sohn zu sein; mach mich zu einem deiner Tagelöhner." Er ist gescheitert. Aber das Eingestehen dieses Scheiterns ist eine Befreiung. Es entfesselt die Kraft und die absolute Sicherheit des „So ist es!" und eine reine Freude, weil mitgespürt wird, dass das, was ist, so sein darf, wie es ist. Er vernimmt den Nachhall des „Siehe, es war sehr gut" des sechsten Schöpfungstages. Lebendiges Leben ist eingebrochen in den Tod, den er für Leben hielt, diese dauernde Wiederkehr des Gleichen: die gleichen Abende, die gleichen Sprüche, die gleichen Beziehungen, egal wann, egal mit wem. Von dieser Warte ist sein Scheitern ein Glück, sein Weg dahin eine Führung. Dieses „So ist es" hat eine transzendente Quelle, die ihn gesucht und begleitet hat, die ihn auf den Weg gelockt hat, in sich selbst zu wohnen und bei sich selbst anzukommen. Doch das kann er erst im Rückblick erkennen, nachdem ihm die Augen aufgegangen sind.

Was heißt das fürs Meditieren? Zu sich selbst ist nur über die kleinen Schritte des sich Eingestehens dessen, was jeweils ist, zu kommen. Nur Geduld! Nur Mut! Nur Aufrichtigkeit! Der Moment kommt, wo der Übende in sich selbst wohnt und im Rückblick erkennt, dass sein Weg geführt worden ist von einer Liebe, die ihn suchte.

Zur 15. Woche: Meditation: sich einrichten in oder ausziehen aus der Idiopolis?

Bevor es zur nach unserem Urteil „guten" Gebetszeit kommen kann, muss es eine ganze Zeit mit nicht oder weniger „guten" Gebetszeiten gegeben haben. Diese hat uns verunsichert, vielleicht auch eingeschüchtert, wir sind kleinlaut geworden und in Zweifel: „Mache ich etwas falsch?" „Muss ich mich mehr anstrengen?" „Ist das Meditieren einfach nichts für mich?" „Sollte ich aufhören?"

Nun kommt die „gute" Meditation: „Na endlich, geht doch! Ich kann es also doch. Jetzt mache ich es immer so, um diesen neuen Level der Meditation zu halten und auszubauen." Das ist die übliche Reaktion. Sie folgt demselben Motto, das auch der Bedienung eines Computers zugrunde liegt: Wenn ich alles richtig mache, dann tut er, was ich will. Und dann versuchen wir, alles richtig zu machen und die gute Meditation wieder herzustellen. Nur so wirklich gelingen will das nicht, aller Mühe zum Trotz.

Dieses Denken ist total daneben!

Meditieren besteht nicht darin, eine Technik zu üben, durch die wir unseren Willen und unsere Vorstellungen verwirklichen können, erfolgreicher vielleicht als im Alltag, wo wir das auch dauernd versuchen. Um die Herstellung einer „guten" Meditation geht es überhaupt nicht! *Wir üben etwas völlig anderes. Wir üben Offenheit für und Hingabe an den gegenwärtigen Moment.* Wie dieser Moment ist, liegt nicht in unserer Hand. Es ist ohne jede Bedeutung, ob er uns gut oder schlecht, angenehm oder unangenehm erscheint. Wir finden ihn vor und üben, egal, wie er ist, ihn ins Bewusstsein kommen und dort anwesend sein zu lassen, solange er dort bleibt. Und wenn er dann gehen will, lassen wir ihn gehen. Auch „gute" Momente lassen wir gehen und öffnen uns für das, was als Nächstes in unser Bewusstsein treten möchte und was dann in diesem Fall zwangsläufig weniger „gut" oder „schlecht" ist.

Ganz einfach gesagt: Im Gebet, in der Stille, *in der Meditation gebe ich mich dem hin, was geschieht, statt zu machen, dass geschieht, was ich möchte.* Darum bete ich manchmal, wenn die Meditation mal wieder nach meinem Urteil „schlecht" ist: „Dein Wille geschehe!"

Wer in der Meditation nur eine Technik sieht, mittels derer er sich ein Bonbon verschaffen kann in der Welt, in der er lebt, sollte sich ein anderes Suchtmittel suchen, mit dem der Kick leichter zu bekommen ist. Er wird jedenfalls in seiner Idiopolis[71] sitzen bleiben; das Bonbon versüßt sie ihm ja immerhin. „Wem der Boden noch nicht so heiß ist, dass er ihn lieber mit jedem andern vertauschte, als dass er dabliebe, dem habe

71 Siehe S. 41, 216.

ich nichts zu sagen. So Gotama, der Buddha."[72] Die „erste edle Wahrheit" des Buddhismus, dass das Leben Leiden ist, hat es schwer, dem Bürger einer Wohlstandsgesellschaft aufzugehen, welche ihn ständig mit neuen Verheißungen versorgt, wie er zur Schickeria der Glücklichen und Schönen gehören kann. Wem aber der Boden seiner Idiopolis unter den Füßen brennt, wer in den Abgrund von Boshaftigkeit, Banalität und Tod geschaut hat, wer Erfüllung über jede Erfüllung hinaus, wer ein lebendiges Leben aus seinem Grund heraus ersehnt, wer in das freie Land des Seins und unbedingter Bejahung gelangen möchte, der muss sich führen lassen. Dorthin hilft ihm keine Karte, kein Navi, nichts, was sein Instrumentenkasten enthalten könnte. *Er muss darauf vertrauen, dass, was je jetzt in sein Bewusstsein gelangen möchte, dasjenige ist, was ihn zu seinem Ziel hinführt*, und er ergreift seine Chance, wenn er sich öffnet und geschehen lässt, was geschieht: „Nicht was ich will, sondern was Gott will, soll geschehen" (Mk 14,36).

In der nach seinem Urteil „schlechten" Meditation, die er ausgehalten hat, liegt die feine Genugtuung, sich für diese 20 Minuten nicht dauernd um sich selbst gedreht zu haben und nicht völlig vom Gesetz der Koppelung regiert worden zu sein. In die Ernüchterung weht ein Hauch von Freiheit.

Zur 16. Woche: Grenzen als Chancen der Entkoppelung

Beim Anblick des hilflos an seinem Kreuz hängenden Jesus ist allen Beobachtern völlig klar: Dieser Mensch kann nicht der Judenkönig und Christus sein. Denn wäre er es, dann hätte er die Macht, sich aus seiner Lage zu befreien. Unausgesprochen setzen sie dabei voraus, dass der Christus wie sie unter dem Gesetz der Koppelung steht, das das Verhalten an die Situation bindet: unangenehme Situation, dann geht es primär um Flucht oder Angriff; angenehme Situation, dann geht es da-

72 Aus Bertold Brecht: Das Gleichnis des Buddha vom brennenden Haus, in: Bertolt Brecht, Die Gedichte, Frankfurt a.M. 2007.

rum, sie in Besitz zu nehmen. Das Kreuz ist „unangenehm“, also steigt der Christus, der alle Macht hat, vom Kreuz herab. Das tut Jesus jedoch nicht. Er stirbt – treu gegenüber sich selbst. So stirbt er in seine Auferstehung hinein und wird zum Christus. Er *durchbricht* die Automatik der Koppelung, die die wesentliche Wurzel unserer Krisen und des Bösen ist: her mit dem Gewünschten, weg mit dem, was stört, wenn es sein muss, um jeden Preis und mit Gewalt. Für Jesus geht es nicht um diese Koppelung, auch nicht darum, ihre Verkehrung ins Gegenteil zu demonstrieren, d. h. nun das Unangenehme – sein Kreuz – zu erstreben und das Angenehme – das Herabsteigen vom Kreuz – zu meiden. Jesus geht es um etwas ganz anderes: *um ein Leben aus der Freiheit und Liebe seines wahren Selbst.*

Schon in Galiläa erfährt Jesus durch die Jerusalemer Schriftgelehrten und Pharisäer Ablehnung: Sie wollen ihn loswerden. Jesus wird sich darüber klar, dass er sich um seiner selbst und seiner Freiheit willen dieser Ablehnung stellen „muss“. Sonst würde er sich verlieren. Also zieht er nach Jerusalem hinauf und geht damit Schritt für Schritt in die wachsende Spannung hinein. In derselben Gesinnung der Treue zu seinem wahren Selbst und aus Liebe zu seinen Jüngern nimmt er Haft, Gericht und Verurteilung an, bis er völlig ausgespannt zwischen Himmel und Erde, zwischen Gut und Böse – dargestellt in den beiden Schächern – am Kreuz stirbt. Er sucht diesen Tod nicht, aber er weicht ihm auch nicht aus, als er auf ihn zukommt. Er lässt ihn geschehen in Vertrauen und Hoffnung auf seine Auferstehung.

Damit zeigt er uns den Weg zu unserem wahren Selbst. Jesus *war* sein wahres Selbst. Uns ist der Kontakt zu unserem wahren Selbst verstellt durch das falsche Selbst unserer Idiopolis, in der das Gesetz der Koppelung regiert. Die Zwänge und Muster dieser von uns unbewusst geschaffenen Welt sind uns weitgehend verborgen. Sie sind uns zu selbstverständlich, zu nah, zu vertraut, zu gewohnt, sodass wir sie nicht vor uns bringen und zum Objekt machen können. Das Selbstverständliche wird aber erkennbar, wenn es an eine Grenze gerät. Darum ist es so wichtig, im Gebet, in der Meditation für diese

20, 30 oder 60 Minuten Spannungen, Unangenehmes, Störendes, d.h. Grenzen aller Art, auszuhalten – wie Jesus, der nach Jerusalem hinaufgeht bis an die Grenze seines Kreuzes, wie Rumi, der vor keiner Widrigkeit flieht. Denn wenn ich an der Grenze nicht diese, sondern meine Resonanz auf sie und damit mich selbst in den Blick nehme, dann zeigen sich meine bislang verborgenen Glaubenssätze, dann entlarven sich die Bedingungen, die ich selbstverständlich meine erfüllen zu müssen, damit ich leben kann. Wenn ich sie loslasse, wenn ich annehme, mein falsches Selbst(-verständnis) sterben zu lassen, wie Jesus seinen Tod am Kreuz annahm, dann stellt sich das Gefühl ein, meinem wahren Selbst zu begegnen. Ich bin mehr zu der Person befreit worden, die ich in Wahrheit bin und zu sein begehre, und verkoste die Wonne, von der Rumi spricht. Diese Person ist ein psychisch besser integrierter Mensch, der die Aufgabe hat, die geschenkte Freiheit und den Besitz seines (wahren) Selbst zu bewahren, indem er das Gute tut, die Liebe lebt. Da das alte (falsche) Selbst, das Ego, nicht tot ist, muss er immer wieder an Grenzen aushalten, dabei das Gesetz der Koppelung durchbrechen und weitere Facetten des falschen Selbst sterben lassen. Daraus erwächst allmählich die Zuversicht, dass das wahre Selbst sich dem ewigen Grund aller Wirklichkeit verdankt und in ihm gründet und damit selbst ewig und unsterblich ist. Das wahre Selbst lebt in Gott. Es „ist von Gottes Geschlecht“ (Apg 17,28).

Zur 17. Woche: Über das Gefällige hinaus

Von Linji stammt das berühmte Zitat: „Wenn ihr Buddha trefft, tötet Buddha … Nur dann könnt ihr befreit sein. Lasst euch nicht von Dingen binden, dann werdet ihr frei und ungezwungen sein.“[73] M.a.W.: Hör auf, zu erwarten und zu erstreben, dass du Buddha triffst, also in der Meditation deine

73 In: Thich Nhat Hanh, Es gibt nichts zu tun. Die Zen-Unterweisungen des Meisters Linji, Berlin 2013, S. 57.

Sehnsucht verwirklicht wird. Sollte das doch einmal geschehen, halte daran nicht fest: Es ist ein Bewusstseinsphänomen und nicht mehr. Der wahre Buddha hingegen ist nicht ein Phänomen, nicht ein Objekt, sondern du selbst.

Deswegen folgt nichts daraus, ob ein Objekt angenehm, beglückend, erfüllend oder unangenehm, schmerzhaft, schwer erträglich ist, ob wir es positiv oder negativ bewerten. Macht sich der Meditierende mit dem Objekt zu schaffen, bleibt er an den Bereich der Bewusstseinsphänomene gekettet, aus dem die Meditation ihn erlösen will. Darum empfiehlt uns Linjis Text, sowohl das Positive als auch das Negative in der Meditation da sein zu lassen, sowohl das Gefällige als auch das Missfällige anzunehmen und die Spannungen auszuhalten, die dadurch hervorgerufen werden.

Das Evangelium nimmt zunächst einmal das uns übliche Denken auf: Da gibt es die uns Nahestehenden und Feinde, Gute und Böse, Gerechte und Ungerechte, die „Unsrigen“, die uns lieben und grüßen, und die „anderen“: Fremde, Menschen anderer Kulturen, Religionen und anderer politischer oder sexueller Orientierung, Personen mit Ressentiments uns gegenüber. Wie Linji geht auch das Evangelium über diese Unterscheidungen hinaus. Das Ziel des Menschen, im Grund aller Wirklichkeit gegründet zu werden, biblisch gesprochen: Sohn oder Tochter des Vaters im Himmel zu werden, ist sonst nicht zu erreichen. Denn Gott „lässt seine Sonne aufgehen über Bösen und Guten, und er lässt regnen über Gerechte und Ungerechte“. Er ist nicht die Summe der Gegensätze, sodass er gut *und* böse wäre, Licht *und* Dunkel. Er ist der Inbegriff der Güte und der Gerechtigkeit, der alle Gegensätze unterfasst, übersteigt und versöhnt, damit jeder Dualismus in der Einheit aufgehoben ist. Er ist in, unter, über mir *und* meinem Feind; in, unter, über den Unsrigen *und* den anderen; in, unter, über dem, was mir gefällt *und* was mir missfällt. Ja, ich brauche den Gegensatz zu mir, die Störung, das Missfällige. Sonst bleibe ich in meiner dualistischen Welt hängen, auch wenn ich sie poliere. Ich finde nicht hin zu dem Vater, der nicht identisch mit meinem Gefälligen ist, sondern es unterfasst und übersteigt. Wer daher Sohn oder Tochter dieses Vaters werden will, wer verwirklichen will, was er in seinem tiefsten Kern schon ist, für den ist das Aushalten von Spannungen jeglicher Art der Weg, auf dem er geöffnet wird für das Nichts reiner Gegenwärtigkeit, die alles durchdringt, unterfasst und übersteigt.

Zur 18. Woche: Meditation mündet nicht in eine Gipfelerfahrung, sondern in offene Bewusstheit

Für Spira ist das Wesen des Menschen reine Bewusstheit, und reine Bewusstheit ist auch das, wohin der Weg der Meditation führt. Die Meditation führt also nicht zu einer Erfahrung. Eine Erfahrung ist stets Erfahrung von etwas. Dieses Etwas begrenzt die Bewusstheit, sodass diese nicht mehr Bewusstheit, d.h. reines Gewahrsein, völlige Geöffnetheit, sein kann.

Vielen Menschen wird im Laufe ihres Lebens eine „Gipfelerfahrung" geschenkt. Der amerikanische Psychologe Maslow beschreibt sie als das Gefühl, das sich einstellt, wenn einem die ultimative Wahrheit, das Wesen der Dinge, das Geheimnis der Existenz gezeigt wird, als wäre der Schleier von unseren Augen weggezogen worden. Mit dieser Erfahrung scheinen alle Mühe und alles Streben zu enden, da sie alle Sehnsucht und alle Hoffnung erfüllt.[74] Infolgedessen könnte man meinen, das Letzte in der Meditation sei ein in Intensität und Dauer unendliches Gipfelerlebnis. Das ist aber nicht so. Auch eine überwältigende Erfahrung verblasst, wird Vergangenheit, an die man sich gelegentlich nur noch erinnern kann.

Das Letzte ist völlig geöffnetes Sein in Freiheit, eins mit allem, was ist, nicht in Verschmelzung, sondern in Unterschiedenheit. Solange diese Einheit aber nicht da ist – und das trifft für unser ganzes Leben zu –, fühlen wir uns immer auch getrennt; wir selbst und andere bleiben uns stets auch verschlossen. Gott wohnt in unzugänglichem Licht (1 Tim 6,16).

74 Abraham A. Maslow: Jeder Mensch ist ein Mystiker, Wuppertal 2014, S. 16f.

Dies hat für das Üben wichtige Konsequenzen:

- Suchen, Streben, Wollen beim Üben ist sinnlos, weil dabei nur „etwas" erreicht werden kann. So wird die reine Bewusstheit geradezu verhindert.
- Diese können wir nicht herstellen. Es bleibt uns daher nur, in der Übung bei dem zu verweilen, was ist, und immer wieder zu überprüfen, ob wir die Kraft unserer Achtsamkeit zurücknehmen und uns mehr entspannen können. Wenn wir sein lassen können, was ist – d. h. es da sein lassen, ohne uns damit zu beschäftigen –, dann kann sich die Aufmerksamkeit allmählich davon lösen und verwandelt sich in ein Gewahrsein, das sich mehr und mehr öffnet. Denn es ist nichts (nicht etwas) zu erreichen.

Das Evangelium schüttet Wasser in den Wein des guten Vorsatzes, treu zu üben und sogar die Zeit dafür auszudehnen: Schon immer sind die meisten Menschen im Alltäglichen aufgegangen. Essen und Trinken, Heiraten und Sich-Heiraten-Lassen, Arbeit, Freizeit, Reisen, Kaufen und Verkaufen, Feiern ... dienen ihnen dazu, die Langeweile und Leere des Daseins nicht zu spüren, eine trübe Stimmung zu vergessen oder gar nicht erst aufkommen zu lassen. Gerade weil die „Stunde des Menschensohnes" unbekannt ist, genügt es nicht, nur in der Meditationszeit zu „wachen". Wachsamkeit soll die das ganze Leben prägende Haltung werden. „Wachsamkeit" ist die prozessuale Einheit von Aufmerksamkeit und Offenheit, um die es auch in der Meditation geht: Ein Wächter darf sich in nichts verstricken lassen, nicht in seine Gedanken, nicht in seine Absichten, auch nicht in das, was seine Aufmerksamkeit beansprucht: Er verarbeitet es, um sich davon lösen zu können und wieder offen zu werden.

Zur 19. Woche: Der Weg zur „Seligkeit"

Der erste Abschnitt des Textes aus der Udānavarga schildert den trostlosen Zustand unseres Daseins, der zweite – „Ich kenne einen Ort ..." – als Negation des ersten, erweckt Hoffnung, die im vierten – „Dies ist das allerbeste Fundament …“ – eingeordnet und gewertet wird. Der dritte Absatz beantwortet die Frage danach, wie der Lichtblick aus der vorherigen Passage realisiert werden kann: „Wenn der Seher aus sich selbst heraus sein eigenes Sehertum erkannt hat“, d. h. der Seher seines Gewahrseins gewahr geworden ist. Er hat kein Bewusstsein von etwas, worauf er aufmerksam ist, wie es im ersten Abschnitt heißt, sondern er ist reine Offenheit. Zu dieser Offenheit stellt die gesammelte Konzentration aufs innere Selbst einen Widerspruch dar, der jedoch in der Einheit des Prozesses aufgehoben wird: Die Aufmerksamkeit aufs innere Selbst steht zunächst in Gegensatz zur Zerstreutheit, zum Leben im Dort und Dann und zum Verlust an Kontakt mit sich selbst. Daher ist Zuwendung zum inneren Selbst erforderlich. Und es ist Konzentration nötig, um gegen die Zerstreutheit im Wahrnehmen des von sich selbst Gespürten verweilen zu können. Die Kraft der Aufmerksamkeit kann zurückgenommen werden in dem Maß, wie das wahrgenommene Phänomen sich integriert und damit das innere Selbst sich öffnet. So entwickelt sich allmählich die Aufmerksamkeit zum Gewahrsein des Gewahrseins.

„Dann hat der Wahrnehmende zerbrochen die Schale, die das Ei umhüllt …“ Was für ein schönes Bild: Ein Küken durchbricht die Schale seines Eis, streckt den Kopf durch sie hinaus, bekommt eine Ahnung von der Welt „da draußen“ und wird in sie hineingezogen. So zerbricht auch der Wahrnehmende seine „entstandene, gemachte“, „unbeständige“, „abhängige“ Welt und findet in die wahre Wirklichkeit, das „allerbeste Fundament“, den „allerhöchsten Ort der Ruhe“, „den Ort von Erlösung und Unsterblichkeit“, an dem alle Sehnsucht zur Ruhe kommt.

Dass diesen Ort zu erreichen nicht ein methodisches oder gar nur technisches Problem ist, verdeutlicht der Text aus der Bergpredigt. Die Seligpreisungen beschreiben den Gebetsweg zur „Seligkeit“.[75] Das Wort „Seligkeit“ ist uns heute eher fremd. Es

75 Ausführlich dazu: Dickerhof: Vom Lieben und vom Sterben. Auf der Suche nach dem Kern des Christlichen, Würzburg 2021, S. 156ff.

meint eine Erfüllung, die anderer Art ist als die, die wir durch Essen und Trinken, Erfolg, Beischlaf, Geld oder Macht herstellen können. Wie sehr sich diese allesamt vergänglichen Glückserfahrungen von der wahren Erfüllung der Seligkeit unterscheiden, ist schon daran abzulesen, dass der Weg zur Seligkeit unter der Überschrift „Arm-sein vor Gott", d. h. Demut (1), steht und seinen Ausgang nimmt von der Grenzerfahrung eines Verlustes und der Trauer, die er im Gemüt der Betroffenen hervorruft. Verluste aller Art – an Jugend, Gesundheit, Wunscherfüllungen, Chancen, Beziehungen, Menschen ... – begleiten unser Leben. Die Betenden sollen einen erlittenen Verlust auch im Gebet wirklich betrauern, d. h. sich nach innen wenden und ihre Trauer erleben (2), sanftmütig alle deren Facetten fühlen, ohne diesen dadurch Gewalt anzutun, dass sie sie abwehren, einordnen oder manipulieren (3). Das erlittene Leid und die eigenen Anteile daran – Versäumnisse, Unvermögen, Grenzen, Schuld ... –, die sich im Prozess des Durchlebens der Trauer zeigen, lassen eine Sehnsucht danach aufkommen, dass nicht nur das alte Leben wiederhergestellt wird, sondern sich dessen Horizont so öffnet, dass in ihm Verlust und Schuld aufgehoben und versöhnt werden können (4). Diese Sehnsucht kann sich nur in einer Transformation der Trauernden erfüllen. Dafür braucht es ihren *barmherzigen und liebevollen Blick auf ihre innere Wirklichkeit hier und jetzt* sowie die Bereitschaft, sich diese einzugestehen (5): Dann beruhigt sich das Geschnatter die Situation beschwichtigen oder verändern wollender innerer Stimmen. Denn „es ist, wie es ist, sagt die Liebe"[76]. Manche Selbstverständlichkeiten des Welt- und Selbstverständnisses derer, die den Pfad der Seligpreisungen beschreiten, entlarven sich als Illusionen. Lassen sie sie los, kommen sie auf den Grund je ihrer und aller Wirklichkeit. Dieser befreit sie zu ihrem wahren Selbst und versöhnt sie. Der Weg der Seligpreisungen ist daher ein Prozess der Reinigung des Herzens (6). Das wirkt in doppelter Weise in den Alltag hinein: Da von Menschen mit

76 Titel eines 1983 erschienenen Buches des österreichischen Lyrikers Erich Fried.

geläutertem Herzen Ruhe ausgeht, können sie Frieden stiften (7) bei denen, die dafür empfänglich sind. Doch andere bringen sie gegen sich auf, weil sie anders leben (8): Sie halten unangenehme Gefühle aus, zumindest in ihrer Meditation, gestehen sich ein, wo sie ihr Leben auf Illusionen gründeten, sehen in Verlusten Chancen, kommen zum Glauben an einen Grund aller Wirklichkeit als unbedingte Liebe, auf den sie im Leben hören und in dem sie ihre Vollendung im Tod erhoffen. Damit haben sie jedoch ein „allerbestes Fundament“ im Leben, einen „allerhöchsten Ort der Ruhe“, einen Ort „von Erlösung und Unsterblichkeit“, wie die Udanavarga sagt.

Zur 20. Woche: Aufwachen zur Vergänglichkeit

Das Beispiel des guten Samariters ist wie eine Illustration von Dogens Lehrrede:

Zwischen Juden und Samaritern knirschte es; zuweilen flogen Steine. Die Samariter fühlten sich von den Juden abgewertet. Dennoch empfindet dieser Mann aus Samarien Mitleid mit dem unter die Räuber gefallenen Juden.

Er beweist Freiheit: Er ist wohl beruflich unterwegs und muss funktionieren. Dennoch lässt er sich stören, nimmt sich die Zeit, das Opfer des Raubüberfalls zu verbinden, zu transportieren, das Weitere zu regeln und sein Geld zur Verfügung zu stellen. Zugleich kann er sich abgrenzen: Er überlässt dem Wirt die weitere Versorgung.

Der Samariter erscheint als Mensch, für den Beifall oder Tadel oder die Aussicht auf Gewinn nicht ausschlaggebend sind. Nach Dogen besteht das Geheimnis dieser Haltung darin, „der Welt zu entsagen und den eigenen Leib fahren zu lassen“, d.h. vom Ego und von der eigentümlichen Welt, die es sich schafft, befreit zu sein. Die Voraussetzung dafür ist das *Erwachen zur Vergänglichkeit*. Natürlich wissen wir alle, dass wir einmal sterben. Aber solange wir leben und handeln, als wäre unser Dasein unendlich, solange uns scheint, dass nur die anderen alt und krank werden und dahinscheiden, wir selber aber irgendwie unverwundbar sind oder ein am Ende auftauchender Retter uns vor dem Schlimmsten bewahrt, sind wir nicht zu unserer Vergänglichkeit *erwacht*. Zur Vergänglichkeit erwachen bedeutet, die Furcht und das Entsetzen zu erleben, wenn man realisiert, dass der eigene Tod nicht an einem entfernten Ende stattfindet, sondern mein Sterben längst begonnen hat; dass die mir noch bleibende Zeit unaufhörlich verrinnt, wie der Sand im ohnehin schon teilweise geleerten Stundenglas; dass von mir auf dieser Erde nichts bleibt, was dann noch von Bedeutung für mich wäre; dass mein Körper aufhört zu sein; dass vieles von dem, womit ich meine Zeit verbringe, ohne Perspektive und bleibenden Sinn ist. Das Ego und seine Welt kommen um.

Diese Einsichten setzen bei den zu ihnen Erwachten enorme Kräfte frei. Sie können aufhören, vor allem in Vergangenheit oder Zukunft zu leben, und sehnen sich nach einer Gegenwärtigkeit, die Ewigkeit auszeitigt: ein berührbares Herz, gepaart mit einer Hilfsbereitschaft, die das Nötige tut und sich dabei doch auch zurücknehmen kann; eine innere Losgelöstheit von den Alltagsverpflichtungen und den gesellschaftlichen und politischen Strömungen der Zeit ... Wie der Samariter, der in dieser Welt keinen Namen hat, aber Ewigkeit ausprägt. Es lohnt sich, diese Gestalt zu betrachten und sich nahekommen zu lassen.

Zur 21. Woche: Sich seiner Gefühle bewusst werden

Auch dieses Evangelium, das ich wegen seiner Länge für die kurze Betrachtungszeit stark kürzen musste, illustriert den ersten Text dieser Woche. Alle Personen, die in ihm vorkommen, außer Jesus und dem Geheilten, bleiben auf das einmalige Geschehen der Heilung eines Blindgeborenen in ihren spontanen Reaktionen hängen.

Die Nachbarn schieben den Sehend-Gewordenen, nachdem er ihre Neugier befriedigt hat, überfordert weiter zu den zuständigen Fachleuten. „Aus den Augen, aus dem Sinn." Einige Pharisäer reagieren auf die Heilung immerhin mit der

Äußerung: „Wie kann ein sündiger Mensch [Jesus] solche Zeichen tun?“ Doch das war’s. Es bleibt bei einer Frage, die keine Antwort will, und bald ist die ganze Sache vergessen. Die inneren Bewegungen selbst, die dieser Frage zugrunde liegen und sich in ihr reflektieren – Staunen, Hilflosigkeit, Verunsicherung, Abwehr … –, werden nicht gehoben.

Andere Pharisäer überspringen ihr Inneres noch weiter: Sie identifizieren sich gleich mit der Schlussfolgerung, dass Jesus ein Sünder ist. Denn er hat am Sabbat gearbeitet, als er den Teig aus Erde und Speichel anrührte und dem Blinden auflegte, somit den Sabbat gebrochen. Also ist klar: Jesus ist ein Sünder. Die obenauf liegende Frage, „Wie kann ein sündiger Mensch solche Zeichen tun?“, lassen sie nicht an sich heran – aus Angst. Denn die Antwort – „nur wenn er tatsächlich von Gott kommt“ (V32f) – würde ihre Welt zum Einsturz bringen. Es kann aber nicht sein, was nicht sein darf. Die abgespaltene Angst macht eng und starr und spaltet die Gruppe der Pharisäer. Der Schuldspruch „der Heiler ist ein Sünder“ erzeugt einen gemeinsamen Feind draußen. Dieser lenkt die Aufmerksamkeit vom eigenen Herzen ab und dient dazu, nicht riskieren zu müssen, seiner Angst zu begegnen. Das Verdikt steht. Sind allerdings die persönlichen Beweggründe eines Urteils verborgen, steht dieses auf wackligen Füßen. Es muss abgesichert werden. Also verhören sie den Geheilten ein weiteres Mal mit dem Ziel, ihn dazu zu bringen, ihrer Ansicht beizupflichten.

Die Nachbarn und die beiden Pharisäergruppen, die die Zuwendung zu ihrem Inneren aus Oberflächlichkeit, Desinteresse oder Angst umgehen, bleiben in unserer Geschichte seltsam blass, statisch, mechanisch. Und der Geheilte? Als Einziger durchläuft er in unserem Text eine Entwicklung. Befragt, schildert er den „*horizontalen*“ Ablauf des Geschehens, je öfter, desto knapper und widerstrebender. Er scheint zu spüren, dass immer wieder dessen Chronologie, Umstände und Bedingungen zu rekonstruieren und zu reflektieren verhindert, die *Vertikale* zu ergründen: nicht nur Daten zu sammeln, sondern zu verstehen, was diese *eigentlich* bedeuten. Wenn man nur mit dem Herzen gut sieht, weil das Wesentliche für das Auge unsichtbar ist (so Saint-Exupéry in „Der kleine Prinz"), dann muss man sich diesem Herzen zuwenden und dessen Bewegungen ergründen, um das Wesentliche erkennen zu können. Für den Geheilten liegt dieses Wesentliche in der Begegnung mit Jesus. Dabei ist mehr geschehen als die Herstellung seiner Sehkraft. Wie kann er sich darüber klar werden? Näher am Geschehen als seine Gedanken darüber ist seine Resonanz darauf. Also wird er bei ihr achtsam verweilen mit dem Interesse, zu verstehen, was wirklich geschehen ist und wer sein Heiler ist. Die erste Idee, die aufsteigt – „ein Prophet" –, klärt sich angesichts der Einmaligkeit seiner Heilung und in Abgrenzung zu den Pharisäern zu der Überzeugung, dass der Heiler von Gott ist. Dass ihn in Jesus Göttliches berührt hat, dessen ist er sich derart gewiss, dass er seine Ausweisung aus der Synagoge in Kauf nimmt. Sie bedeutet seinen sozialen und wirtschaftlichen Ausschluss. Damit verliert er seine bisherige Zugehörigkeit und sein bisheriges Selbstverständnis – ein Schritt, den diejenigen, die sich für sehend halten, aber blind für sich selbst bleiben wollen, ihm aufzwingen, demjenigen, dem die Augen für sich selbst geöffnet wurden. Jedoch ist der Ausgestoßene nicht verlassen und verloren. Er findet sich in seinem geöffneten Selbst in der Gemeinschaft des Menschensohnes wieder, des wahren Menschen, der lebt, was es heißt, ein Mensch zu sein. Dieser ist nicht der selbstoptimierte Mensch, auch nicht der Mensch, der keine Erfahrung ausgelassen hat, sondern der Mensch, der Person geworden ist, der sich in Freiheit selbst besitzt und in Gott als seinem eigenen Grund gründet. Es fällt auf, dass das Evangelium nur Jesus und den Geheilten als „Menschen" bezeichnet. Für die Entwicklung zum Personsein müssen uns Blindgeborenen die Augen für uns selbst geöffnet werden, damit die Bewegungen des Herzens sichtbar und ergründet werden und uns zu unserem wahren Selbst führen können. Das ist die eigentliche Heilung, von der dieser Text erzählt.

Zur 22. Woche: Aushalten im Vertrauen

Delp hat diesen Text im November 1944 im Gefängnis geschrieben. Er musste in ständiger Furcht vor Prügeln und sonstigen Drangsalierungen leben. Etliche der Gefährten aus dem Kreisauer Kreis waren zu dieser Zeit schon hingerichtet worden. Er hatte mit dem gleichen Ende zu rechnen. Seinen Ängsten und Unsicherheiten konnte er in seiner Zelle nicht ausweichen: Womit hätte er die dunklen Gedanken und Gefühle aus seinem Bewusstsein verscheuchen können? Er ist „gezwungen", seine innere Wirklichkeit zu durchleben und dabei sich und seine Gefühle auszuhalten. Inmitten dieser „bösen Stunden" macht er die Erfahrung eines „Brunnenpunktes": Mitten im Elend öffnet sich ihm eine Quelle, aus der etwas Lebenspendendes in seinen Geist kommt. Das geöffnete Bewusstsein ist größer und umfassender als die dunklen Gefühle und Gedanken: Es löscht diese nicht aus dem Bewusstsein aus, sie werden zu einem Ton im Ganzen eines verschwebenden Rauschens. Der Brunnenpunkt schenkt ihm innere Freiheit: Sein Leben und seine Person sind in Wahrheit grenzenlose Weite. Diese Öffnung seines Bewusstseins kann er nicht herstellen. Sie ist Gnade.

Das Zulassen und Verweilen bei der inneren Wirklichkeit, also bei den Empfindungen, Gefühlen und geistigen Gegebenheiten, *disponiert* dafür, denn es lässt die Bindung der Aufmerksamkeit ab- und das Geöffnetsein zunehmen. Doch ist das Durchleben der inneren Wirklichkeit nicht die *Ursache* dieser Gnade. Diese hat keine Vorbedingungen, auch nicht völlige innere Stille und Leere. Sie ist immer da. Der Brunnenpunkt kann immer aufgehen und Anbetung und Liebe hervorrufen. Doch solange wir in unseren Kram *verstrickt* sind, können wir seine Mitteilung nicht empfangen.

Der Jesaja-Text scheint um die Erfahrung zu wissen, die Delp geschenkt wurde, da er zum Innehalten einlädt. Ebenso weiß er, dass die Flucht aus der Angst die Angst nur größer und mächtiger macht, sodass sie einen verfolgt und dabei „schnell sein wird". Aus Angst wird Panik. Da Flucht und Aktionismus selbstverständliche Reaktionen auf Angst sind, fordert Jesaja zu Umkehr und Ruhe auf. „Im Stillhalten und Vertrauen liegt eure Kraft.“ Das Innewerden braucht Vertrauen, um zu wagen, sich seine Empfindungen und Gefühle einzugestehen, wie sie sind, und in ihrer Wahrnehmung auszuhalten.

Die Erfahrung dieser Kraft ist keine Superwaffe, die zum Sieg über alle Widrigkeiten und zu einem endlosen irdischen Leben verhilft. Alle gehen wir unter, früher oder später, vielleicht schon heute, wer weiß. Aber diese Kraft verwandelt mich selbst: Sie öffnet das Bewusstsein dafür, dass ich Person bin, die aus einem absoluten Grund existiert und das vergängliche Dasein überragt. Das schenkt Hoffnung und ermöglicht zu tun, was zu tun ist.

Nach seiner Verurteilung zum Tod am 11. Januar 1945 schreibt Delp: „Bis jetzt hat mir der Herrgott sehr herrlich und herzlich geholfen. Ich bin noch nicht erschrocken und noch nicht zusammengebrochen. Die Stunde der Kreatur wird schon auch noch schlagen. Manchmal kommt eine Wehmut über mich, wenn ich an das denke, was ich noch tun wollte. Denn jetzt [durch die Erfahrungen von sechs Monaten Haft und einem Schauprozess] bin ich ja erst Mensch geworden, innerlich frei und viel echter und wahrhafter, wirklicher als früher. Jetzt erst hat das Auge den plastischen Blick für alle Dimensionen und die Gesundheit für alle Perspektiven.“[77] Am Nachmittag des 2. Februar 1945 wird er hingerichtet und sagt auf dem Weg zum Galgen zum Gefängnispfarrer: „Ach, Herr Pfarrer, in einer halben Stunde weiß ich mehr als Sie.“[78]

Zur 23. Woche: Heiße das Missfällige willkommen!

Wo im Leben können Entwicklung, Reifung, Wachstum stattfinden? Dort, wo alles seinen gewohnten Gang geht und al-

77 A. Delp: Im Angesicht des Todes. Hrsg.: Paul Bolkovac SJ, Frankfurt am Main [9]1965, S. 227.

78 Roman Bleistein: Alfred Delp. Geschichte eines Zeugen, Frankfurt am Main 1989, S. 408.

les störungsfrei abläuft, wohl kaum. Entwicklung, Reifung, Wachstum finden an den Grenzen statt; dort, wo eine Störung des Gewohnten mich aus dem Tritt bringt oder mein Streben erfolglos bleibt. Die Grenze des Gängigen kann in einem großen Glück bestehen oder in einem harten Verlust. Sie zu bewältigen ist schwer. Verliebtheit bringt mein Leben ebenso durcheinander wie Trennung oder Krankheit.

Rumi sieht *jede* Grenzerfahrung als einen „Führer von oben" an, der meine Bestimmung wachhält. Ich soll im Leben die Person werden, die ich wirklich bin, mein wahres Selbst, das offene Bewusstheit ist, verankert im Jenseits von Zeit und Raum und Objekt. Das ist so schwer zu verstehen, dass dieses wahre Selbst „ist" und nichts mit dem Haben von was auch immer zu tun hat, ob Geld oder Ansehen, Macht oder Gefühle, Wünsche, Gedanken. Um das zu lernen, „heiße alle Bewusstseinsphänomene willkommen", „behandle alle mit Respekt". M. a. W.: Versuche nicht, sie zum Verschwinden zu bringen, sondern nimm sie als deine Gäste auf, die bleiben dürfen, solange sie wollen. Lasse dich auf sie ein, öffne dich ihnen, lebe mit ihnen, damit sie dich deiner Bestimmung zuführen.

Das im Evangelium für die Mahlgemeinschaft Gesagte gilt auch für die Gemeinschaft mit Gott und damit auch für Gebet und Meditation: „Hochzeit" ist das Einswerden mit dem/der Geliebten, das nur der Demütige erreichen kann. Das gilt für das Einswerden mit dem menschlichen Partner und für das Einswerden mit Gott. Demut hat nichts Unaufrichtiges an sich. Sie hat nichts mit Selbstabwertung oder inszeniertem Sich-Kleinmachen zu tun. Demütig wird, wer sich seine Wahrheit eingesteht, die sich ihm im Zulassen und Durchleben seiner inneren Bewegungen zeigt und in deren Loslassen er zu einem versöhnten und liebenden Menschen wird. Wer beim Beten oder Meditieren glaubt, ein toller Kerl zu sein, weiß Gott wie fortgeschritten, wer sich auf seine Erfahrungen etwas einbildet, sie sich gutschreibt und seine Identität darauf baut, der verkennt die Lage radikal. Er erweist sich dadurch als wahrer Bürger seiner Eigenwelt (Idiopolis), aus der der wahre Beter mehr und mehr befreit wird.

Während das erste Gleichnis Jesu dazu auffordert, nicht seine Bestätigung zu suchen, geht das zweite noch einen Schritt weiter. Jeder Mensch hat seine vertraute Welt mit seinen „Brüdern, Verwandten und reichen Nachbarn“; natürlich sind da auch „Arme, Verkrüppelte, Lahme und Blinde“, aber sie gehören eigentlich nicht dazu. So ist es auch in der Welt der inneren Impulse, der sich der Beter zuwendet. Es gibt die vertrauten und gewohnten neutralen Impulse. Es gibt Impulse, die eine Befriedigung, einen Trost, ein Wohlgefühl verheißen. Und es gibt die unangenehmen, störenden Impulse, die der Beter nicht haben will. Nun mahnt uns das Gleichnis, uns diesen Letztgenannten zuzuwenden. Das ist ein Gebot der Wahrhaftigkeit, mit der die Meditation steht und fällt, das aber nicht so leicht einzuhalten ist, weil wir ganz selbstverständlich lieber nach oben schauen und streben, dorthin, wo für uns die Wonnen sind und die Sehnsucht erfüllt wird, sodass mein Erbärmliches, ohne dass ich mir dessen wirklich bewusst bin, auf der Schwelle meines Bewusstseins unbeachtet im Schatten liegen bleibt. Dieser „Schatten“ darf durchaus im Jung'schen Sinne verstanden werden als das, was meinem positiven (naiven) Selbstbild und meinem von Mustern geprägten Verhalten entgegensteht. Um den Empfehlungen der Texte dieser Woche zu folgen, ist es also ratsam, sich während des Meditierens gelegentlich an den Rändern des Bewusstseins umzuschauen, ob dort „arme“ Impulse herumliegen, um diese dann ins Bewusstsein einzuladen und dort gegenwärtig sein zu lassen. Sie sind nicht die Meditationsgegenstände, die man sich wünscht. Sie sind armselig und ernüchternd. Wenn ich mich ihnen jedoch zuwende, verheißt mir Rumi „Platz für neue Wonnen“ und Jesus Glückseligkeit, „weil sie nichts haben, um dir zu vergelten“. Der Dank liegt also auf einer ganz anderen Ebene als jede mögliche Vergeltung und jedes Glück in meiner Welt. Er sprengt diese auf. Er ist meine „Auferstehung als Gerechter“, die Verwandlung in mein wahres, in Gott gegründetes Selbst.

Zur 24. Woche: Gefühle fühlen

Bevor Gefühle „beruhigt“ werden können, müssen sie erst einmal gefühlt werden. Das ist nicht so einfach, weil den meisten Menschen das Fühlen ihrer Gefühle ausgetrieben wurde: „Ein Mann weint nicht!“ „Reiß dich zusammen!“ „Heulsuse!“, „Wie's da drinnen aussieht – bei den Gefühlen –, geht niemanden was an!“ „Bleiben wir doch sachlich!“ ... Der Preis dafür ist, dass die nicht gefühlten Gefühle das Denken imprägnieren und das Verhalten steuern, ohne dass dies einem selbst klar ist. Nehmen wir beispielsweise an, ich bin traurig, d. h., ich habe den Gedanken: „Ich bin traurig.“ Wie komme ich dazu? Für einen Moment muss ich ein *Gefühl* gespürt haben, das im Gedanken „Ich bin traurig“ reflektiert wird. Bleibt nun das Fühlen dieses Gefühlsimpulses links liegen, macht sich eine automatische gedankliche Beschäftigung mit der Traurigkeit breit. Sie versucht, deren Ursachen zu ergründen, sie einzuordnen und zu planen, was gegen sie unternommen werden könnte. So wie Personen, die sich in einem stark verrauchten Zimmer aufhalten, alle nach Rauch stinken, „riechen“ die von der Traurigkeit ausgelösten Gedanken in gleicher Weise alle nach Traurigkeit. Entsprechend traurig fallen auch die Reaktionen nach außen aus.

Wenn Gefühle nicht erlebt werden, dann können sie sich nur schwer verändern: Der Übende bleibt lange in den von einem Gefühl eingefärbten Gedanken hängen, die ihrerseits dieses Gefühl am Leben erhalten: Traurige Gedanken machen traurig, wütende Gedanken wütend, von Angst getriebene Gedanken erzeugen Panik. Schlimmer noch: Wer sich nicht seinen inneren Bewegungen zuwendet, kann sich nicht als Person entwickeln und bleibt im Gefängnis seiner Idiopolis sitzen.

Wer daher in innerer Freiheit leben will, muss aufmerksam werden für das, was in seinem Bewusstsein abläuft, und insbesondere seine Gefühle fühlen. Von selbst geht das aber nicht. Es muss regelrecht geübt werden.

Was hilft nun, Gefühle zu meditieren?

1. Während der Meditation, insbesondere, wenn sie unruhig, langweilig, unbefriedigend, dösig etc. ist, hinspüren mit dem Interesse: Was spüre ich von mir hier und jetzt eigentlich? Was empfinde ich? Wie fühle ich mich? Wie bin ich gestimmt? Manchen hilft dabei die grobe Klassifizierung: schlecht – froh – traurig – wütend. Dann verweilen bei dem, was ich merke.
2. Themen, Szenen, Bilder, die beim Meditieren immer wieder ins Bewusstsein kommen, sowie Gedanken, die so „klebrig" sind, dass man sie nicht loswird, ja sie gar nicht loswerden will, könnten mit Gefühlen verbunden sein, die noch nicht genügend bewusst sind. Also spürt der Übende hin, wie es ihm geht, wie er sich fühlt, während er gedanklich mit diesen Themen, Szenen, Bildern beschäftigt ist.
3. Gefühle kommen oft zunächst nicht so daher, wie der Meditierende sie sich vorstellt. Wenn er sein Inneres also nach seinen Vorstellungen von Gefühlen absucht, findet er möglicherweise nichts: Da ist nichts, was der Trauer, der Freude, der Angst entspricht, die er sich vorstellt. Wenn er aber bei seiner Suche auf ein ungestaltetes, dumpfes Etwas in seinem Inneren trifft oder auf eine Körperempfindung, soll er dabeibleiben. Möglicherweise entbindet sich daraus ein Gefühl.
4. Körperempfindungen können sich auf Gefühle hin öffnen, wenn die Aufmerksamkeit bei ihnen verweilt. In der Tat kennt unsere Sprache „die Wut im Bauch", „den Kloß im Hals", „die Angst im Nacken" … Bleibt der Übende bei solchen Empfindungen, kommt er möglicherweise dazu, auch seine Wut, seine Trauer, seine Angst zu fühlen.
5. Das Verweilen im Fühlen ist vor allem anfangs stark verwoben mit Gedanken, die das Gefühl hervorruft. Denn Gefühlserleben und Denken sind als die zwei Seiten der einen Münze Emotion eng miteinander verbunden. Das Denken der vom Gefühl imprägnierten Gedanken und das Fühlen des Gefühls sind natürlich zwei verschiedene Paar Stiefel. Dennoch ist es nicht einfach, sie auseinanderzuhalten. Hier hilft nur eins: immer wieder hinzuspüren mit dem selbst-

kritischen Interesse: Denke ich gerade mein Gefühl oder erlebe, spüre, fühle ich tatsächlich mein Gefühl? Wer Geduld hat, wird die Unterscheidung langsam lernen.

„Gute", angenehme Gefühle möchten wir natürlich gerne haben. Wenn sie sich einstellen, möchten wir sie festhalten, weil wir uns über das Ende des Meditationsweges täuschen: Wir glauben, er bestehe in der gesteigerten Erfahrung eines schönen Gefühls. Aber so ist es nicht. Das Ende liegt vor oder jenseits aller Erfahrung.

Bei „negativen" Gefühlen kommt die Angst auf, von ihnen wie von einem brechenden Staudamm mitgerissen und überschwemmt zu werden. Dann kann helfen

- die eigene *Bereitschaft*, sich der Wahrheit dieses Teils seiner Person zu stellen, wenn nun die Zeit dafür reif geworden ist;
- was das Evangelium sagt: *Setz dem „bösen" Gefühl keinen Widerstand entgegen.* Gestehe es dir ein, lasse es da sein, *nimm es an*! Das ist eine sehr große Aufgabe, ein Kampf, der sich lohnt, gekämpft zu werden. Ich muss mir klarmachen, dass ich kein Anrecht darauf habe, ohne Schmerzen oder ohne „böse Gefühle" durchs Leben gehen zu können. Wenn sie auftauchen, muss ich sie nehmen, statt sie zu bekämpfen. Sie sind ein Teil des Lebens. Ich höre auf, mir das Gefühl vom Leib halten zu wollen, und gebe ihm Raum: Ich lasse es mich ausfüllen, ich „werde" dieses Gefühl. Gerade so gehe ich nicht darin unter;
- das Gefühlserleben *mit dem Atmen zu verbinden*: der Atem, der von selbst kommt und geht, relativiert und beruhigt die Gefühle, und die Verbindung macht das Bewusstsein weiter: Es ist nicht nur dieses Gefühl, sondern auch das, worin das Gefühl erscheint;
- sich immer wieder einmal zu *überprüfen*, ob ich das unangenehme Gefühl wegbekommen möchte, statt es mir einzugestehen; ob ich es z. B. weg-atmen oder weg-konzentrieren will; ob ich mich bei der Meditation zu sehr anstrenge, ja verkrampfe, statt mich zu entspannen; ob ich im Nach-

denken darüber hängen bleibe, statt es unmittelbar zu erleben;

- sich die *Freiheit* zu erlauben, die Kraft kostende Meditation eines intensiven Gefühls zu beenden, indem man sich davon bewusst verabschiedet im Wissen, dass es da ist, und die eigene Fähigkeit würdigt, es mit ihm ausgehalten zu haben. Dann verändert man die Sitzposition – am einfachsten ist es aufzustehen – und meditiert das Atmen an der Stelle des Körpers, an der es gut zu spüren ist.

Jede Minute, in der es gelingt, ein Gefühl zu meditieren, also es auszuhalten und zu erleben, stärkt die Person des Meditierenden und trägt dazu bei, zu erkennen, ob das Gefühl mir etwas offenbaren will und was das ist, und dies ggf. allmählich zu integrieren und sich dabei verwandeln zu lassen.

Zur 25. Woche: Die Erfahrung unbedingter Liebe

Wie um alles in der Welt kommt Caussade dazu, den „dürren und trockenen Weg“ im Gebet zu empfehlen? Nun, die bleibende Erfüllung, zu der uns das Sein vor Gott führen will, ist keine Erfahrung von Glück, wie wir sie uns vorstellen; sie ist ja nicht einmal eine Erfahrung. Um also offen für die Erfüllung zu werden, die bleibt, müssen wir üben, unsere Vorstellungen davon und das Streben danach loszulassen, um in diesem Sinn selbst-los zu werden. Ermutigt durch den vorhergehenden Trost, ist die „trockene“ Gebetszeit die Einladung dazu, die Tugend dieser Selbstlosigkeit zu erlernen: nicht die eigene Befriedigung in der Übung zu suchen und darin sich selbst und die Bestätigung seines Egos. Die Entkoppelung vom Ego ist es, die für die Nicht-Erfahrung der Erfüllung disponiert.

Ähnlich paradox ist der zweite Text, in dem Paulus seinen „Stachel im Fleisch“ rühmt, den er zunächst unbedingt loswerden wollte. Vielleicht meint er damit die schwere Krankheit, die er gegenüber den Philippern einmal erwähnt. Aber genau wissen wir das nicht. Jedenfalls hat Paulus gegen diesen Stachel gelöckt, wie auch wir uns gegen das Trockene und Stachelige in unserem Leben richten, gegen eine unbefriedigende Partnerschaft, eine verweigerte Beförderung, einen verpatzten Urlaub, gegen Krankheit oder den Verlust eines geliebten Menschen. Aber das Loswerden funktionierte nicht. Es war auch nicht im Sinne Gottes. So musste Paulus lernen, mit seinem Stachel zu leben, und das hat seine Einstellung um 180 Grad verändert: Er rühmt sich nun seiner Schwachheit und kann seine Ohnmacht, alle Misshandlungen und Nöte, Verfolgungen und Ängste ertragen; „denn, wenn ich schwach bin, dann bin ich stark". Ein unerhörter Sinneswandel, eine ungeheure Stärkung der Persönlichkeit.

Den Sinn des Stachels sieht Paulus darin, dass er sich wegen seiner außerordentlichen Gebetserfahrungen nicht überhebt. Wäre das denn so schlimm? Freilich, er würde dann auf andere herabblicken, die solche Erfahrungen nicht haben. Das ist nicht schön, verheerend ist aber etwas anderes: Er würde seine besonderen Gebetserfahrungen sich selbst gutschreiben und sie damit nach dem Muster deuten, das wir als Kinder gelernt haben: Wenn du deine Sache gut machst, wenn du dich anständig verhältst, wenn du lieb bist ..., dann sind die Eltern lieb zu dir. Das ist der Boden, aus dem Überzeugungen sprießen wie „Nichts ist umsonst", „Wer etwas haben will, muss dafür zahlen", „Geben und Nehmen müssen sich ausgleichen", „Wer sich nicht attraktiv macht, gehört nicht dazu". In Beziehungen erfüllt der eine die (vermeintlichen) Erwartungen des anderen und erwartet dafür Zuwendung, Hilfe, Liebe als Lohn. Eine solche Liebe ist dann letztlich *unser* Verdienst, der Lohn für unsere Mühe und unsere kunstvolle Manipulation des anderen. Dieses Muster übertragen wir auf Gott: Wir strengen uns an, um „gut" zu sein, „gut" zu meditieren, „gute" Werke zu tun („gut" – wie wir uns das vorstellen), und dafür soll der Allerbarmer mit seiner Liebe und der Erfüllung unserer Wünsche zahlen. Es gilt dann das gewohnte Motto: Wenn ich die Bedingungen des anderen erfülle, „schenkt", d.h. schuldet, er mir seine Bejahung. So ist die Welt, und so glauben wir, die wir als Kinder dieser Welt eine Mentalität von Tagelöhnern entwickelt haben, dass auch die Wirklichkeit ist. Aber die Wirklichkeit ist radikal anders. Sie ist dem Denken der Welt eben um 180 Grad entgegengesetzt. Und der wahre Mensch hat keine Sklavenmoral, sondern ist ein Freier, ein Edler.

Die bedingte Liebe der Welt ist nämlich nicht das, was wir im Tiefsten erhoffen. Wir ersehnen eine Bejahung, die unbedingt ist. Unsere tiefsten Wunden heilen kann nur sie. Wir möchten gesehen und gutgeheißen werden, so wie wir sind, ohne dass wir uns verstellen oder verändern oder sonst irgendwie dafür zahlen müssen. Aber gleichzeitig verhindern wir diese unbedingte Liebe, die sich ja nur dort als solche erweisen kann, wo der Tagelöhner nicht mehr in der Lage ist, seinen Job zu machen. Dort also, wo wir zu schwach und hilflos sind, um einen missliebigen Zustand zu verändern. Das ist die Situation, von der Paulus spricht: ein Stachel, den er nicht haben will, und er selbst unfähig, ihn loszuwerden. Und genau da wird Paulus von Gottes unbedingter Liebe getroffen: „Meine Gnade genügt dir." Welche Befreiung aus den Klauen all jener Einflüsterungen, ein solcher Stachel dürfe nicht sein! Welche Ermächtigung, zu sein, wie man ist! Der Ort der Schwäche, der Schuld und des Versagens, der uns für die bedingte Liebe unserer Mitmenschen disqualifiziert, wird zum heiligen Boden unbedingter göttlicher Bejahung. Daher vollendet sich die Kraft Gottes in der Schwachheit. Daher sind Grenzen die Chance, die unbedingte Liebe zu erfahren, die uns heilt. Ich muss nicht gegen die Grenzen anrennen, die sich mir in den Weg stellen. Es ist nichts falsch an meiner unruhigen oder langweiligen Meditation. Es ist nichts falsch, wenn ich Stacheliges in meinem Leben erleide. Also lasse ich es sein, mich dagegen anzustrengen, gestehe mir den Stachel ein und halte bei ihm aus, so gut ich kann, geduldig und unverkrampft. Und irgendwann wird auch mir zuteil, wovon der heilige Ignatius am Schluss seiner Geistlichen Übungen in der „Betrachtung zur Erlangung der Liebe" spricht: die Schau, „wie alle Güter und Gaben von oben herabsteigen, etwa meine bemessene Macht von der höchsten und unendlichen von oben und genauso Gerechtigkeit, Güte, Freundlichkeit, Barmherzigkeit usw.; so wie von der Sonne die

Strahlen herabsteigen, vom Quell die Wasser usw." (GÜ 237). So steigen die Liebe, die Würde, die Selbstachtung, das Aufgerichtetsein, die Freiheit zu mir herab, so dass ich bin, der ich bin – ohne Wenn und Aber.

Zur 26. Woche: Das Verschwinden des Objekts

Spira weist darauf hin, wie wichtig es bei der Meditation ist zu üben, jegliche Absichten aufzugeben, sobald man bemerkt, dass die Meditation von einer solchen geleitet wird. Erkennen-Wollen und Streben richten die Aufmerksamkeit auf ein Objekt. Dieses Etwas begrenzt die Bewusstheit, indem diese sich darauf fokussiert. Das gilt auch, wenn ich meine Bewusstheit erfassen will. Dann erkenne ich das „Etwas" meiner Bewusstheit und mache es zu meinem Meditationsgegenstand, der aber nicht meine Bewusstheit ist. Erkenntnis der reinen Bewusstheit, der Bewusstheit als solcher, ist Erkennen ohne Objekt und ohne Subjekt, ist Nicht-Erkennen, ist Sein, bewusst und geöffnet.

Damit der Geist kommen kann, muss auch Jesus als Gegenüber, als „Objekt" seiner Jünger „verschwinden". Sich mit dem Objekt beschäftigen, darüber nachdenken, es zu verstehen suchen, etwas tun, statt sich selbst zu gewahren, verhindert die Ankunft des Geistes. Eine harte Aussage! Viele Menschen haben davon keine Ahnung. Sie glauben, wenn sie sich mit Jesus, der Bibel und den Heiligen beschäftigen und alles über sie wissen, wenn sie theologische Werke lesen oder den Katechismus auswendig kennen, dass sie darin das Wesentliche des Glaubens erfassen und weit fortgeschritten sind. Ein Irrtum, dem auch mancher Theologe erliegt. Der Geist kann nur kommen, wenn sich die Aufmerksamkeit nach innen richtet, auf die Wirkung, die die Beschäftigung mit Jesus auslöst, m. a. W.: wenn die eigene Person mit Jesus in Beziehung tritt und sich von ihm berühren lässt. „Nicht das Vielwissen sättigt die Seele, sondern das Verkosten der Dinge von innen her", lehrt uns Ignatius. Um dies den Jüngern zu ermöglichen, geht Jesus fort. Und er verlässt sie in einer Weise, die so starke Gefühle auslöst, dass die Jünger nicht anders können, als nach innen zu schauen und sich ihren Gefühlen zu stellen. Wir wissen das schon: Das ist der Beginn des Aufgehens der Wahrheit, mit dem der Geist aufs Engste verbunden ist.

Der Geist wird „euch in der ganzen Wahrheit leiten", sagt Jesus, „er wird von dem, was mein ist, nehmen und es euch verkünden". Was ist das Jesuanische? Dass der Weg zum Leben durch das Durchleben des Kreuzes, des Störenden, der Grenze führt, so wie eine Frau nur durch Schmerzen hindurch neues Leben gebären kann. Dieser (Geburts-)Prozess des neuen Lebens manövriert uns an den Rand eines Abgrunds, eine Situation, die wir nur in kleinen Dosen ertragen können. „Noch vieles habe ich euch zu sagen, aber ihr könnt es jetzt nicht tragen." Für das Aufdecken unserer uns unbewussten, der Wirklichkeit widersprechenden und lebensfeindlichen Glaubenssätze braucht es die rechte Zeit und von unserer Seite die Bereitschaft, jene loszulassen, d. h. nicht nur am Rand des Abgrunds zu stehen, sondern sich in den Abgrund hineinfallen zu lassen. Wagen wir das, dann offenbart sich uns die weitere Wahrheit, dass, was wir für sicheren Boden hielten, Gefangenschaft in Entfremdung, Unerfülltheit und Vergänglichkeit ist, und der Abgrund, in den wir stürzen, der Grund aller Wirklichkeit, die transzendente Welt, in der wir zu unserem wahren Selbst befreit und mit Freude, Frieden und Liebe erfüllt werden.

Zur 27. Woche: Das Mysterium der Grenze

Rumis heftige Reaktion auf seinen klagenden Freund wirkt zunächst befremdlich, ja fast abstoßend. Der Mann ist doch schon durch Armut und Unglück genug geschlagen, jetzt lässt Rumi ihn allein und kündigt ihm außerdem noch die Freundschaft auf; derselbe Rumi, für den Liebe das Wesen des Universums ist, der diese Liebe so oft und so bewegend besingt …

Oder lässt sich Rumis Reaktion als Liebe deuten? Wenn wir sie so zu verstehen suchen, dann lautet die erste Feststellung, dass es aus Rumis Sicht für den Freund jetzt um alles oder nichts geht; deshalb tritt Rumi so massiv auf. Er möchte, dass der Freund zur Besinnung kommt. Es bleibt ja auch nicht bei Konfrontation und Grenzziehung: Rumi schiebt eine Einladung nach: „Komm, werd' wie ich, o du von reinem Antlitz! Streb nicht nach Reichtum oder schönem Leben ..." Er möchte, dass der Freund sich weder in selbstmitleidiges Klagen noch in Kompensationen verstrickt, sondern seine Drangsal und sein Unglück annimmt. Denn das Annehmen des Elends ist die Schlüsselstelle im Leben. Hätte der Teufel sie gemeistert, wäre aus ihm nicht der Teufel, sondern ein König der Hingabe und ein Bannerträger des Vertrauens geworden; schließlich sind Vertrauen und Hingabe nötig, um diese Schlüsselstelle zu bewältigen. Sie ist der Ernstfall des Islam. Denn „Islam" bedeutet wörtlich „sich ergeben" in den Willen Gottes, „sich unterwerfen" unter Gott, „sich hingeben" an Gott.

Rumi verdeutlicht diese Schlüsselstelle an zwei Beispielen: Manchmal geschieht es, dass einem das Herz aufgeht und man von Liebe überflutet wird, der Moslem zum Propheten, der Christ zu Jesus, und beide gestehen ihren Geliebten ihre Liebe. Das ist schön und erhebend. Was aber ist der Ernstfall dieser Liebe? „Tritt vor und sei bereit, Prüfung auf Prüfung zu erdulden", antwortet Rumi seinem Glaubensbruder. Ähnliches gilt auch für den Christen, der einem Jesus nachfolgt, der viele Prüfungen (Lk 22,28) zu bestehen hatte, die letzte am Kreuz.

Oder was heißt es, wenn Muslime und Christen Gott als Herrn bekennen? Ja, was bedeutet das!? Darüber lohnt es sich, einen Moment nachzudenken. Hiob, der alles verliert, Kinder, Vieh, Besitz, ist überzeugt davon, dass, wie wir das Gute von Gott bejahen, wir auch das Böse annehmen sollen (Hiob 2,10). Rumi noch kürzer: „Elend zu ertragen" – das ist der Kern der Unterwerfung unter Gott. Ähnlich der Buddha: Geduldiges Ertragen ist das überragende Mittel zur Reinigung des Geistes (Dhammapada 184; siehe 11. Woche).

Liebe zu Gott und die Anerkennung Gottes als Herrn treffen sich in der Aufgabe, anzunehmen, was das Leben einem bringt, auch das Elend. Denn Sich-Annehmen im Elend ist Aufgehen eines neuen Horizontes unbedingter Bejahung der Person. Darin eröffnet sich eine von egoistischen Motiven gereinigte Handlungsperspektive, die zu einer Person und Situation entsprechenden sachgerechten Lösung ermächtigt. Wenn der vom Elend Betroffene im Klagen oder im Aktionismus hängen bleibt, verhindert er die Chance, geöffnet zu werden, die nur im Elend einer Grenzsituation besteht. Die Öffnung für den Empfang göttlichen Seins ist für den Menschen, der in seinem Leben halb blind auf dem schmalen Grat zwischen Dasein und Nichtsein entlangtorkelt, ein so überragendes Geschehen, dass Rumi das Elend, aus dem es erwächst, als *Gabe* ansieht, „die Gott jenen zuteilwerden lässt, die ihn lieben".

Wow! Das muss man erst einmal bei sich ankommen lassen. Elend als Geschenk, das Erleuchtung und bleibende Erfüllung evoziert. Können wir das glauben? Ist das nicht auch der Grundton des Evangeliums, der uns z.B. in der Seligpreisung der Armen, der Heilszusage an die, die sich ihres Versagens bewusst sind, dem Kleinwerden wie Kinder und der Passion des wahren Menschen begegnet? Sollten wir nicht wenigstens die Möglichkeit im Hinterkopf behalten, dass Grenzsituationen Chancen sind?

Vorne im Kopf ist natürlich der Wunsch, dass wir von Elend verschont bleiben, dass alles bleibt, wie es ist, außer dass es immer besser wird. Wir möchten eigentlich mehr vom Selben. Wohin uns dieses Streben gebracht hat und bringt, sehen wir heute: „Mehr von Wohlstand" stürzt die Erde in den Abgrund, „Mehr von Globalisierung" macht die Versorgung mit Energie, Medikamenten, Getreide ... störanfälliger und begünstigt Pandemien. „Mehr vom Selben" ist Teil des Problems. In die Resonanz eines Problems hineinzulauschen, überwindet die Dynamik des „Mehr vom Selben" und disponiert zu den echten Lösungen, die wir heute brauchen. Die technisch-organisatorischen Umwandlungen kommen wohl zu spät, um die Klimakatastrophe zu verhindern. Wir brauchen soziale und spirituelle Lösungen, die den Menschen helfen, auf einem durch die Erwärmung und Ausbeutung der Erde feindlicher werdenden Planeten ein sinnvolles, solidarisches Leben in Würde zu führen.

Als ein Mensch „von reinem Antlitz“, der eins ist mit Gott, erscheint Jesus im Evangelium. Während der Hohe Rat sich daran abarbeitet, einen Grund zur Verurteilung Jesu mithilfe falscher Zeugen zu finden, schweigt Jesus zu alldem. Direkt befragt, ob er der „Messias, der Sohn des Hochgelobten“ sei, antwortet Jesus mit „Ich bin es“. Da er jedoch den Titel „Messias“ stets für sich abgelehnt hat, erklärt Jesus mit folgenden Worten, *wer* er ist: „Und ihr werdet den Menschensohn zur Rechten der Macht sitzen und mit den Wolken des Himmels kommen sehen.“ Er sieht sich damit als der im Danielbuch (7,13f) verheißene Menschensohn, der auf den Wolken des Himmels daherkommt und Zugang zu Gott hat. „Menschensohn“, das ist einfach der Mensch schlechthin, der sein Personsein vollendet hat; der Mensch, wie er von Gott gedacht und gewollt ist. Dieser wahre Mensch kann nicht anders sein, als dass er aus seinem Grund lebt. Er *ist*, er steht im Sein. Der Hohe Rat versteht das nicht, will es nicht verstehen. Für ihn sind Jesu Worte eine Lästerung Gottes, für die Jesus schuldig gesprochen wird und sterben muss.

Ohne die Annahme des Elends, das im Leben auf uns zukommt, werden auch wir nicht verstehen können, dass die Existenz des Menschen und seine Bestimmung so unendlich und unvorstellbar viel mehr sind als sein irdisches Dasein und irdische Sinngebungen und dass die Wirklichkeit etwas anderes ist als die Welt der Vorstellungen, die wir aus ihr erbauen und jene damit verstellen. Die wahre Wirklichkeit ist ein All, in dem der Geist der Freiheit weht, durchflutet von Licht und erfüllt von unbedingter Liebe.

Zur 28. Woche: Vorrang des Empfangens

Die beiden Texte sind knifflig. Untersuchen wir also, wo der im ersten Text der 28. Woche zitierte Schüler und der Mann im Evangelium, der das ewige Leben sucht, recht haben oder wo sie sich irren.

Der Schüler hat recht, wenn er glaubt, dass das Gesuchte, der Buddha, nicht außerhalb seiner selbst zu finden ist und daher ein Suchen außen vergeblich ist. Der Buddha – das ist er selbst, das stimmt. Aber er muss erst noch werden, wer er ist. Der Schüler *sucht* seine Buddhaschaft zu verwirklichen, indem er seinem Wesen gemäß Gutes und Böses tut. Also sucht auch er. Doch ist seine Methode unzureichend. Da ihm das Innehalten fehlt, das ihn seinem wahren Selbst begegnen lässt, kann er Gut und Böse nur nach den Vorstellungen seines Egos beurteilen; so trifft sein Urteil daneben.

Hingegen verhält es sich mit der Übung des Innehaltens so: Ich mache sie, weil ich Sehnsucht habe. Für die Übung setze ich Willen und Disziplin ein. Sobald ich aber sitze, besteht die Übung darin, Absicht, Suchen und Wollen aufzugeben. „Das Sitzen selbst ist Nicht-Tun. Es ist genau die wahre Gestalt des Selbst. Darüber hinaus gibt es nichts, was als Buddha-Dharma zu suchen wäre." Wie wird dieses Nicht-Tun vollzogen? Im Zulassen aller Phänomene, die ins Bewusstsein kommen wollen; durch Sein- und Geschehen-Lassen dessen, was ist und geschieht, ohne eine Veränderung zu erstreben; indem die Aufmerksamkeit sich lösen kann von aller Beschäftigung mit etwas und zum offenen Gewahrsein wird; im Versinken ins Nichts reiner Präsenz.

Wo viele unserer Zeitgenossen untergehen in den Aufgaben und Konsummöglichkeiten unserer Wohlstandsgesellschaft, bringt der reiche Mann im Evangelium eine erstaunliche Sehnsucht nach ewigem Leben und ein bemerkenswertes Engagement für die Suche danach auf: Die Gebote halten, das geht nicht selbstverständlich und nebenher, das braucht Aufmerksamkeit, Kraft und Zurückstecken der eigenen Wünsche. Als seine Anstrengung nicht fruchtet, macht er sich auf und holt Rat. Sie kann nicht fruchten, weil er das ewige Leben erlangen will wie einen Lohn, der ihm für seine Leistung zusteht. Seine Frage an Jesus zielt darauf zu erfahren, durch welches Tun er sich Gott so verpflichten kann, dass dieser mit ewigem Leben zahlen muss. Darin offenbart sich ein Denken, in dem auch wir zutiefst verhaftet sind und das immer wieder auch auf unser Meditieren durchschlägt.

Die Antwort Jesu stellt die Geisteshaltung des Fragenden auf den Kopf. Dieser soll sich mittellos machen. Ohne Mittel ist aber kein Zweck zu erreichen. Wo Absicht war, soll Offenheit werden. Schauen wir uns an, was Jesu Antwort genau bedeutet:

Erstens: Wer sein Vermögen aufgegeben hat, hat sich der Mittel begeben, dem, was im Leben auf ihn zukommt, zu entgehen. Entblößt, wie er ist, muss er es durchleben. Der Reiche, bisher proaktiver Sucher seiner Vorstellung vom ewigen Leben, würde in der Nachfolge Jesu zum Empfangenden dessen, was das Leben bringt. In dieser Umkehr liegt, wie ich glaube, die Sinnspitze des Besitzverzichts, den das Evangelium an vielen Stellen anmahnt. Er ist nicht dasselbe wie materieller Mangel, aber hängt doch damit zusammen. Wer des Materiellen ermangelt, ist nicht automatisch ein Empfangender; sein ganzes Sinnen und Trachten könnte sich darum drehen, wie er aus seinem Mangel herauskommt. Und nicht jeder, der etwas besitzt, gebraucht seinen Besitz, um die Zumutungen des Lebens zu vermeiden. Da aber kaum jemand gerne leidet, stellt Vermögen aller Art doch eine große Verführung dar.

Zweitens: Jesus nachfolgen, der den Fragenden voll Liebe anblickt, heißt, sich der Verheißung der Liebe zu öffnen und sich auf diese Liebe einzulassen. Wie kann ich heute dies tun? Das Innehalten ist der Ort dafür. Dort betrachte ich mit der Liebe Jesu den Menschen – mich selbst –, der dasitzt und sich öffnet für das, was ihn hier und jetzt bewegt. Wie das geht? Immer wieder einmal wurde ich in meinem Leben mit Liebe angeschaut: als Kind von meinen Eltern, später vielleicht von einem Freund oder von meiner Freundin. Mag sein, zu selten, aber eben doch. Ich habe erfahren, wie das ist, ich habe die Bejahung dieser Personen gespürt, ihre Hingabe an mich in ihren Blicken erlebt, ihre Freude an mir empfunden. Solche Momente erfahrenen Geliebtwerdens lasse ich nun im Blick auf mich selbst gegenwärtig werden.

Es gibt eine schöne Gebetsübung, ich glaube, sie stammt von Teresa von Avila, die auf dieser Erfahrung aufbaut: „Schau, wie er [Jesus] dich anschaut!" Spüre seinen liebenden und demütigen Blick, den Blick, den er auf den suchenden Mann im

Evangelium richtet. In meiner stillen Zeit, in der es ja nicht darum geht, etwas zu machen, sondern sein zu lassen, was ist, wende ich sie bisweilen an, wenn ich merke, wie hart, abwertend und fast gewaltsam ich mit mir umgehe.

Drittens: Diese Liebe hilft mir, mich dem zu öffnen, was ist und wie es ist. In ihr kann ich mir mein Elend eingestehen, mein Scheitern in der Zeit der Stille da sein lassen – wenn das denn da ist – und es dadurch loslassen. Das lässt meine Aufmerksamkeit zur Ruhe kommen und ich werde zu einer unbegrenzten Weite, die wohltuend ist und mich aufatmen lässt. Ein Vorgeschmack ewigen Lebens.

Das ist auch für den Mann aus dem Evangelium zu erhoffen, der traurig weggeht. Vielleicht hilft ihm der liebende Blick Jesu, an der Grenze innezuhalten, die Jesus seinem Wunsch gesetzt hat, und auf diese Weise mit dem Vorgeschmack ewigen Lebens *beschenkt* zu werden.

Zur 29. Woche: Der Wille Gottes

„Wer Gott im Sein hat", wie Meister Eckhart sagt, der findet ihn in allen Dingen und lebt in seiner Gegenwart bei allem, was er tut. Der Vergleich mit dem Durst veranschaulicht die Präsenz Gottes. Der Durst ist da, vielleicht tritt er bisweilen in den Hintergrund. Aber egal, welche Erfahrungen der Durstige gerade macht oder womit seine Aufmerksamkeit beschäftigt ist – sein Verlangen bleibt.

Für denjenigen, der Gott nur in Gedanken – oder Riten, Liturgien und anderen religiösen Inszenierungen – hat, endet die Präsenz Gottes mit dem Gedenken an ihn. So lebt er weite Strecken seines Lebens ohne Gott, da er sich ja, wie jeder Mensch, seinen alltäglichen Aufgaben zuwenden muss. Das Profane und das Heilige bleiben getrennte Welten.

Die Vielen, von denen das Evangelium spricht, sind devot und machen große Aktionen in Kirche und Welt: Im Namen Jesu treten sie als Propheten auf, sie treiben Dämonen aus und wirken Machttaten – aber diese ihre Handlungen sind nicht das, was Gott von ihnen will. Da hilft es auch nichts, wenn sie in Jesu Namen vollbracht werden. Jesus schickt sie weg. Insofern die vom Text aufgezählten Taten öffentliche Groß- und Machttaten sind, legt sich die Vermutung nahe, dass es ihren Tätern mehr um ihre Größe als um das Heil der Adressaten geht. Tatsächlich wird uns in Adam, dem biblischen Prototypen des Menschen, ein Wesen vor Augen gestellt, das, obwohl es im Paradies materiell, sozial, spirituell alles hat, was es braucht, nicht satt und zufrieden sein kann, solange es nicht unbegrenzt alles hat und wie Gott ist. Die scheinbar guten Taten der Sprecher in unserem Evangelium, die zudem überheblich und von sich selbst eingenommen auftreten, erhaben über jede mögliche Kritik, sind dann bei Lichte besehen Wiederholungen des Sündenfalles. Sie zielen auf die Darstellung der eigenen Größe und werben um deren Anerkennung. Die Adressaten werden dazu benutzt, vielleicht sogar missbraucht, und entwertet. Wie schlimm das ist, sehen wir daran, dass manche Bedürftige heute lieber auf staatliche Unterstützung verzichten und auf der Straße leben, als befürchten zu müssen, auf Ämtern ihrer Würde beraubt zu werden. Solche Begegnungen können nicht im Sinne Gottes sein.

Im Gleichnis vom Weltgericht (Mt 25) werden die Menschen am Ende gemessen an „kleinen“ Taten: einem Hungrigen zu essen und einem Durstigen zu trinken geben, einen Fremden aufnehmen, Kranke und Gefangene besuchen. Dreierlei fällt bei dieser Aufzählung auf: Erstens gibt es alltäglich Gelegenheit zu diesen Taten; man muss nicht weit gehen, um sie zu vollbringen. Zweitens sind sie nicht ausgedacht, sondern antworten auf einen Anruf: Dem Menschen, der zum Helfer wird, kommt der Anblick des Kranken oder Hungrigen oder die Nachricht davon nahe und rührt ihn an. Mehr noch, drittens: Der Gerechte setzt sich der Notlage des anderen aus. Dessen Not ist eine Anfrage an seinen Wohlstand: Wieso hat er, was dem anderen fehlt? Lässt er diese Infragestellung zu, ist die Hilfe nicht mehr eine Bewegung von oben nach unten, sondern wird zur Begegnung auf gleicher Augenhöhe: Der eine gibt seine Unterstützung und empfängt die Läuterung seines Herzens. Der andere wird gesehen und gewürdigt und gibt Anteil an seinem Elend. So begegnen beide dem Menschensohn.

Es geht nicht um „kleine“ oder „große“ Taten, sondern um den Willen Gottes. Dieser ist keine Inszenierung eines hehren Ideals oder einer großartigen Vorstellung, sondern wird im Hören erkannt. Dazu muss man nach innen lauschen und die Motive hinter einem Handlungsimpuls erkennen, um zu sehen, wohin sie führen. Dabei ist Bereitschaft zur Selbstverleugnung notwendig, um die Impulse, in denen es letztlich doch wieder vor allem um die eigene Größe und die eigenen Interessen geht, loszulassen und ernüchtert den Willen Gottes in einer „kleinen“ Tat zu vollbringen.

Zur 30. Woche: Meditation – Einübung des Sterbens

Schon als Kinder oder Jugendliche lernen wir, das Los unseres sicheren Todes zu entschärfen durch eine Mischung von „ich bin so etwas Besonderes, mich wird der Tod nicht treffen“ und „am Ende wird es doch noch einen Retter geben, der mich vor dem Tod bewahrt“. Da wir dadurch die Ränder vergessen können, erscheint uns das Dasein dann wie eine gefühlt unbegrenzte Bühne, auf der wir den Tanz unseres Lebens aufführen. Wir toben uns aus, genießen, stellen uns Herausforderungen oder kneifen, erleben Liebe, Partner- und Elternschaft, Erfolg und Scheitern, verarbeiten Verluste und Enttäuschungen, werden schuldig und alt. Irgendwann kapieren wir, dass unsere für unendlich gehaltene Daseinsbühne eigentlich doch begrenzt und Wiederkehr des immer Gleichen ist und dass wir ihrem Rand schon sehr nahegekommen sind.

Lange habe ich mein Beten und Meditieren vor allem als Hilfe zur Daseinsbewältigung und zu einem erfüllteren und freieren Leben in dieser Welt verstanden. Sollte es darüber hinaus ein Leben nach dem Tod geben – man weiß ja nie –, wäre mir das ein willkommenes Draufgeld in sehr ferner Zukunft gewesen.

Aber die lange Praxis des Innehaltens hat etwas verändert: In meiner Meditation übe ich nämlich das ein, was nach Rumis Wort nötig ist, um vor dem Nichtsein nicht zu fliehen und somit vom Tod ins Leben überzugehen. Ich übe

- dem Wissen zu entsagen, insofern ich in der Meditation aufhöre, Phänomene einordnen zu wollen;
- auf Selbsterlösung zu verzichten, weil ich aufgebe, meine Vorstellungen realisieren zu wollen;
- dem Dasein zu entsagen, indem ich in der Meditation aushalte, wo diese mir eine Grenze setzt;
- nichts haben zu wollen, weil alle Objekte leer und vergänglich sind und mit meinem wahren Wesen nichts zu tun haben und damit Früchte einer Täuschung sind.

Solches Meditieren ist Sterben mitten im Leben. Allmählich werden seine Auswirkungen deutlich: Es schafft das Leben neu, macht es gelassener, freier, liebevoller. Der Übende wird zentrierter und erfüllter; er braucht weniger Anreize von außen. Er fühlt sich mehr verbunden mit sich selbst, mit den anderen Menschen und mit seinem Grund. Das ist ein Vorgeschmack von Auferstehung und ewigem Leben. So gewinnt der Gedanke an Kraft, dass, wie das Sterben in der Meditation das Leben neu macht, so auch das Sterben des Leibes Hineinsterben in Auferstehung ist; Vollendung all dessen, was hier nur verschleiert und anfanghaft erfahren werden konnte. Und allmählich wächst die Hoffnung, dass dies tatsächlich so ist.

Gleichzeitig beginnt das Bild vom Dasein als einer unbegrenzten Bühne zu wackeln. Das Wissen, dass ich sterbe, bekommt Fleisch und wird real. Ich weiß nicht, wie mein Sterben aussehen wird, wie viel Schmerz, wie viel Einbußen an Lebensqualität es mir zumuten wird. Das macht mir manchmal Angst. Dennoch möchte ich dieses irdische Leben nicht endlos weiterführen müssen. Gemessen an Alter und Größe des Universums ist das menschliche Leben auf dem Planeten Erde kaum wie das Aufflackern eines Streichholzes. Wozu wurde es angezündet? Ohne die Perspektive einer ewigen Vollendung des irdischen Daseins bliebe dieses ohne Sinn, es sei denn, man sieht den Sinn darin, es sich als Streichholz etwas angenehmer zu machen, bevor es endgültig erlischt. Aber letztlich wäre das dann auch egal.

Als Jesus seinen Weg durch den Tod zur Auferstehung anspricht – mit Freimut, wie das Evangelium bemerkt: Es kostet ihn also etwas –, verhält sich Petrus, wie wir Menschen eben zu reagieren pflegen: Das soll um keinen Preis sein.

Während meiner Terziats-Exerzitien – das Terziat ist die dritte Probephase eines Jesuiten vor der endgültigen Bindung seines Ordens an ihn – in den USA plagte mich eine ganze Woche lang besonders abends eine Unruhe, die mich aus meinem Zimmer trieb. Von einer geordneten Betrachtung konnte keine Rede mehr sein. In der Gebetszeit an einem frühen Samstagmorgen vernahm ich deutlich und unmissverständlich die Worte: „Bertram, du stirbst! Jetzt!" Wie von der Tarantel gestochen, fuhr ich auf. Furcht und Entsetzen erfüllten mich, auch wenn ich nicht daran dachte, auf der Stelle tot umzufallen. Ich konnte es nicht ertragen und floh. Ich irrte den ganzen Tag durch eine Wildnis aufgelassener Steinbrüche, die in der Nähe des Exerzitienhauses lag. Mich auch nur für fünf Minuten hinzusetzen, hielt ich nicht aus. Erst gegen Abend wurde ich ruhiger und konnte mir eingestehen: „So ist das also. Du stirbst. Jetzt!" Mein Ende, das ich so ganz weit weg wähnte, sodass es gar keine Rolle für mich spielte, hatte unbemerkt schon längst begonnen. Ich war damals fast fünfzig. Mehr als die Hälfte meiner Lebenszeit hatte ich bereits hinter mir und sie war wie im Flug vergangen. Mir wurde klar: „Wenn du noch irgendetwas willst in deinem Leben, dann ist es höchste Zeit, damit zu beginnen!" Die Phase des Ausprobierens und Rumtuns war vorbei. Das war die existenzielle Botschaft für mich. Was ich wirklich wollte, sollte in den nächsten Monaten und Jahren Gestalt gewinnen. Darin besteht die Chance der Bewusstheit des Todes jetzt: dass aus dem Uneigentlichen das Eigentliche entbunden und die Kraft dazu gegeben wird, dieses zu verwirklichen.

Zur 31. Woche: Widerstand aushalten

Immer wieder geschieht es, dass nach einer Phase relativ ruhigen Sitzens, die mir das Gefühl wirklichen Fortschritts gibt, von einer Meditation zur folgenden die „Hölle“ losbricht. Ich mache nichts anders als zuvor, und doch ist alles anders: Ich bin unruhig, finde nichts, worauf ich meine Aufmerksamkeit richten kann. Die Gedanken, vorher ein stilles Wässerchen, sind nun ein reißender Fluss, der mir nicht erlaubt, mich an irgendetwas festzuhalten. Außerdem bin ich müde und lustlos. Am liebsten würde ich aufstehen und weggehen. Durch den Kopf gehen mir Gedanken wie: „Wozu diesen Blödsinn aushalten? Was soll das bringen? Von wegen offen, achtsam, gelassen und liebevoll dasitzen!“ Nicht selten kommen noch Schmerzen hinzu. Eine Stelle des Körpers, die noch nie ein Problem war, meldet sich und tut weh. Der Schmerz hört sofort auf, wenn ich aufstehe. In der Meditation muss ich um meine Beherrschung kämpfen gegen die Mischung aus Wut, Ohnmacht und Enttäuschung. Aus ist der Traum vom Fortschritt, von Frieden und Ruhe ...

Solche Phasen sind für das absichtslose Geschehen-Lassen, das Meditieren ist, eine harte Herausforderung. Dieser gilt es nun, sich zu stellen. Aber wie?

Der Meditierende muss nicht verstehen, was jetzt los ist. Er sollte sogar darauf achten, mit dem Denken aufzuhören. Er macht sich klar, dass es beim Meditieren nicht um Befriedigung oder Bestätigung geht, sondern um Hingabe an das Hier und Jetzt. Für diese Hingabe ist nun der Ernstfall eingetreten: Jetzt gilt es, den mantraartig wiederholten Reden vom Geschehen-Lassen Taten folgen zu lassen. Der Christ kann beten: „*Dein* [Gottes] Wille geschehe, nicht der meine.“

Es hilft, darauf zu achten, ob ein klein wenig mehr Lockerlassen und Entspannen möglich sind. Denn Herausforderungen begegnen viele Menschen unwillkürlich damit, dass sie in Hab-Acht-Stellung geraten und sich verspannen. Auch wenn die Anspannung bis zur Verkrampfung gesteigert wird, so hilft sie doch nicht, die unangenehme Meditation zu bewältigen. Im

Gegenteil: Wenn die Anstrengung keinen Erfolg zeitigt, kommen Gefühle der Vergeblichkeit und der Ohnmacht auf, die den Übenden noch mehr unter Druck setzen. Es gilt die Regel: Der Kampf gegen ein Phänomen macht das Phänomen größer und den Meditierenden kleiner.

In der Tat ist ein entscheidender Schritt hin zur Bewältigung des unangenehmen Zustandes, sich diesen einzugestehen. Es stimmt halt nicht, dass Schmerz, innere Leere, Ängste, Unruhe usw. nur den anderen vorbehalten sind und ich selbst das Recht habe, ohne Hautabschürfungen durchs Leben zu kommen. Wahrscheinlich ist, dass ich am Ende meines Lebens Pflege brauche. Dann könnte es geschehen, dass ich daliege, Beschwerden habe und nach dem Pfleger klingele. Nichts geschieht. Ich warte, klingele nochmals. Endlich, endlich kommt er und schaut nach mir. Ich klage über Schmerzen. Mir wird gesagt, dass das eigentlich nicht sein könne, da ich vor Kurzem frisch gelagert worden sei und außerdem ausreichend Schmerzmittel bekäme. Ich widerspreche und bitte um mehr Schmerzmittel. Die könne nur der Arzt verordnen, heißt es. Das war's. Denn es ist kein Arzt da. Ich muss meine Schmerzen weiterhin aushalten und weiß nicht, wie lange.

Meine unangenehme Meditation hingegen dauert keine Stunde. Sie bietet mir jedoch die Chance zu üben, eine solche Situation in meinem Leben zu durchleben. Ich gestehe mir also das schwer erträgliche Hier und Jetzt ein und gebe alle Versuche auf, es wegzubekommen. Ich öffne mich dem Unangenehmen und fühle es, ja gestatte ihm, den Raum meines Bewusstseins zu erfüllen, sodass ich mein Zustand regelrecht „bin". Manchen hilft es, die Beschreibung ihrer körperlichen, seelischen oder geistigen Verfassung mantraartig mit dem Atmen zu wiederholen: „Schmerzen" … „Schmerzen" … „Schmerzen!" Aber aufgepasst: Nicht auf das Wiederholen der Worte kommt es an, sondern darauf, seinen Zustand zu fokussieren. Unabhängig von einem solchen „Mantra" hilft das mit dem Befinden verbundene bewusste Atmen, den Körper zu beruhigen und die Situation zu relativieren.

Wie ist eine solche Phase der Meditation zu deuten? Die drei Punkte Lairds möchte ich noch um zwei weitere ergänzen:

1. Eine solch herausfordernde Meditation lehrt *Demut*: Verglichen mit dem, was viele Menschen auf dieser Erde erleiden müssen, sind meine Schwierigkeiten in der Meditation Bagatellen. Und dennoch komme ich nicht leicht damit zurande. Demut als Wissen um meine Bedürftigkeit, die ich zwar kompensieren, aber nicht erfüllen kann, ist der Schlüssel zur Buddhaschaft. Sie ist die Disposition dafür, von der Transzendenz gefunden zu werden und in Beziehung zu kommen mit dem Grund der Wirklichkeit, der der Kern meiner Person ist. Das ist es, was im Leben trägt.
2. Bei einer solchen Phase kann es sich um *Widerstand* handeln, der immer auftritt, sobald etwas im Herzen zu schwingen beginnt, was die bisherige Identität des Übenden gefährdet. Mit dem Evangelisten Lukas möchte ich in diesem Fall den Geplagten zurufen: „Wenn dies beginnt, dann richtet euch auf und erhebt eure Häupter; denn eure Erlösung ist nahe“ (Lk 21,28). Denn der Untergang der bisherigen Identität ist die Chance der Befreiung der Person von ihren Fesseln, um in ihrem wahren Selbst gegründet zu werden. Dann gilt es erst recht, den Sturm liebevoll und barmherzig zu durchleben.

Das ist auch das Fazit des Gleichnisses vom Unkraut und vom Weizen. Die Antwort des Gutsherrn auf die Absicht der Knechte, das Unkraut auszureißen, lässt zwei Deutungen zu. Erstens, die Phänomene der Seele lassen sich sicher erst dann unterscheiden, wenn sie Raum und Zeit bekommen haben, sich zu entwickeln, d.h., wenn sie nicht bekämpft, sondern angenommen und durchlebt werden. Was zunächst als unangenehm erscheint, kann sich mit der Zeit zum kostbaren „Weizen“ auswachsen, während eine „tolle Meditation“ unterm Strich eine nette, aber leere und fruchtlose Angelegenheit bleibt. Zweitens, die „guten“ Impulse brauchen die schlechten, um an ihnen zu wachsen und sich zu läutern. Darum ist entscheidend, dass der Meditierende nicht seinem knechtischen Impuls folgt und ausreißt, was für ihn wie Unkraut aussieht.

Zur 32. Woche: Das Tor ins Stille Land ist eine Wunde

Laird stimme ich absolut zu. Es ist einfach so: Wer in das Land jenseits seiner selbst gelangen will, den wird die Meditation an die Grenzen seines Selbst führen. Wer das verweigert, bleibt auf seinem alten und falschen Selbst sitzen. Dass „der Christus in uns [unser wahres Selbst] identisch ist mit dem, was wir an uns *zurückweisen*", das ist ungeheuerlich. Das muss man erst einmal verinnerlichen. Es bedeutet doch, dass uns Gott nicht dort begegnet, wo wir uns mit Erfolg auf die Höhe hinaufgearbeitet haben. Sondern Gott begegnet dem Menschen in seiner Armut und Gebrochenheit. Wenn der Mensch diese annimmt, verstummt das dauernde Wummern von „ich will ...", „ich muss ..." und „mir gehört ...", „mir steht ... zu", das für die Nähe Gottes blind und taub macht.

In dieselbe Kerbe schlägt das Evangelium von der Selbstverleugnung und Kreuzesnachfolge, eine der zentralen Stellen des Neuen Testamentes. Das Kreuz ist das, was ein X durch meine Wünsche, Pläne, meine Vorstellungen und mein Streben macht. Das Kreuz ist nicht Verzicht oder Askese. Diese plane ich, wähle sie, bin deren Bestimmer. Ganz anders beim Kreuz: Ich kann es mir nicht aussuchen, es kommt im Leben auf mich zu, oft unversehens und auf vielfältigste Weise, und durchkreuzt meine Pläne: ein Verlust, eine Krankheit, ein Lebensmuster, das ich nicht loswerde ...

Die spontane Reaktion auf eine solche Grenzsituation beschreibt das Gesetz der Koppelung: Ablenkung, Angriff, Totstellreflex mit dem Ziel, die Spannung, die das Kreuz ausgelöst hat, irgendwie zum Verschwinden zu bringen. Ich stürze mich z. B. in die Arbeit oder ins Vergnügen oder treffe übereilte Entschlüsse, ohne richtig hingesehen zu haben, oder stelle mich tot, indem ich die Grenzerfahrung gar nicht zur Kenntnis nehme. Das alles sind Maßnahmen, um mein bisheriges Leben vor Belastung und Veränderung zu „retten“. Keine von ihnen kann die Spannung wirklich auflösen, alle setzen ein weiteres Problem obendrauf: Sucht und Kater, die Folgen unüberlegten Handelns, die Unzufriedenheit eines mit angezogener Handbremse gelebten Lebens. Das Evangelium spricht jedoch nicht nur von einem zusätzlichen Problem im Leben durch solche Rettungsmaßnahmen. Es prophezeit den Verlust des Lebens schlechthin. Es sagt: Wer auf die Störung seines Lebens gemäß dem Gesetz der Koppelung reagiert, *verliert* sein Leben. Das Wort „Leben“ wird hier in zwei verschiedenen Bedeutungen verwendet. Das Leben, das das Gesetz der Koppelung vor der Störung rettet, ist unser Dasein und Selbstverständnis als Bürger unserer Idiopolis, jener eigentümlichen Welt, die wir uns meist als Kinder unbewusst erschufen, um in einer uns überfordernden, bedrohenden, frustrierenden Wirklichkeit überleben zu können. Da die Idiopolis auf gefährlich unangenehmen Gefühlen beruht, die auch der Erwachsene nicht (wieder-)erleben will, versucht er, seine Idiopolis zu erhalten, auch wenn er schon deren Enge spürt. Solange dies währt, lebt er ein Leben, in dem er Teile von sich selbst abgespalten hat, in dem sein wahres, ganzes Selbst gar nicht drin ist, ein Leben in Schablonen und Funktionen, dem Seele und Geist fehlen, fixiert auf irgendwelche Äußerlichkeiten und Gewohnheiten. Darin verliert er sich selbst immer mehr. Und dabei erstarrt sein Leben immer mehr, bis es nur noch Dasein, Vorhandensein ist – wenn er nicht umkehrt.

Sein Leben um Jesu und um des Evangeliums willen zu verlieren bedeutet, den Automatismus der Koppelung zu durchbrechen, ja zu „verleugnen“, wie das Evangelium sagt. Manchmal wird Selbstverleugnung verstanden als Unterdrückung seiner Wünsche und Gefühle. Genau genommen ist es jedoch so, dass die Verleugnung der Koppelung überhaupt erst die Türe dafür öffnet, sich seiner selbst in der ganzen Palette von inneren Impulsen und Gefühlen bewusst werden zu können, die die Grenzsituation hervorruft. Das Entscheidende ist dann, ins *Fühlen* der (negativ bewerteten) Gefühle zu kommen und darin aufmerksam zu verweilen (siehe dazu den Kommentar zur 24. Woche). In diesem Prozess, wenn ich ihn wahrhaftig und liebevoll durchlebe, werden Fundamente meiner Idiopolis offenbar, die mit der Wirklichkeit der Grenze nicht zusammenpassen: Sie sind illusionär. Wenn ich sie loslasse, verliere ich meine bisherige falsche Identität und mein bisheriges, in der Idiopolis gefangenes Leben. Manche klammern sich jedoch daran, verschließen sich und behaupten sich selbst – zulasten der Wahrheit. Andere, die die Grenzerfahrung bis auf den Grund durchleben und der Wahrheit trauen möchten, weht eine Kraft an, die unbedingt bejaht und Mut macht, eine Verheißung, in Wahrheit bei sich selbst anzukommen, und eine Hoffnung auf Freiheit und Lebensfülle, so dass sie im Vertrauen loslassen. In der Tat, das bisherige Selbstverständnis stirbt – und ich werde dazu befreit, leben zu können ohne die Last meiner illusionären Vorstellungen und ihrer Ansprüche. Etwas bisher Abgespaltenes wird integriert. Mein wahres Selbst, das im Grund aller Wirklichkeit gegründet ist, aufersteht zu ewigem Leben; das ist die zweite Bedeutung von „Leben“ in unserem Evangelium. „Ewig“ bezeichnet vor allem eine Qualität des Lebens: Sein im Fluss von Freiheit, Lebendigkeit und Liebe. Sein in unmittelbarem Kontakt mit sich selbst, seinem Grund und anderen. Sein voller Hoffnung und Vertrauen. *Sein* – das überschreitet die Grenzen des Irdischen und den Tod.

Zur 33. Woche: Wahre Freude und wahre Liebe

Die beiden Texte über die wahre Freude und die Liebe sind einander sehr ähnlich. Beide haben strukturell gesehen zwei Teile, von denen der erste jeweils drei Beispiele aufführt, worin die Freude bzw. die Liebe *nicht* bestehen, während der zweite Teil jeweils darstellt, was Freude bzw. Liebe wirklich ist. Franz erzählt dazu eine Geschichte, Paulus versucht die Liebe begrifflich zu fassen.

In beiden Texten geht es in Teil 1 um Befriedigung aufgrund von Wertschätzung oder Anerkennung oder großer Leistungen und Erfolge: Dass die bedeutendsten Wissenschaftler der damaligen Zeit und die Großen des Abendlandes Franziskaner werden, ist für den Orden natürlich eine Aufwertung und ein ungeheurer Gewinn an Prestige. Und dann die Bekehrung der Ungläubigen; und überhaupt: Wunder wirken können – das ist grandios. Da stehen Sieger auf dem Podest. Paulus zählt Beispiele anderer Art auf, die ebenfalls außergewöhnlich sind: alles und alle verstehen, alles wissen, Berge versetzen können und ein wahrer Held der Askese sein ... Wieso sprechen die beiden von einem solchen immensen Hunger nach Größe und Bedeutung? Vermutlich deswegen, weil sie ihn von sich selbst kennen und auch bei anderen beobachten. Sie decken damit eine gern durch hehre Motive kaschierte Wahrheit des Menschen auf. Tatsächlich: Wer von uns kennt solche Größenfantasien nicht? Wer hat sich nicht schon einmal bei dem Wunsch ertappt, jemand Besonderer zu sein oder eine richtig große Tat zu vollbringen, so dass alle in ehrfürchtiges Staunen vor uns verfallen? Wir sind schon früher auf dieses Thema gestoßen (12. Woche), das für den spirituellen Weg von Gewicht ist. Es ist schwer, das Verlangen nach solcher Größe aufzugeben, es sitzt einfach viel zu tief in uns. Und so meditieren wir immer und immer wieder mit der meist nicht bewussten Intention, dass sich dieses Verlangen beim Sitzen erfüllen möge. Doch auch eine wirklich erfüllende Meditation stillt es nicht. Sie beschämt es vielmehr. Denn die wahre Erfüllung ist unvorstellbar einfach wie ein Nichts. In ihrem dunklen Licht erscheint die Begierde nach Größe erbärmlich. Häufiger als durch Über-Erfüllung frustriert die Meditation unseren Größenwunsch allerdings durch Langeweile, Unruhe, Fahrigkeit oder unangenehme Zustände, die wir nicht aushalten möchten. Die Meditation zeigt uns die Grenze, den Ort, an dem wir nüchtern und demütig werden können.

Und in der Tat schildert Franziskus eine Grenzerfahrung. Er, der Ordensgründer, wird von einem seiner eigenen Mitbrüder weggeschickt, trotz seines mitleiderregenden und erbärmlichen Zustandes und seines Bittens. Natürliche Reaktionen in einer solchen Situation sind Aufregung und Ärger. Doch die Quintessenz dessen, was Franz Bruder Leo so ganz wichtig aufschreiben lässt, lautet: „Ich sage dir: Wenn ich Geduld habe und nicht erregt werde, dass darin die wahre Freude ist und die wahre Tugend und das Heil der Seele." Die wahre Erfüllung und das Ziel unseres Lebens und Meditierens liegen im Annehmen der Grenze als Kreuz, das zum wahren Leben befreit.

Die Verbindung von Liebe und Freude ist eng. Etliche der Beschreibungen des Paulus treffen auf den Franziskus zu, der die wahre Freude erfährt: Er „ereifert sich nicht, ... lässt sich nicht zum Zorn reizen, trägt das Böse nicht nach." Wenn Liebe darüber hinaus „alles erträgt, alles glaubt, alles hofft, allem standhält", dann ist die Grenzsituation der Ort, an dem sie sich als wirkliche Liebe erweisen kann. Mehr noch: Durchlebte Grenzsituationen sind der Ort, wo diese Liebe geboren oder erneuert wird, denn sie führen auf den Grund der Wirklichkeit. Aus diesem Grund jedoch steigen wahre Liebe und wahre Freude empor.

Zur 34. Woche: Erfahrende Nicht-Erfahrung und erfahrene Erfahrung

Spiras Empfehlung, darauf aufmerksam zu werden, wodurch man weiß, dass man bewusst ist, ist sehr angebracht. Sie öffnet dafür, dass es im Raum des Bewusstseins nicht nur Körperempfindungen und Gefühle gibt, sondern auch Phänomene des Geistes, und vermittelt ein Gespür davon, dass das Ziel des Meditierens etwas Geistiges ist. Das ist gut. Bei der Umsetzung dieser Empfehlung in der Meditation fokussiert der Übende die Bewusstheit, bewusst zu sein. Er macht sie damit zur Erfahrung und zum Objekt. Das gibt ihm die Chance, den Unterschied zu ertasten zwischen diesem Objekt und der sich ihm entziehenden Unmittelbarkeit, durch die er um seine Bewusstheit weiß. Er lernt, dass die erfahrende Nicht-Erfahrung die Möglichkeitsbedingung der erfahrenen Erfahrung ist. Die erfahrende Nicht-Erfahrung ist unmittelbares, offenes Sein. Wird sie bemerkt und zum Objekt der Aufmerksamkeit, so folgt ihr auf dem Fuß die erfahrene Erfahrung als ihre Reflexion und Interpretation im Subjekt-Objekt-Rahmen. Es ist gut, auf diesen spontanen Vorgang aufmerksam zu werden, um die Grenze kennenzulernen, die die Fokussierung auf Objekte darstellt.

Dennoch muss man der natürlichen Entwicklung der Meditation ihre Zeit lassen. Man kann sie nicht abkürzen ohne Streben und Anstrengung, die nun ihrerseits dem Ziel im Wege stehen würden. Die Meditation erfolgt im Merken – Fokussieren – Verweilen – die Aufmerksamkeit vom Objekt lösen, sobald dessen Bindekräfte nachlassen – und schließlich im sich öffnenden Gewahrsein. Mit der Zeit werden die Impulse spärlicher. Der Übende muss sich mit ihnen weder gedanklich noch willentlich beschäftigen und versinkt für Momente in einem reinen Gewahrsein.

Im „Jubelruf Jesu" geht es um den transzendent-immanenten Grund der Wirklichkeit, der sich mitteilen will. „Unmündige" brauchen einen Vormund. Sie machen blödsinnige Dinge oder schaden sich selbst und anderen, wenn sie dem folgen, was ihnen durch den Sinn geht. Sie selbst verstehen nichts oder nicht richtig. Darum *hören* sie auf ihren Vormund und lassen sich von ihm sagen, was sie tun sollen. Die „Weisen und Klugen" hingegen sind Menschen, die nicht offen sein müssen, die nichts an sich heranlassen müssen, weil sie überzeugt sind, schon alles besser zu wissen und richtig zu machen und alles in ihr System einordnen können. Ihr aus Erfahrung, Sprache und Denken gebautes und damit in den Subjekt-Objekt-Rahmen eingeschlossenes System halten sie für die Wirklichkeit. Ihre Wirklichkeit ist damit eine geschlossene, endliche Welt, in der kein Platz ist für Transzendenz. Den „Unmündigen" hingegen teilt sich der immanent-transzendente Grund der Wirklichkeit mit, nicht in einer Erfahrung, das ist unmöglich, sondern in der erfahrenden Nicht-Erfahrung der Unmittelbarkeit einer unermesslichen Weite, die einfach *ist*, in ihrem Nichts „alles" enthält und Dankbarkeit und Freude auslöst. Jesus jubelt darüber. Vielleicht ist er auch ein bisschen schadenfroh, weil die „Ersten dieser Welt die Letzten im Reich Gottes" (Mt 20,16) sind und diejenigen, die in demütigem Vertrauen leben, „alles" bekommen. Erinnern Sie sich, liebe Leserinnen und Leser, an das ganz zu Anfang des Buches Gesagte: Wir üben in der Meditation das Gegenteil unseres Alltagsverhaltens ein.

An dieser Stelle mag es erlaubt sein, auf die Weisheit und Klugheit unserer Zeit zu schauen, auf die wir so stolz sind. Seit Langem schon weist die Wissenschaft auf die Grenzen des Wachstums hin und warnt vor dem Klimawandel und seinen Folgen. Es hat nichts genutzt. Unsere Weisheit und Klugheit haben die Erde an den Rand des Abgrundes manövriert. Offenbar werden Weisheit und Klugheit nicht nur von Vernunft geleitet, sondern mehr noch von egomanen Interessen, Ideologien und von Gier. Wir wissen oft, was vernünftig wäre, und wollen das Vernünftige dann einfach nicht tun. Nach wie vor wird auf Autobahnen zu schnell gefahren, in den Urlaub geflogen, zu viel Fleisch gegessen ... Vieles könnte der Einzelne beitragen, ohne dass es ihn Geld kostet. Aber er tut es nicht. Offensichtlich ist die Gier nicht durch Vernunft zu besiegen, obwohl sie weiß, dass ihre Auswirkungen den Globus verwüsten. Darauf werden wir uns einstellen müssen. Auch wenn das 1,5-Grad-Ziel Makulatur ist, bleibt die Aufgabe, CO_2 einzusparen, um eine immer höhere Erderwärmung und noch verheerendere Folgen zu verhindern. In dieser düsteren globalen Lage lehrt die Meditation, in Würde und Verantwortung zu leben und die Gier einzudämmen. An den Grenzen entsteht die nüchterne Erfüllung, die die Meditation schenkt.

Zur 35. Woche: Unlust – und wie lange ich täglich üben soll

Man muss sagen: Dogen fährt ganz großes Geschütz auf, um seine Schüler zum Üben zu motivieren: „In der Tiefe des Herzens die Vergänglichkeit der Welt bedenken.“ Daraus lässt sich schließen, dass es beim Meditieren um Tod und Leben geht und dass die Abwehrkräfte gegenüber der Meditation enorm sein müssen. Wie unsicher die eigene Todesstunde und wie unvorhersehbar die Welt ist, das lehren uns die alltäglichen Nachrichten von Unglücken, Anschlägen, Repressalien, bei denen Menschen sterben, deren Fehler bloß war, zur falschen Zeit am falschen Ort zu sein. Aber erreicht uns das wirklich? Übt dadurch auch nur eine Person mehr Meditation?

Die Ansichten darüber, wie viel Meditation man täglich üben soll, um „Fortschritte" zu erzielen, gehen auseinander. Thomas Keating (1923–2018), ein berühmter amerikanischer Kontemplationslehrer, Trappistenmönch und Abt, regt dazu an, am Tag zweimal eine halbe Stunde zu sitzen. Martin Laird empfiehlt zweimal 40 bis 60 Minuten täglich. Ich selbst habe mit 20 Minuten täglich angefangen, dann war ich lange bei einer Stunde, seit 20 Jahren bin ich bei mindestens eineinhalb Stunden pro Tag. Oft sind mir schon die 20 Minuten schwergefallen. Wer daher seine Meditationszeit verlängern will, sollte das nicht einfach deswegen tun, weil es „besser" ist, mehr zu meditieren. Manchmal ist nämlich das Bessere der Tod des Guten. Vorsatz und guter Wille allein reichen oft nicht aus, um die Aufstockung zu bewältigen. Sie sollte nur vornehmen, wer sich auch innerlich und sanft dazu hingezogen fühlt, mehr Zeit in der Stille zu verbringen, wem „es [also] vom Vater gegeben wird". Das kann der Fall sein, wenn die guten Wirkungen des Sitzens – der Zuwachs an Selbstsein, innerer Freiheit und Abstand gegenüber den Kräften des Alltags – das eigene Lebensgefühl erreichen und man mehr in diesem Hochgefühl leben möchte. Oder wenn das Verlangen zunimmt, sich Gott mehr hinzugeben.

Um Unterstützung und Anregung zu erhalten, ist es hilfreich, mit einer Gruppe zu sitzen oder einen Partner zu haben, der ebenfalls eine tägliche Zeit der Stille hält, sodass man sich mit ihm darüber austauschen kann. Oft bringt auch eine Intensivzeit des Meditierens, z. B. in einem geeigneten Kurs, einen erheblichen Fortschritt.

Aber es gibt auch Kräfte in uns, die Widerstand gegenüber der Meditation leisten. Worin sind sie begründet? Einen Hinweis gibt uns das Evangelium. Einige der Jünger nehmen Anstoß an einer Rede Jesu. „Sie ist hart. Wer kann sie hören?"

Worte können einen treffen, die Schleier der gewohnten Sichtweisen vor der Wirklichkeit wegziehen und den Hörer infrage stellen. Das kann erschreckend sein und einem nachgehen. Aber doch sind es nur *Worte*. Etwas ganz anderes ist es, mit*erleben* zu müssen, wie der verehrte Meister und geliebte Freund gekreuzigt wird. Das können sich selbst diejenigen Jünger nicht zumuten, die trotz der harten Rede Jesu bei ihm geblieben sind. Sie vermeiden den Anblick des hilflos und ohnmächtig seinem Sterben, seiner Verlassenheit und seinem Leiden ausgelieferten Jesus.

Besteht hier eine Parallele zum Sitzen? Beim Sitzen geben wir Kontrolle ab. Wir öffnen uns dem, was kommt, und verzichten darauf, dies steuern zu wollen, obwohl wir ahnen, dass manches, was aus unserem Herzen in unser Bewusstsein aufsteigt, unser Bild von uns selbst nachhaltig stören kann. Wir bleiben im Erleben und stehen davon ab, das Erfahrene einzuordnen.

Wenn wir etwa Unversöhntheit, Schuld, Unzufriedenheit mit dem Beruf oder mit der Partnerschaft wirklich an uns heranlassen, diesen Gefühlen einen Raum eröffnen und in sie hineinspüren, werden wir an die Wahrheit, die diese Gefühle bedingen, festgenagelt wie Jesus an sein Kreuz: Es gibt kein weiter so. Auch in uns muss dann etwas sterben. Und das fürchten wir. Deshalb schwelt ein Widerstand gegenüber der Meditation in uns, sodass sie uns immer wieder schwerfällt und wir bisweilen alle möglichen Ausflüchte dankbar ergreifen, um nicht sitzen und uns unserer Wirklichkeit stellen zu müssen.

Allerdings ist dieser Untergang in der Meditation der Aufgang eines neuen Lebens. Jesus sieht in seinem Sterben den Aufstieg „dorthin, wo er vorher war“. Diese Erhöhung ist kein Lohn für die Qual, der von irgendeiner Instanz außerhalb von uns gezahlt würde. Im Zerbrechen des Bisherigen dringt neues Leben zu uns durch wie Licht, wenn die Höhle geöffnet wird, in der ein Verschütteter eingeschlossen ist. Die Kraft, der wir es verdanken, bleibt verhüllt und verhüllt hat sie uns auch schon durch unser Untergehen hindurch getragen.

Zur 36. Woche: Wahres Hören

Jean Klein beschreibt ein fortgeschrittenes Stadium der Meditation, in dem vieles integriert und zur Ruhe gekommen ist, sodass die Aufmerksamkeit sich nicht mehr binden lässt und das Atmen von selbst in den Vordergrund tritt. Dem Impuls, den Atem beeinflussen zu wollen, gilt es zu widersagen; er bedeutet Wollen und Herstellen der eigenen Vorstellungen. Das ist aufzugeben, sobald es bemerkt wird, um zu realisieren, was Klein „multi-dimensionales Willkommen-Heißen" nennt: gewahren dessen, was ist, ohne es dingfest zu machen, d. h. ohne das Ganze oder etwas davon zu fokussieren und ein Objekt daraus zu machen. Da keine Aktion stattfindet, gibt es auch kein Subjekt. Alles ist da, Geräusch, Empfindung, Atmen …, jedoch aufgehoben in einem offenen Horizont, der auch seinerseits kein Objekt, sondern reines Gewahrsein ist.

Ich glaube, dass sich in diesem Zustand der Meditation erfüllt, was Ezechiel verheißt: Dieser Meditierende ist, was seine Ausrichtung angeht, schon aus der Welt – dem Ensemble der Dinge mit ihren individuellen und kollektiven Bedeutungen – ausgezogen, „gesammelt" und zu „seinem Grund gebracht". Sein Maß an innerer Stille konnte sich nur einstellen, weil „reines Wasser über ihm ausgegossen wurde", das ihn von „seiner Unreinheit und seinen Götzen gereinigt hat" – seinen unbewussten Glaubenssätzen, was er erstreben und haben muss, um leben zu können. Da er dies geschehen ließ, empfängt er „ein neues Herz und einen neuen Geist in seinem Inneren". Das „Herz von Stein" wurde verwandelt in „ein Herz von Fleisch", das empfänglich ist. Göttlicher Geist ist in dieses Herz eingezogen und dementsprechend wirkt und handelt es. Es vermag zu lieben. Und „die Liebe [ist] die Erfüllung des Gesetzes" (Röm 13,10). Der Mensch selbst ist in dieses Herz gesunken und bei sich angekommen. Zu Hause bei sich und zu Hause im Grund aller Wirklichkeit bewohnt er sein Leben, sein Handeln, seine Beziehungen.

Zur 37. Woche: Unterstützender Lebensrahmen

Was Buddhadasa zu Beginn eines Kurses über Köder, das Wohnen und den Umgang mit Zerstreuungen als Hilfen oder Hemmnisse für das Meditieren sagt, ist nicht einfach auf das alltägliche Üben zu Hause zu übertragen.

Doch stelle ich über die Jahre, in denen ich Meditation geübt habe, eine Entwicklung zu mehr Einfachheit fest, was Essen und Wohnen angeht. Gelegentlich genieße ich auch „Köder“: ein paar Scheiben Parmaschinken, ein Stück Roquefort und ein Glas guten Wein. Es stimmt: Köder wollen weitere Köder; man muss aufpassen, dass es bei der Ausnahme bleibt.

Was Buddhadasa über die Nähe zur Natur sagt, das kann ich nur unterstreichen. Zwischen Wäldern und Wiesen zu wohnen ist ein Luxus. Viele müssen sich auf Ausflüge ins Grüne beschränken. Ich liebe es, in der Natur zu sein, die Tiere zu sehen, die bei Hitze und Kälte, Regen und Schnee draußen sind; Bäume, die an ihrer Stelle stehen und aushalten, was auch geschieht; Grashalme, die sich vom Wind wiegen lassen; das unscheinbare Blümchen, das niemand gepflanzt hat und den Betrachter anrührt in seiner schlichten, ungekünstelten Schönheit. Wenn ich schneebedeckte Berge sehe, an den Gestaden des Meeres stehe, den Sternenhimmel betrachte, dann spüre ich darin ein Wirken, das nicht vom Menschen verursacht ist, das diesen vielmehr in seine Schranken weist und ihn spüren lässt: „Es geht nicht alles nach deinem Willen und deinen egomanen kleinen Vorstellungen, o Mensch!“ Im Letzten sind wir tatsächlich „nicht bei Wünsch’ dir was, sondern bei So isses!“ Zugleich gibt mir die Natur das Gefühl, in einem Ganzen aufgehoben zu sein, Teil einer Einheit zu sein, die alles umfasst, durchdringt und darüber hinausgeht. Und das gilt auch für das Leben, für seine guten und seine bösen Stunden, für das Dasein jetzt und den Tod morgen.

Mit den Zerstreuungen ist das so eine Sache. Buddhadasa hat Menschen vor sich, die sich für eine Zeitlang aus ihrem Alltag ins Kloster zurückziehen. Fernab der gewohnten Lebensumstände und -abläufe ist es erheblich einfacher, Dhamma zu seinem Vergnügen zu machen, zumal nicht viel anderes, „was uns vergnügt, schmeichelt und unterhält, was uns zufrieden macht, unsere Angst und Unruhe mindert" zur Verfügung steht. Zu Hause ist das anders. Arbeit, Internet, Fernsehen, Bekannte, Kneipe ... verführen uns oder lenken uns ab. Müde vom Alltag, fehlt oft die Kraft, Zerstreuungen zu widerstehen, obwohl jeder weiß, dass er am Ende leer dabei ausgehen wird. Er gibt nach – und hat mit Zeit und Geld bezahlt, „was ihn nicht nährt und ... nicht satt macht." Es bleibt ein saurer Nachgeschmack. Statt sich deswegen aber zu rügen und nachzutreten, verzeiht man sich besser. Wenn die Kraft für „richtige geistige Nahrung" nicht reicht, dann muss man eben mit bescheidenerer Kost vorliebnehmen. Eine wirkliche Hilfe ist ein Spaziergang am Abend: Frische Luft und etwas Bewegung verschaffen Distanz zu den Verführungen, die sonst schnell das Regiment übernehmen.

Aber vielleicht geht es noch um mehr, nämlich darum, eine Kultur zu entwickeln, in der man sich erlauben kann, sich bewusst etwas zu gönnen, und seine Kreativität dafür einsetzt, etwas zu finden, was eine echte Belohnung darstellt für einen harten Tag oder harte Phasen des Lebens. Damit würdigt und anerkennt man seine Leistung und gestaltet sein Leben ohne schalen Nachgeschmack.

Gegen die Sucht und gegen alle anderen Mächte, die im Alltag wirken, ist die Meditation ein wahrer Anker. Für sie gilt, was Jesaja schreibt: Das Innehalten gibt dem Lebensdurst Wasser, und zwar umsonst. Das Innewerden seiner selbst ist Hören, ist Offen-und-empfänglich-Werden, ist Umkehr. Daran sind Verheißungen geknüpft:

- „das Beste bekommt ihr zu essen", wenn ihr euch öffnet und hört
- „die fetten Speisen" sind das, was Energie und Kraft gibt
- „ihr werdet aufleben!": Die Kraft des Innehaltens führt aus der Zerstreutheit in die Zentriertheit; aus der Unruhe in die Ruhe; aus der Verkrampfung in die Entspannung; aus der

Niedergeschlagenheit in die Hoffnung; aus der Erschöpfung in einen frischen Wind; aus der Belastung mit Problemen in Leichtigkeit und Zuversicht ...
- „Der Herr hat Erbarmen mit ihm“: Ich darf mir meine Wahrheit zugestehen, wenn sie noch so unerhört ist, und ich erfahre Annahme, wenn ich der Verlockung zum Eingestehen der Wahrheit folge; „denn Gott ist groß im Verzeihen“.

Zur 38. Woche: Wer bin ich?

Chah nimmt unser Bewusstsein in den Blick mit all den Objekten, die darin auftauchen und auftauchen können. Diese sind flüchtig, sie kommen und gehen. Sie sind leer, insofern sie keine wirkliche Erfüllung bewirken. Sie sind abhängig von vielerlei Bedingungen, von den äußeren Lebensumständen eines Menschen, z. B. Arbeit, Familie, Gesundheit, Gesellschaft, Krieg und Frieden, von seiner Geschichte und inneren Glaubenssätzen, Werten, Idealen, Erwartungen, Zielen ..., was ihm teils bewusst, teils nicht bewusst ist. Die meisten Menschen meinen, dass sie das Gesamt dieser wogenden Bewusstseinsphänomene sind, dass diese ihre Identität ausmachen. In der Tat, wenn Ruhe oder Erregung im Bewusstsein auftritt, wenn wir den Zustand unseres Bewusstseins für gut oder schlecht halten, dann sagen wir: „*Ich bin* ruhig“, „*ich bin* erregt“, „*ich bin* gut oder schlecht“. Wir gründen unser Selbstverständnis auf unsere Bewusstseinsinhalte. Erfüllung, die wir ersehnen, ist dann selbstverständlich ein Objekt unseres Bewusstseins. Wer sich so versteht, der wird jedoch, so Chah, unaufhörlich hin- und herschwanken zwischen „Himmel und Hölle“, zwischen „Geburt und Tod“: „Himmlische“ Gefühle werden „geboren“, d. h., sie entstehen im Bewusstsein, aber sie vergehen auch wieder, und wenn sie vergangen, d. h. „gestorben“ sind, ergreifen den Raum weniger angenehme Gefühle bis hin zu solchen, die „höllisch“ unangenehm sind. Ein Selbst, das sich so versteht und entsprechend verhält, ist wie eine Marionette, die von unbekannter Hand geführt wird. Sie versteht nicht, was mit ihr geschieht und was sie tut. Sie ist nicht Herrin in ihrem eigenen Haus. Viele halten das für das Schicksal, das mit dem Menschsein gegeben ist. Chah hingegen weiß, dass wir dieses vermeintliche Schicksal selbst herstellen, weil wir unserer Tendenz folgen, etwas zu ergreifen. Sobald wir etwas merken, „*ergreifen*" wir es: Wir reflektieren es als Erfahrung und beschäftigen unser Denken, Urteilen und Wollen damit. Oft nicht ganz freiwillig: ohne dass es uns ganz klar ist, hat ein Objekt *uns* ergriffen, indem es uns aufgibt, es zu bewältigen. Davon kommen wir manchmal lange nicht mehr los.

Natürlich implizieren Offenheit und Empfänglichkeit Merken, Merken impliziert freiwilliges oder unfreiwilliges Ergreifen. Und der ganze Prozess der Meditation dreht sich darum, das Ergriffene loszulassen, insofern in ihm die Bedingungen in der Person für ihr Ergreifen erkannt werden. Dann öffnet sich der Geist. Er „hat nichts, entsteht nicht, er ist nicht geboren und stirbt nicht mit irgendjemand. Er ist frei, strahlend, prachtvoll, nichts kann ihn besitzen." Das ist die wahre Identität des Menschen, nicht irgendwelche Bewusstseinsphänomene. Diese wahre Identität liegt also nicht in „*etwas vor*" ihm, das er mühsam erreichen oder herstellen müsste, wie er lange meint, sondern sie ist schon da, umgibt, durchdringt und übersteigt ihn, so dass er sich, alles loslassend, in sie hineinsinken lassen kann. Sie „hat nichts, entsteht nicht, stirbt nicht ..."

Wenn dies so ist, stellt sich umso mehr die Frage, wieso der Mensch das Gemerkte ergreift und dadurch seine wahre Identität verfehlt. Die Antwort von Buddhismus und Bibel lautet: durch *Haben-Wollen*. Der Mensch ist das Wesen einer unendlichen Sehnsucht. Nichts kann sie erfüllen. Doch das Streben nach etwas und die kurze Befriedigung, die eintritt, wenn das Erstrebte erreicht wird, lassen ihn diese Sehnsucht vergessen und ebenso den Mangel, der ihr zugrunde liegt. Wird das Haben-Wollen nicht gezähmt, wird es zur Gier, die den Menschen selbst und seine Welt zerstört. Man muss die Grenze akzeptieren, dass die Erfüllung der unerfüllbaren Sehnsucht nur empfangen werden kann. Der Mangel in ihr muss bejaht und erlitten und alle Versuche aufgegeben werden, seine Erfüllung anzustreben.

Die Jünger im zweiten Text liefern ein Anschauungsbeispiel für den Menschen, dessen Selbstverständnis an den Fäden ihm unbekannter Bedingungen für seine Bewusstseinszustände zappelt: Keiner außer Judas weiß, wo er selbst in der Beziehung zu Jesus steht. Doch ehrt es die andern elf, dass sie sich dessen immerhin bewusst sind und es zugeben können. Wankelmütig und unzuverlässig ist der Mensch! Die Elf streiten ab, an Jesus Anstoß zu nehmen, fliehen aber nicht nur bei seiner Verhaftung, sondern bleiben auch seinem Kreuz und seiner Beisetzung fern! Sie sind enttäuscht und verärgert und wollen den Abstand. Petrus weist entrüstet von sich, Jesus zu verleugnen, und verleugnet ihn wenige Stunden später. Offensichtlich sind die Jünger wie eine Blackbox, die automatisch auf einen empfangenen Impuls reagiert. Unbekannt ist aber, wieso und wie. So sind nicht nur die Jünger. Wir kennen das doch auch. Wir beziehen eine Position, doch dann brist Gegenwind auf, es droht, mühsam zu werden, Angst um sich selbst steigt empor – und schon verändern sich unser Selbstverständnis und unser Verhalten. Doch lässt sich durch die Meditation etwas mehr Licht in unsere Blackbox bringen.

Jesus hingegen geht in unerschütterlicher Klarheit durch das Mahl mit den Jüngern und dann durch seinen Prozess. Er lässt sich von der Ambivalenz der Elf und dem Verrat des Judas nicht irritieren. „Der Menschensohn muss seinen Weg gehen, wie die Schrift über ihn sagt." Er hält an dem schon länger gehegten Wunsch fest, ein Gedächtnismahl zu stiften, das zweierlei bewahrt: die Liebe, in der er sich für uns Blackbox-Menschen in den Tod gibt, und den Weg ins ewige Leben, auf dem das Ego hineinsterben muss in die Auferstehung des wahren Selbst.

Zur 39. Woche: Hinsetzen und sich selbst in den Blick nehmen ist der Weg zum Leben

Eines ist es, die (buddhistischen) Charakteristika der Existenz – alle Bewusstseinsinhalte sind unbeständig, unbefriedigend, leer von Selbst – zu *wissen*, ein anderes, die Phänomene tatsächlich *sein zu lassen und sich von ihnen zu lösen*. Solange es Haben-Wollen gibt, gibt es auch Verstrickung in die Bewusstseinsphänomene. Der buddhistische Weg zur *Verwirklichung* dieses Wissens besteht in der Übung, die Vorgänge im Bewusstsein geschehen zu lassen und mit Aufmerksamkeit zu begleiten.

Der Text aus dem Lukas-Evangelium nennt drei Bedingungen für diejenigen, die Jesus nachfolgen wollen:

Geringachten der Familie: Das Zusammenleben in Familien und die menschliche Entwicklung ihrer Mitglieder wird begrenzt durch Empfindlichkeiten und starre Verhaltensmuster. Jesus möchte Freiheit und personale Beziehungen verstärken, auch unter den Angehörigen. Zum Agenten dieser Vision kann nur ein Familienmitglied werden, das das System in dem Sinn gering achtet, dass es aus ihm heraustritt und seine blinden Flecken erkennt und die ihnen zugrunde liegenden Anhaftungen loslässt.

Die Aufforderung zum Kreuztragen: Das *Kreuz*tragen mutet dem Jünger zu, das zu tragen, was ihm im Leben in die Quere kommt. Er soll dieses Kreuz *tragen*, d. h. nicht nur darüber nachdenken, sondern das Gewicht, die Kanten, den Druck *spüren*. Er soll *fühlen*, was das ihm in die Quere Gekommene in ihm auslöst, und an dieser Grenze innehalten.

Besitzverzicht: Der Sinn des evangelischen Besitzverzichtes liegt darin, an sich heranzulassen, was das Leben bringt. Denn demjenigen, der auf seinen Besitz verzichtet hat, fehlen schlichtweg die Mittel, ein unerwünschtes Hier und Jetzt vermeiden oder wegmachen zu können. Er muss sich ihm stellen und ggf. andere um Hilfe bitten.

Der Jünger Jesu wird daher seinen Alltag immer wieder unterbrechen und innehalten müssen, um seiner inneren Bewegungen hier und jetzt gewahr zu werden und bei ihnen auszuhalten. Jesus und der Buddha blasen hier gewissermaßen ins gleiche Horn.

Die Menschen, die Jesus begleiten und an die er sich in unserem Text wendet, sind aufgeschlossen ihm gegenüber. Manche von ihnen werden sich mit der Frage tragen, ob sie vielleicht seine Jünger werden wollen. Sie sind in einer Entscheidungssituation – wie der Turmbauer und der König in den beiden Gleichnissen, die Lukas hier einfügt. Der Rat an alle drei Parteien ist derselbe: *sich hinsetzen und überlegen.* Auf den ersten Blick erscheint die Empfehlung naheliegend und banal. Doch sie ist es nicht. Denn der Turmbauer und der König haben Vorlieben. Einer der beiden Alternativen sind sie zugeneigt: Der Turmbauer möchte den Turm, der König den Krieg. Nun gibt es aber auch Bedenken, ob die Mittel dafür jeweils reichen. Sie stören. Die Versuchung ist, sie abzutun, sie erst gar nicht zu ernstzunehmenden Einwänden werden zu lassen. Das Bestehen auf dem *Hinsetzen* zielt dagegen darauf ab, *indifferent* zu werden, d.h. gleichmütig gegenüber den Projekten, also den Turm zu bauen bzw. den Krieg zu führen nicht mehr zu mögen, als den Turmbau bzw. den Krieg zu lassen. Das ist eine Herausforderung, die eben nicht mal schnell im Vorübergehen zu bewältigen ist. Dazu muss man sich in der Tat hinsetzen. Es braucht nämlich Zeit, die Motive seiner Vorliebe zu erkennen und sich von den egoistischen davon zu lösen. Dazu ist innezuhalten und zu betrachten, was einen bewegt. Ohne diese Indifferenz ist das Überlegen sinnlos. Es kommt nur das heraus, was man ohnehin schon wollte. Wenn eine Entscheidung durch Abwägen getroffen werden soll, besteht Ignatius von Loyola auf der Indifferenz als Vorbedingung dafür: „Es ist notwendig, … mich dabei *gleichmütig* zu verhalten, ohne irgendeine ungeordnete Anhänglichkeit, sodass ich nicht mehr geneigt und gestimmt bin, die vorgestellte Sache anzunehmen, als sie zu lassen, und nicht mehr sie zu lassen, als sie anzunehmen, dass ich mich vielmehr wie im Gleichgewicht der Waage befinde, um dem folgen zu können, von dem ich spüre, dass es mehr zur Ehre und zum Lob Gottes unseres Herrn und zur

Rettung meiner Seele gereicht" (GÜ 179). „Mehr zur Ehre und zum Lob Gottes unseres Herrn und zur Rettung meiner Seele gereicht", was sich mir als zu tun zeigt, wenn ich mich von allen Bewusstseinsphänomenen so lösen kann, dass sie aufgehoben sind in einem unbegrenzten Horizont.

Wer sich hinsetzt und indifferent wird, befolgt bereits die Bedingungen der Jüngerschaft Jesu, ganz gleich, wie er sich am Ende entscheidet, weil er angesichts der zu treffenden Entscheidung das Kreuz seiner Ambivalenz trägt. Was daraus erwächst, hat alle Chancen, eines der Werke zu sein, „die Gott für uns im Voraus bestimmt hat, damit wir mit ihnen unser Leben gestalten" (Eph 2,10). Diese Art von Hinsetzen ist der Schlüssel der Jesusnachfolge wie des Buddhaweges.

Allerdings kommt sie in unserer Gesellschaft zu kurz. Viele Menschen sind so eingespannt in das Rad von Arbeiten-, Konsumieren-, Das-Leben-genießen- und Sich-selbst-optimieren-Müssen, dass sie gar nicht mehr zum Kontakt mit sich selbst und persönlichen Entscheidungen finden. Davon sind auch viele kirchliche Mitarbeiter nicht ausgenommen. Man merkt es an Gottesdiensten, die keinen Moment der Stille haben, und an Texten und Predigten, die nicht berühren, weil die Akteure sich nicht berühren ließen.

Zur 40. Woche: Der Prozess des Loslassens

Das Ende der Emmaus-Geschichte unterscheidet sich von ihrem Beginn dadurch, dass die Jünger ihre bisherige Vorstellung vom Messias und von seinem Wirken losgelassen haben und ihre Trauer einem Brennen des Herzens gewichen ist. In der Kraft und im Licht des Erfahrenen kehren sie nach Jerusalem zurück, bereit, sich der Situation dort zu stellen, statt sich ihr durch Weggang zu entziehen. Die Umkehr der Emmaus-Jünger ist ein Beispiel für das Loslassen, das für Buddhadasa und das Evangelium zu Recht so zentral ist.

Lange wurde mein Verständnis der Geschichte von dem Gedanken behindert, ob Jesus als leibhaftiger Dritter bei den beiden Jüngern war. Wieso erkennen sie ihn dann aber nicht? Dass er so entstellt gewesen wäre oder ganz anders ausgesehen haben könnte als früher, sind Mutmaßungen, für die es keinen Anhaltspunkt gibt. Oder erkennen sie ihn einfach deswegen nicht, weil er nicht leibhaftig gegenwärtig war, sondern im Geist? Tatsächlich stelle ich mir heute die Gegenwart des Auferstandenen als ein personales Milieu vor, als Geist, der den beiden Jüngern das ermöglicht, wovon die Geschichte erzählt: von einem Gespräch, das immer offener wird. Und von einem zunächst ver-rückt erscheinenden Einfall, der immer plausibler wird. Begleiten wir die beiden mit diesem Vorverständnis:

Auf ihrem Weg entwickelt sich ihr Gedankenaustausch dahingehend, dass sie einander ihre Hoffnungen und ihre Enttäuschung, ihre Trauer, ihre Sorge und ihre Verwirrung erzählen können. Das ist eine Entblößung und keine Selbstverständlichkeit, schon gar nicht bei Menschen, die miteinander verbunden sind und den Alltag teilen, wie man es bei den Jüngern voraussetzen darf. Da bleibt das Gespräch oft im Management des Alltäglichen oder bei Klatsch und Tratsch hängen. Ein substanzielles Gespräch, in dem die Beteiligten sich selbst zur Sprache bringen, ist nicht die Regel. Hier wird es ermöglicht durch echtes Interesse, den Mut zu einer „blöden" Nachfrage – „Was ist denn geschehen in Jerusalem?" – und der Fähigkeit zuzuhören. Diese „Methoden" sind jedoch nur wirksam, wenn sie aus einem bejahenden und würdigenden Geist erwachsen – eben der Präsenz des Auferstandenen.

Da kommt ihnen der Gedanke, dass das Schicksal Jesu kein unglücklicher Ausrutscher ist, ein Versagen Gottes sozusagen, sondern dass der Christus leiden *musste*, um so in seine Herrlichkeit zu gelangen. Offen, wie die Jünger inzwischen sind, wehren sie ihn nicht gleich als Unsinn ab, obwohl er ihrem Denken fremd ist. Einer ihrer ungeprüften Glaubenssätze, an dem sie hängen, besagt, dass der Messias ein irdischer Herrscher ist, kein Verbrecher. Lukas lässt Jesus jenen Gedanken äußern. Ich glaube, er will damit sagen: Dieser Gedanke ist nichts, was die Jünger sich hätten ausdenken können. Er liegt jenseits ihres Horizontes. Er muss ihnen so einfallen, als würde ein anderer ihn aussprechen. Wenn das Unerhörte einmal ins Wort gekommen ist, ist es nicht mehr leicht wegzuwischen; man muss sich ihm stellen. Dieser Einfall ist daher nicht nur eine hypothetische Idee, wie sie einem zuhauf durch den Kopf gehen und kurz darauf wieder verschwunden sind. Er hat Macht. So windschief er zu ihren Vorstellungen zunächst auch steht, eröffnet er doch eine ganz neue Perspektive. Ihre Herzen beginnen zu brennen. Der Gedanke berührt sie, er lässt sie erbeben und fasziniert sie gleichermaßen, auch wenn ihnen das jetzt nicht bewusst ist. Jedenfalls kommen sie von diesem Einfall nicht los. Immer mehr Anhaltspunkte dafür in der Schrift fallen ihnen ein. Was ihnen zunächst als eine ver-rückte Idee erschien, beginnt langsam ihre Vorstellung von der Wirklichkeit umzukrempeln. Denn die Person Jesu und sein ganzes Wirken werden durch diese Idee aufgeschlossen und bekommen Sinn und Stimmigkeit. Jesus kann kein irdischer Herrscher sein, der das Recht mit Gewalt durchsetzen muss. Jesus war ein Liebender, der jeden zur Freiheit befreien wollte, aus seinem Grund zu leben. Das macht das Streben nach Geld, Macht, Bestätigung, das die Welt beherrscht, obsolet ... Muss ein solcher Störer des Getriebes dieser Welt dann nicht tatsächlich ausgeschaltet werden? Ja, so wird es tatsächlich sein: Der Christus *musste* leiden. Und sein Tod war Eingehen in den Grund, aus dem er lebte. „Jetzt verherrliche du mich, Vater, bei dir mit der Herrlichkeit, die ich bei dir hatte, bevor die Welt war!“ wird der johanneische Jesus (Joh 17,5) beten. Der Tod Jesu: Seine Transformation in Herrlichkeit.

Beim „Tischgebet“ geschieht es dann: Es gehen ihnen die Augen auf. Ihr Mahl macht ihnen das letzte Abendmahl Jesu gegenwärtig, bei dem Brot und Wein zu Zeichen der Hingabe und Liebe dessen werden, der für sie in Leiden und Tod geht. „Es gibt keine größere Liebe, als wenn einer sein Leben für seine Freunde hingibt“ (Joh 15,13). Nun wird ihnen das Brennen ihres Herzens bewusst. Im Rückblick erscheint ihnen ihr Weg wie von einem Dritten begleitet. Jesu Gegenwart war es, die ihnen ermöglicht hat, sich auszusprechen und sich zu öffnen – füreinander und für die völlig neue Deutung des Geschehenen. Doch als sie diese Gegenwart erkennen, ist der Gegenwärtige in der Vergangenheit verschwunden. Anders gesagt: Als die den ganzen Prozess ermöglichende Gegenwart zum Objekt ihrer Erkenntnis wird, d.h. zu einer erfahrenen Erfahrung, hört die erfahrende Nicht-Erfahrung auf: Sie ist eben nur in einem unthematischen Wissen zugänglich.

Verwandelt kehren sie zurück.

Nach beiden Texten bestehen wesentliche Elemente dieser Verwandlung darin zu betrachten, was einen bewegt: es zu „beobachten und das Elend und Leid des Anhaftens zu sehen". Zu durch*leben* – nicht zu durch*denken* –, was ist, kann nicht übersprungen und nicht abgekürzt werden. Auf diese Weise lösen sich die Dinge „automatisch" für Buddhadasa, für Lukas ermöglicht durch die öffnende Gegenwart des Auferstandenen im Geist.

Zur 41. Woche: Worin unser Bewusstseinsstrom erscheint

Lairds Ratschlag, die Aufmerksamkeit von Objekten weg hin zur Bewusstheit selbst zu verlagern, ist paradox. Es stimmt, dass das Letzte in der Meditation kein Bewusstseinsphänomen ist, aber wenn der Übende die Aufmerksamkeit von etwas zur Bewusstheit schwenkt, dann kann er nicht anders, als aus der Bewusstheit ein Objekt zu machen. Da hilft auch nicht weiter, dass die Verlagerung „sanft" sein soll. Der Übende muss verstehen, dass der Weg dahin, wo „schweigende Bewusstheit schweigende Bewusstheit gewahrt", nicht *aktiv* zu beschreiten ist. Er muss dahin geführt werden. Dies kann geschehen, wenn er wahrhaftig nimmt, was hier und jetzt da ist. Dann kommt die Beschäftigung damit zur Ruhe und er öffnet sich mehr und mehr.

Der biblische Text dieser Woche zeigt uns die Haltungen, die notwendig sind, um sich zu dieser erfahrenden Nicht-Erfahrung führen zu lassen. Auf dem Weg dahin sind immer wieder Grenzen zu passieren. Durch sie kann der Übende „demütiger, friedfertiger und geduldiger“ werden. Sie lehren ihn, sich und seine Mitmenschen „in Liebe zu ertragen“ und die „Einheit des Geistes“ zu wahren. Denn an der Grenze kann nur verweilen, wer die Fixierung auf *seine* Vorstellungen, *seine* Bewertungen und *sein* Wollen aufgibt und Spannung erträgt. Das öffnet für unterschiedliche, auch entgegengesetzte Meinungen und deren Resonanz bei sich selbst. Auf diese Weise weitet und entwickelt sich das Denken jedes Einzelnen und wächst auf das Denken der anderen zu. Die verschiedenen Gesichtspunkte, Anliegen, Argumente sind wie Puzzleteile: Erst wenn jedes Teil seinen Platz gefunden hat, ist das fertige Bild und die „Einheit des Geistes“ da. Falls sich kein einmütiger Konsens ergibt, jedoch entschieden werden muss, beugen sich alle der getroffenen Entscheidung im Vertrauen auf den offenen Geist, in dem sie vorbereitet wurde.

Sich so zu verhalten ist einem Menschen in dem Maße möglich, als er zu sich selbst gekommen ist und in sich ruht, also eins ist mit sich selbst und darin mit dem „Gott und Vater aller, der über allem und durch alles und in allem ist“.

Alles ist aus ihm. Alles, was mir in der Meditation begegnet, kommt aus demselben Grund, Trost und Trostlosigkeit, Unruhe und Frieden, Gedankentätigkeit und Stille, Subjekt und Objekt …

Doch ist dieser Grund über all das hinaus. Er ist mit keinem Phänomen, mit keinem Objekt, mit keiner Erfahrung identisch, er übersteigt und unterfasst alles, auch mich: Ich bin er, aber er ist nicht ich.

Er durchdringt nicht nur alles, sondern alles, was geschieht, steht in seinem Dienst, um den, der dieses Geschehen annimmt, in die Einheit mit sich zu führen.

Doch dazu braucht es geduldiges und treues Üben.

Zur 42. Woche: Objektlosigkeit der Meditation

Wollen zielt notwendig auf *etwas*, was erreicht oder erkannt werden soll, damit auf ein Objekt, das den Zugang zu unserem

Wesen versperrt und damit zu dem Frieden und dem Glück, die diesem Wesen innewohnen. So Spira, dem ich zustimme. Was bedeutet das für unsere Übung des Meditierens? Einige Aspekte davon möchte ich hier in Erinnerung rufen:

- Jedes Festhalten an einer Vorstellung vom Ziel der Meditation – einem Objekt – ist kontraproduktiv. Wir sitzen. Nichts weiter.
- Wir pflegen unsere Meditation danach zu beurteilen, ob sie, die dann unser Objekt ist, unseren Erwartungen entspricht oder nicht: Humbug, wenn die wahre Erfüllung kein Objekt ist. Es ist vollkommen gleichgültig und ohne Belang, ob die Meditation angenehm oder unangenehm ist, ob bzw. welche Objekte in unserer Meditation auftauchen. Unsere Übung besteht darin, unser Denken und Wollen durch Wahrnehmen zu unterbrechen, sodass jene schließlich weitgehend erlöschen wie ein Feuer, das keine Nahrung mehr hat. Dabei verwandelt sich die Aufmerksamkeit zum offenen Gewahrsein.
- Es geht um Loslassen. Dieses Loslassen ist jedoch nichts, was wir erstreben, sondern die Beendigung der Mühe, ein Objekt durch gedankliche oder willentliche Beschäftigung damit festzuhalten. Es stellt sich ein, wenn die Bedingungen für die Beschäftigung mit dem Objekt erkannt wurden. Beispiel: Ich kann die Beschäftigung mit einer Szene mehr und mehr einstellen, wenn ich mir die Gefühle eingestehe, die die Szene bei mir auslöst und die Beschäftigung mit ihr bedingen. Verweile ich bei diesen Gefühlen, führen sie mich zu meinen Anhaftungen: mir selbstverständliche, aber ungeprüfte Glaubenssätze, die mich, mein Leben, die Welt betreffen, die sich nun als Elemente meiner egomanen Weltkonstruktion erweisen und der Wirklichkeit hier und jetzt widersprechen. Nun stehe ich vor der Möglichkeit, aufzuhören, an diesem Irrsinn festzuhalten.
- Eine angenehme Meditation lassen wir ungern, bis uns aufgeht, dass dadurch unsere innere Freiheit gebunden ist. Diese innere Freiheit wird im Laufe der Zeit köstlicher als

ein noch so schönes Gefühl. Überdies stellen wir langsam fest, dass jedes Angenehme zwar „nett" ist, sich aber, wie überhaupt jedes Objekt, irgendwie falsch, zu grob, zu dinglich anfühlt. Es dämmert uns, dass das Festhalten des Angenehmen eine Sackgasse ist.
Wenn das Angenehme geht, ist Nicht-Angenehmes da, und es gibt die Tendenz, das verflossene Angenehme wieder herzustellen. Wenn uns das bisweilen auch annähernd gelingen kann, so haftet dem wiederhergestellten Angenehmen etwas Falsches an. Wir stellen es ja vor unsere wirklichen Bewusstseinsinhalte hier und jetzt, die wahrscheinlich weniger befriedigend sind, um diese damit zuzudecken. Das ist eine Unaufrichtigkeit, zu der uns unsere Gier getrieben hat. So stellt sich ein schaler Geschmack ein, der uns ernüchtert. Mit der Zeit bevorzugen wir daher, uns dem zuzuwenden, was hier und jetzt in unserem Bewusstsein ist, was nicht von uns gemacht ist, auch wenn es uns missfällt.

- Wenn in der Übung nichts zu wollen ist, können wir uns zu Beginn und immer wieder in ihrem Verlauf sinken lassen und entspannen. Man kann aber Entspannung nicht *anstreben.* Liest man den Hinweis zur Entspannung als Aufforderung: „Entspann dich!", führt das nur zu mehr Anstrengung und Anspannung. Sich zu entspannen ist keine Anstrengung. Es ist Aufhören des Festhaltens, Loslassen des Strebens, das Hier und Jetzt zu verändern, Annehmen der Gegenwart, Sich-Öffnen. Es ist die Beendigung des Sich-Anstrengens, durch das das unbefriedigende gegenwärtige Objekt durch das erstrebte, vermeintlich bessere Objekt ausgetauscht werden soll. Entspannung ist daher das Aufgeben des Wegwollens aus dem gefühlt mangelhaften Hier und Jetzt.
- Das „Versinken der Aufmerksamkeit in der Quelle reiner Bewusstheit, aus der sie aufgestiegen ist" (Spira) ist bei Lichte besehen etwas Großes: Loslassen seiner selbst, seines Egos und dessen Welt. Für das Evangelium ist diese Übung zentral: Sie ist Einübung des Kreuztragens hier und jetzt, Hingabe an den Willen des Vaters, *dessen* Wille geschehen,

dessen Reich kommen soll unter Aufgabe der Welt, die wir durch *unseren Willen* nach *unseren Vorstellungen* errichten.

Der biblische Text beschreibt Ähnliches in anderen Bildern: Im neuen Jerusalem der Geheimen Offenbarung des Johannes gibt es keinen Tempel. Der Tempel ist ein Ort, an dem Menschen durch Worte, Riten, Gesänge ..., kurzum: durch Objekte, Gott vergegenwärtigen, eine Gottesbegegnung inszenieren können. Im neuen Jerusalem gibt es nun keinen solchen Ort mehr. Gott und das Lamm (Christus) sind präsent ohne Vermittlung durch Objekte: eine Präsenz, die weder *etwas* noch *nichts* ist. Die Bewohner der Stadt wissen um sie in reiner, ihrer selbst bewusster Bewusstheit. In ihr leben sie, bewegen sie sich und sind sie. Die Stadt braucht auch kein geschaffenes Licht mehr: Die Gottheit selbst, die in unzugänglichem Licht wohnt (1 Tim 6,16), ist das Licht in dieser Stadt und das Lamm die Leuchte. Ohne Leuchte kein Licht, ohne das Lamm keine Unmittelbarkeit zu Gott. Das Lamm steht für denjenigen, der sein Kreuz freiwillig getragen und dem Willen des Vaters den Vorrang in seinem Leben gegeben hat. Der Weg ins Licht besteht im Eingestehen dessen, was hier und jetzt ist, und im Aufhören, an den Verhaftungen festzuhalten, die sich im Prozess des Annehmens zeigen.

Zur 43. Woche: Anstrengung

Paulus war ein Mensch, der für Gott leben wollte. Daher versuchte er mit allen Kräften, den Weg zu beschreiten, den ihm seine Religion dazu vorgab, nämlich die Erfüllung des Gesetzes. Aber daran scheiterte er. Also bemühte er sich noch mehr. In dieser Spannung von Anstrengung und Ungenügen war er gefangen. Er hat sie an den Anhängern des „neuen Weges“ ausagiert, die behaupteten, aus Gnade im Frieden mit Gott zu leben, d.h. vor Gott ungenügend sein zu dürfen. Für sein Lebensmuster: „Mehr-vom-Selben“ einer verzweifelten Anstrengung, die den erstrebten Frieden verfehlt, stellten die Christen eine Grenze dar. Da geschieht es, dass ihm vor Damaskus die Augen aufgehen. Er merkt, dass er bekämpft, was er ersehnt: den Frieden mit Gott. Er erkennt sein Muster. Das bringt seine Welt derart durcheinander, dass er nicht mehr weiß, was was ist. Vorübergehend erblindet er.

An diese seine Geschichte denkt er wohl, wenn er an die Galater schreibt: „Ich bin durch das Gesetz dem Gesetz gestorben, damit ich für Gott lebe. Ich bin mit Christus gekreuzigt worden. Nicht mehr ich lebe, sondern Christus lebt in mir.“ Um „für Gott zu leben“ hat die Erfüllung des Gesetzes als Instrument versagt. Durch guten Willen und Kraft allein ist weder die Erfüllung des Gesetzes noch der Frieden mit Gott zu erreichen. Vom Etwas-Erreichen hat vor allem das Ego etwas; es kann es sich als Sieg gutschreiben. Das hat Paulus verstanden und in diesem Sinn ist er dem „Gesetz gestorben“. Aber er hat nicht nur das Gesetz als Instrument abgeschrieben, sondern dies existenziell vollzogen: Paulus konnte sein Lebensmuster los- und damit sein bisheriges Selbstverständnis sterben lassen. Darin wurde er „mit Christus gekreuzigt“. Der alte Paulus ist tot und stellt fest: Christus lebt nun in mir als mein wahres Selbst.

Doch damit ist die Sache noch nicht zu Ende. Auch der neue Paulus lebt noch „im Fleische“. Das Ego ist noch nicht völlig besiegt, das wahre Selbst beseelt noch nicht alle Lebensvollzüge. Paulus lebt nun „im Glauben an den Sohn Gottes, der mich geliebt und sich für mich hingegeben hat“. Er vertraut darauf, dass die Liebe und Hingabe Jesu Gott offenbart. Und zwar einen Gott, der nicht durch Streben gnädig gestimmt werden muss. Einen Gott, der sich mitteilende Liebe *ist*. Das Leben in Gott, das Paulus ersehnt, liegt nicht als fernes Ziel *vor* ihm, es ist ihm immer schon angeboten – wie ein Geschenk, das nur noch ausgepackt werden muss. Wenn Gott Liebe ist, dann kann der Mensch sich öffnen, empfangen, was ist, egal, wie es ist, und er braucht nichts zu tun, nichts zu verstehen, nichts anders haben zu wollen. Er kann lassen, was ist, aufhören, sich damit zu beschäftigen – und versinkt gerade so in der Gegenwart Gottes. Ein solcher Mensch handelt und wirkt aus Gott heraus.

In dieser Geschichte des Paulus können sich viele Menschen wiederfinden, erst recht, wenn man sie von dem jüdisch-christlichen Rahmen befreit. Die Überzeugung, sich anstrengen zu müssen, um ein sinnvolles Leben zu bekommen, Liebe zu finden, es zu etwas zu bringen …, sitzt tief in uns Menschen drin, als ob sie in unseren Genen verankert wäre. Unsere Leistungsgesellschaft, in der „sich regen Segen bringt", „jeder seines Glückes Schmied" und Leistung der Weg zur Teilhabe an der Gesellschaft ist, beruht auf dem Leistungsmuster und fördert das Leistungsmuster.

Aber stimmt es denn, dass Leistung das Entscheidende im Leben ist? Die Australierin Bronnie Ware hat viele Jahre lang Sterbende begleitet und dabei auch mitbekommen, was diese im Rückblick auf ihr Leben am meisten bedauerten. Dabei tauchten immer wieder folgende fünf Punkte auf[79]:

1. nicht den Mut gehabt zu haben, die Erwartungen anderer zu enttäuschen, um sich selbst treu bleiben zu können
2. zu viel gearbeitet zu haben
3. seine Gefühle nicht ausgedrückt zu haben
4. Freundschaften nicht genügend gepflegt zu haben
5. der Freude im Leben nicht genügend Raum gegeben zu haben

„Funktioniert: ja! – Geöffnet-sein: nein!", würde ich die fünf Punkte zusammenfassen. Da die Meditation ja gerade die eigene Person und was sie bewegt in einen offenen Horizont stellt, ist sie ein geeignetes Mittel, das Funktionieren zu unterbrechen und einen Raum für die eigene Person und ihre Gefühle, Wünsche und Beziehungen zu eröffnen, wenn dabei die Hinweise Taulers beherzigt werden:

79 Ware, Bronnie: 5 Dinge, die Sterbende am meisten bereuen, München [19]2005.

- sich sinken lassen „in einer sich selbst verleugnenden Weise", d. h., ich lasse Unangenehmes da sein und höre auf, eine – nach meinen Vorstellungen – bessere Meditation zu erstreben. Egal wie die Meditation ist, es ist nichts falsch daran. Die Meditation ist, wie sie ist, und ich übe, meine Bewertungen zu lassen.
- „Halte dich von allem entblößt": Was die Sehnsucht, die über alles hinausgeht, erfüllt, ist kein Objekt, kein Gefühl oder Empfinden, keine Erleuchtung, kein Wissen, keine Erfahrung …
- Da wir dauernd *etwas* suchen, *etwas* erkennen, *etwas* wollen, muss dies „in einer entsinkenden Weise" geschehen: Wir lassen unsere Anstrengung sinken, wenn wir ihrer bewusst werden.
- „Später wirst du die Freude empfinden." Es braucht also Geduld. Dazu verhelfen die segensreichen Auswirkungen des Meditierens im Alltag.

Zur 44. Woche: Die Nicht-Erfahrung der Gegenwart

Spira beschreibt den Kern von Meditation (und Gebet) methodisch: eine anstrengungslose Nicht-Erfahrung, bei der die Aufmerksamkeit sich im Herzen der Bewusstheit zur Ruhe begibt. Das ist nicht anstrebbar, da das Streben danach – wie jedes Streben – Anstrengung bedeutet. Die anstrengungslose Nicht-Erfahrung muss daher von selbst geschehen, der Meditierende muss sie sich ereignen lassen.

Nach unserem Evangelium scheint Beten in der Gruppe um Jesus etwas Vertrautes zu sein. Von niemandem kommt eine verwunderte Frage oder ein überraschter Kommentar, als Jesus mit dreien seiner Jünger zum Beten auf einen Berg steigt. Diesen Aufwand betreibt man nicht für ein paar Minuten: Die vier verbringen Stunden, vielleicht den ganzen Tag in Stille, Einsamkeit und Gebet. Im Beten geschieht es, dass Petrus und die zwei anderen Jünger in einen Zustand kommen, in dem sie „vom Schlaf bedrängt" und gleichzeitig wach sind. Wer

z. B. beim Autofahren „vom Schlaf bedrängt" wird, der hat Schwierigkeiten zu fokussieren, die Gegenstände entschwinden ihm. Lukas möchte mit seiner Formulierung einen bestimmten Bewusstseinszustand der drei schildern: ein waches Gewahrsein ohne Objekte, das in sich ruht und völlig geöffnet ist. Ihre Bewusstheit ist in sich selbst zurückgekehrt, jegliches Tun hat aufgehört. Ihre Beziehung zu Jesus ist aufgehoben in die Sphäre des Göttlichen, in der er der Sohn und der Erwählte ist. Diese Sphäre kennt keine Zeit. Sie ist reine Gegenwärtigkeit, in der Jesus und die drei Jünger vereint sind mit Moses und Elija, Menschen vergangener Epochen und verschiedener Orte. In dieser ewigen Gegenwart sind Leben und Tod überholt und aufgehoben in ein erleuchtetes Leben in Beziehung. Das Skandalon seines Todes, den Jesus seinen Jüngern acht Tage zuvor angekündigt hatte, erscheint nun, als Jesus und die beiden Himmlischen darüber sprechen, in ganz anderem Licht: Der Tod, selbst der Tod am Kreuz, ist kein Fiasko, sondern der Ausgang Jesu und überhaupt des Menschen aus der zeitlichen Welt in die ewige Welt. Damit ist verbunden die Verwandlung des irdischen Menschen in eine von göttlichem Licht erstrahlende Person.

Die Quintessenz dieser Gebetserfahrung ist das „Auf ihn [Jesus] hört!", das sich insbesondere auf die acht Tage zuvor ergangene Aufforderung Jesu zu Selbstverleugnung und Kreuzesnachfolge bezieht, welche die göttliche Stimme nun unterstreicht. Dass wir zumindest in der Meditation damit *aufhören*, Ungeliebtes wegzuschaffen, vielmehr dessen Resonanz in uns *hören* und uns auf diese Weise die Unmittelbarkeit Gottes geschieht, das ist unserem Denken und Trachten derart entgegengesetzt, dass es immer wieder gesagt werden muss.

Zur 45. Woche: Sein aus und in sich selbst

Wünsche eröffnen dem Leben Möglichkeiten und lassen dem, der sie hat, seine Freiheit. Bei Begierden sieht das anders aus. Sie machen Druck und knechten. Das gilt jedoch nicht für den in Weisheit und Versenkung Gefestigten der Bhagavad Gita: Wenn Begierden in seinem Bewusstsein entstehen, kann er sie „fallen" lassen. Weder muss er der Begierde folgen noch sich gedanklich mit ihr beschäftigen. Entsprechendes gilt für alle Impulse, gleich ob sie von außen oder von innen kommen: Gerät der Weise in leidvolle oder freudige Lebensumstände – er wird nicht erregt und bleibt frei von Begierde. Steigen aus seinem Inneren Leidenschaften und Gefühle auf – sie vermögen nicht, den in Versenkung Gefestigten aus sich und der Gegenwart herauszuziehen, selbst Furcht und Zorn nicht. Er ist „durch das Selbst im Selbst zufrieden". Hier ist nicht von Selbstgenügsamkeit und Verschlossenheit die Rede. Denn das Selbst ist kein Etwas, sondern offene Bewusstheit. Der in Versenkung Gefestigte ruht in offener Bewusstheit in seinem Grund, der Geist und offene Bewusstheit ist. Phänomene, die in seinem Bewusstsein auftauchen, braucht er nicht zu Objekten zu machen, wie es spontan geschieht, weil er sich dieses Geschehens bewusst ist und es bleiben lassen kann. Wo aber kein Objekt ist, da ist auch keine gedankliche oder strebende Beschäftigung damit. Der in Versenkung Gefestigte ruht in der Gegenwart, ohne dass ihm dies zur Erfahrung und damit zum Objekt wird.

Die Lilien des Lukastextes sind ein anderes Bild für den Weisen der Bhagavad Gita. Wir sollen uns die Lilien ansehen, wie sie wachsen. Sie wachsen aus sich selbst, so, wie es ihrem Wesen als Lilien entspricht, nach ihrem innersten Gesetz. Da ist keinerlei Fremdbestimmung. Sie sind, was sie sind: Eingelassen in den Boden, der sie mit allen anderen Geschöpfen verbindet, stehen sie da in Kälte und Hitze, in Regen und Trockenheit, in Sturm und Windstille. Sie stehen, halten Stand, sind, was sie sind.

Anders der Sich-Sorgende. Die Sorge treibt ihn aus dem Hier und Jetzt fort. Oft genug vertreibt sie ihn sogar aus sich selbst. Er wird von ihr (fremd-)bestimmt. Dem Sich-Sorgenden erscheint das jeweilige Hier und Jetzt als ungenügend, sodass er an dessen Stelle eine Welt nach seinen Vorstellungen erbauen will. Eine Welt, die notwendigerweise seine Unfreiheit und Unruhe in sich trägt und nie bleibend erfüllen kann.

Die Lilie hingegen, ein Symbol der Reinheit, hat kein solch unfreies und getriebenes Selbst. In diesem Sinne ist sie „selbstlos“ und in dem weiteren, dass sie aufgehoben ist im Sein. In ihm ist sie ewig, auch wenn sie „morgen in den Ofen geworfen wird“. Insofern ist die Lilie geeignet, den in Weisheit und Versenkung gefestigten Menschen und den Bürger des Reiches Gottes darzustellen.

Die Hingabe an das Hier und Jetzt, das ist es, was wir zuerst suchen sollen. Sie schützt uns davor, dass die Suche nach dem „Essen und Anziehen“ und den Gütern dieser Erde zur Sucht wird, sodass die Sorge uns mehr und mehr treibt. In der Hingabe an das Hier und Jetzt reift jene offene Bewusstheit, in der wir in Gott gründen und uns kreative Lösungen einfallen.

Zur 46. Woche: Nibbana – Kreuzigung des Egos

„Nibbana“ ist im Buddhismus der Gegensatz zum Kommen und Gehen der Geschehnisse des Lebens. Es ist absolute Transzendenz – „ungeboren, ungeworden, unerschaffen, ungestaltet“ –, den Sinnen, dem Denken und Erfahren unzugänglich. In ihm gibt es weder Subjekt noch Objekt, weder Raum noch Zeit, weder Differenzierungen noch nennbare Eigenschaften.

Das Wort „Nibbana“ bedeutet „Erlöschen“. Buddhadasa beschreibt, *was* erlischt: *der Automatismus, in dem Bewusstseinsphänomene uns beschäftigen und unser Streben und Wollen in Gang setzen*, um aus diesen Phänomenen unsere eigentümliche Welt und das Ego als ihren Schöpfer erstehen zu lassen. Die Meditation lehrt den Übenden, diesen Automatismus zu durchschauen und so die Konstruktion seiner Eigenwelt und seines Egos zu unterlassen. „Das Ergebnis ist Befreiung. Wenn ihr wollt, könnt ihr es Erlösung, Ungebundenheit, Entbürdung oder Losgelöstheit nennen.“ Der Mensch ist befreit vom Zwang und von der Bürde seines Egos. Er ist ego-los und wahrhaft er selbst geworden.

Das ist paradox: Der Mensch hat erst dann wahrhaft sich selbst gefunden, lebt erst dann wahrhaft aus sich selbst, wenn er sich gelassen hat und geöffnet aus dem Nichts lebt; wenn seine Bewusstheit von keinem Bewusstseinsobjekt begrenzt wird. Im christlichen Sprachspiel lautet das: Der sich selbst Gestorbene lebt aus Gott als seinem eigenen Grund.

Was sagt der Philipperhymnus über dieses „Sich-selbst-Sterben"?

Der Mensch „gleicht" Gott insofern, als er, der Mensch, der Schöpfer seiner individuellen und kollektiven Welt ist, seiner sprachlich vermittelten, auf Frustration und Angst erbauten „Idiopolis"[80]. An dieser Art von Gottgleichheit darf er nicht festhalten, wenn er leben will. Er *muss* sich „entäußern", d. h. leer werden.

Nun folgen Worte, die wir gar nicht gerne hören: zum „Sklaven werden", „sich erniedrigen", „gehorsam werden bis zum Tod am Kreuz". Doch in der Meditation erleben wir ihre Realität, auch wenn sie uns nicht schmeckt: In ihr macht sich der Übende freiwillig zum „Sklaven", indem er die Wirklichkeit, die sich ihm zeigt, empfängt und eingesteht. Empfunden wird die Erniedrigung vor allem beim Innehalten in Grenzsituationen. Dort spürt der Übende, dass die Wirklichkeit eben doch nicht so ist, wie er sie sich konstruiert hat, und dass er selbst auch nicht der besondere Konstrukteur ist, der er so gerne wäre. Er ist „den Menschen gleich", einer von vielen Artgenossen, die alle in den Gefängnissen ihrer eigentümlichen selbstkonstruierten Welten sitzen und sich für großartig halten. Nun wird er aufgefordert, „gehorsam zu werden bis zum Tod am Kreuz". „Gehorsam" ist grundlegend für das Alte wie für das Neue Testament. Doch ist er kein „Führer-befiehl-wir-folgen-dir"-Gehorsam, wo möglichst ohne nachzudenken ausgeführt wird, was ein anderer – eine Autorität, die Kirche, ein Wort der Bibel – anordnet. Der biblische Gehorsam erwächst aus einem Hören, wie wir es in der Meditation üben. Diese deckt die der Wirklichkeit hier und jetzt entgegenstehenden eigenen Vorstellungen mitsamt dem ihnen entsprechenden falschen

80 Siehe Kapitel 1, Basics der Meditationsübung, 4. Abschnitt und den Kommentar zur 11. Woche.

Streben auf. Sie loszulassen und die Wahrheit anzuerkennen: darin besteht der biblische Gehorsam. Da jene Vorstellungen aber das egomane Selbstverständnis konstitutieren, stirbt damit ein Teil des Ego am Kreuz der Wirklichkeit. Die Kreuzigung des Ego: Zentrum der Meditation und das Ereignis, das die Abwärtsbewegung des wie Christus Gesinnten umkehrt in eine Aufwärtsbewegung: Er bekommt Anteil an der Erhöhung Christi, an dessen großem Namen, am Respekt, den ihm Himmel und Erde zollen. Ich merke, wie ich mich bemühe, den Überschwang der Schlusszeilen des Hymnus zu deckeln. Aber vielleicht ist es ja ganz gut, sich bewusst werden zu lassen, welche Ungeheuerlichkeit hier geschehen ist: Der Glanz der Gottheit strahlt im sterblichen Menschen auf und verbreitet durch ihn etwas mehr Licht und etwas mehr Liebe in dieser Welt.

Zur 47. Woche: Von der leeren zur wahren Meditation

Klein spricht etwas sehr Bedeutsames an. Es betrifft die Unterscheidung von Welt und Wirklichkeit. Die Welt entsteht aus dem Schoß der Wirklichkeit, indem wir sie durch Sinneswahrnehmungen in unser Bewusstsein nehmen. Wenn wir diese bemerken und fokussieren, werden sie zu einem Objekt der Aufmerksamkeit und durch weitere Verarbeitungsschritte und Reflexionen zu einer erfahrenen Erfahrung, z. B. „das ist ein Mensch".

Bereits bei diesem Vorgang und erst recht in der Weiterverarbeitung und Umsetzung der Erfahrung in eine Position oder ein anstrebbares Ziel tritt unbewusstes und bewusstes Wollen nach unseren Interessen und Vorstellungen als der hauptsächliche Gestalter unserer Welt auf. Es geht uns darum, unsere Angst in Schach zu halten, zu bekommen, was wir meinen, dass wir zum Leben brauchen, usw. Deswegen verstellt und verdeckt unsere Welt die Wirklichkeit, aus der sie entstanden ist. Und das gilt auch, wenn in einer weit fortgeschrittenen Meditation das Bewusstsein leer geworden ist, es also keine Bewusstseinsphänomene mehr gibt, aber nun der Meditierende die Leere zum Objekt seiner Meditation macht. Er bleibt damit im Bereich der erfahrenen Erfahrung und damit der die wahre Wirklichkeit verstellenden Welt.

Wenn wahre Meditation uns zum Ursprung führen soll, wenn uns in ihr die Wirklichkeit, wie sie ist, und ihr Grund aufgehen sollen, dann muss das Innehalten zur erfahrenden Nicht-Erfahrung werden. Dabei ist der Meditierende in ein Geschehen involviert, das dem Entstehen einer Erfahrung vorausliegt. Das ist nicht nichts, aber es ist auch keine Erfahrung. Es ist Unmittelbarkeit, in der alles da und als Einzelnes in einem grenzenlosen Ganzen aufgehoben ist, wie Töne in einem Klang. Der Meditierende selbst *ist* diese Nicht-Erfahrung, er *macht* sie nicht. Er *ist* der Klang, den er *nicht hört.* Denn erst in der erfahrenen Erfahrung entsteht das Objekt und mit ihm das davon getrennte erfahrende Subjekt.

Wie Klein sagt: Wir können diese erfahrende Nicht-Erfahrung nicht absichtlich herstellen. Wir können nur lernen aufzugeben, was Meditation nicht ist: Produktion von Erfahrung und damit von Welt durch irgendeine Art von Wollen. Auch gute und wichtige Meditationserfahrungen, an die man sich lange erinnert, gehören in das Land diesseits der Wirklichkeit, wie sie ist. Aus der Welt, beispielsweise auch aus der Erfahrung der Leere, gibt es von uns aus gesehen keinen Weg, auf dem wir die Unmittelbarkeit der erfahrenden Nicht-Erfahrung erreichen könnten. Dennoch ist das nicht das Ende der Meditation, wenn der Meditierende diese Einsicht annimmt und mit allen Aktivitäten aufhört.

Die geheime Tür, die uns aus dem Land der Subjekt-Objekt-Spaltung entweichen lässt, öffnet sich für den Buddhisten Shizuteru Ueda[81], wenn der Übende *durch den Augenblick reiner Präsenz getroffen* und dadurch ich-los wird.

81 Ueda (1926–2029) war Repräsentant der japanischen Kyoto-Schule, die Philosophieren und Zen-Praxis miteinander verbindet. Ueda: Wer und was bin ich? Zur Phänomenologie des Selbst im Zen-Buddhismus, Freiburg i. Br. 2011, S. 11–37, besonders S. 28.

Rumi schreibt: „Du kommst in eines Königs Schloss nur dann, wenn seine Großmut es erlaubt.“[82]

Auch Johannes vom Kreuz spricht von einem Geschehen, das sich „in einer dunklen Nacht“ ereignet, wenn das eigene „Haus in Ruhe liegt“, d.h. im Gebet Denken und Wollen zur Ruhe gekommen sind. In seinem Herzen ist die Sehnsucht, doch er selbst ist „vermummt“, d.h. selbstvergessen und selbst-los. Was dann geschieht, geschieht „unbemerkt“ und „auf geheimer Leiter“: Der Betende wird in eine erfahrende Nicht-Erfahrung versetzt; wie das zugeht, weiß er nicht, und merken kann er es auch nicht. Denn Merken lässt jene in den Hintergrund gleiten, weil es aus der objektlosen Bewusstheit eine erfahrene Erfahrung von „Seligkeit“ macht. Hier der Text:

„In einer dunklen Nacht,
entflammt von Liebessehnen,
o seliges Geschick!
entfloh ich unbemerkt,
da nun mein Haus in Ruhe lag.
In Dunkelheit und ungefährdet,
auf geheimer Leiter, vermummt,
o seliges Geschick
in Dunkelheit und im Verborgnen,
da nun mein Haus in Ruhe lag.
In der seligen Nacht,
insgeheim, sodass mich keiner sah,
und ich selber nichts gewahrte,
ohne anderes Licht und Geleit
außer dem, das in meinem Herzen brannte.“[83]

M.a.W.: Das Entscheidende in der Meditation geschieht, wenn der Meditierende nichts tut. Damit gibt er die Bühne frei für ein Wirken, das nicht von ihm stammen kann. Für eine Kraft,

82 Rumi: Das Lied der Liebe, München 2005, S. 73.
83 Johannes vom Kreuz: Die dunkle Nacht. Die Gedichte, Einsiedeln ^{3}1983, S. 164f.

die sich mitteilt und dem dazu Bereiten die Erfüllung seiner Sehnsucht eröffnet.

Auch Mose, „ein sehr demütiger Mann, demütiger als alle Menschen auf der Erde“ (Num 12,3), kennt das Verlangen nach der Erfahrung der Herrlichkeit Gottes. Diese Herrlichkeit hat an unserer Stelle vor allem die Attribute der Güte und Gnade und der Freiheit des Gebers. Was Mose erfahren wird, ist Güte in Fülle. Denn seine ganze grenzenlose Güte will Gott an ihm vorüberziehen lassen, sodass sie sich vor ihm ausbreitet und er von ihr erfüllt wird. Das Aufgehen dieser Unmittelbarkeit der Güte Gottes ist Gnade, Geschenk. Mose hat den Wunsch, doch zu seiner Erfüllung kann er nichts tun. Nichts kann deren Geber verpflichten oder unter Druck setzen. Er schenkt sie, wem er sie schenken will, und bleibt darin frei. Aber kein noch lebender Mensch kann das Angesicht Gottes schauen. Auch Mose kann bloß Gottes „Rücken“ schauen, er sieht ihn sozusagen von hinten, verhüllt. Solange der Mensch lebt, ist ihm von Gottes Herrlichkeit nur eine dunkle erfahrende Nicht-Erfahrung möglich. Doch der Verfasser des 1. Johannesbriefs erwartet nach seinem Ableben mehr: Wir werden ihm ähnlich sein und „wir werden ihn sehen, wie er ist“. Wie das sein wird, übersteigt meine Vorstellungskraft. Ich bin gespannt.

Zur 48. Woche: Erleuchtung

Was alles kursiert an Vorstellungen über Erleuchtung! Erleuchtung als Zustand tiefer Sammlung. Als Andacht. Als Verschmelzen mit Gott wie das Untergehen in einem Ozean. Als Hochgefühl. Als Gipfelerfahrung, die ewig bleibt. Gemeinsam sind allen diesen Vorstellungen zwei Dinge: erstens, dass „Erleuchtung“ eine (erfahrene) Erfahrung ist, es also *etwas* gibt, was erfahren wird, und zweitens, dass „Erleuchtung“ etwas *Außerordentliches* ist, etwas *Erhabenes*. Nach Spira ist sie „die strahlende, ihrer selbst bewusste Gegenwärtigkeit“ oder das „weiße Leuchten der Ewigkeit“, also „etwas“ durchaus Besonderes, und zugleich ist dies „keine neue, außerordentliche Erfahrung". Wir können über Erleuchtung nur in Paradoxien sprechen. Erleuchtung ist ein nicht-wissendes Wissen, das nie adäquat ausgedrückt werden kann. Niemand kann sagen, *wie* Erleuchtung wirklich „ist".

Für den Weg zur Erleuchtung braucht es Sehnsucht, die naturgemäß „nach oben" blickt. Doch ist der Weg zur Erleuchtung gefühlt kein Hinauf-, sondern ein Hinabsteigen. Denn die vielen Grenzen, auf die der Erleuchtung Ersehnende auf seinem Weg trifft, sind nur durch Kapitulation zu passieren. Wäre Erleuchtung wie ein erkämpfter Sieg, würde sich der Erleuchtete über all die unerleuchteten Verlierer stellen. Hochmut passt nicht angesichts der unendlichen Einfachheit des sich mitteilenden Geheimnisses der Wirklichkeit. Allmacht des Leistungsmusters passt nicht, wenn doch die Kraft, die in der Stille wohnt, uns gezogen, bejaht und verwandelt hat. So mag Erleuchtung in der von uns konstruierten Welt aussehen. In der Wirklichkeit, wie sie ist, ist Erleuchtung etwas anderes. Denn die Früchte der Kapitulation sind Demut und Hingabe.

Der heilige Benedikt hat der Demut in seiner Regel das siebte Kapitel gewidmet.[84] Unter den zwölf Stufen der Demut nennt er z. B. Disziplin, Pflichterfüllung, Geduld bei „harten und widerwärtigen Vorkommnissen", das Eingestehen schlechter Neigungen, Zufriedenheit mit „allem Niedrigen und Geringen", aus dem Herzen kommende Bescheidenheit, die schließlich zum Habitus der Person wird. Das Ego des wahrhaft Demütigen ist im Passieren der Grenzen gestorben, wenigstens schwächer geworden. Sein Sinnen und Trachten ist zur Ruhe gekommen. Er kreist nicht mehr um sich selbst. In diesem Sinn ist er selbst-vergessen und selbst-los.

Auffällig ist, dass nirgends in der Bibel Erleuchtung beschrieben wird. Wichtiger als eine Beschreibung von Erleuchtung sind für die Bibel die „Früchte", die der Erleuchtete bringt. Schauen wir in unseren Text aus dem Epheserbrief. Nach ihm

---

84 In: Hans Urs von Balthasar: Die großen Ordensregeln, Einsiedeln ^{3}1974, S. 203–207.

ist der Christ aus der Finsternis ins Licht übergegangen. Da das Licht eine Grenze für die Finsternis ist, ist damit schon angedeutet, dass der Weg ins Licht durch Grenzerfahrungen führt. Der Text fordert ja dann auch ausdrücklich den Menschen, der in seiner von Mustern und Gewohnheiten bestimmten Welt des Immer-Selben eingeschlafen ist, dazu auf, die Finsternisse hinter seinem automatischen Verhalten aufzudecken, damit sie vom Licht *erleuchtet* werden können: „Wach auf, du Schläfer, und steh auf von den Toten und Christus wird dein Licht sein." Dieses Licht ist Gabe Christi und mündet in ein entsprechendes Verhalten des Erleuchteten, das von „Güte, Gerechtigkeit und Wahrheit" geprägt sein soll. Nicht Spekulationen über Erleuchtung, sondern deren Früchte im Leben sind sozusagen das biblische Urmeter aller Beschäftigung mit dem Thema und das, woran alle Erleuchtung zu messen ist. Diese Früchte sind Gabe und Aufgabe: Das Licht bringt sie hervor. Daher ist die Aufforderung „Lebt als Kinder des Lichts!" zuerst Einladung, sich immer mehr vom Licht erleuchten zu lassen, und erst danach eine Aufgabe für den guten Willen. Denn nur das Licht verleiht die Mittel dazu, dem Appell folgen und „Güte, Gerechtigkeit und Wahrheit" leben zu können.

So sieht es auch Benedikt: „Hat der Mönch all diese Stufen der Demut erklommen, so wird er rasch zu jener Gottesliebe gelangen, die die Furcht vertreibt. In dieser Liebe wird er alles nunmehr *ohne Mühe wie von selbst* gewohnheitsmäßig erfüllen. Von jetzt an wird er nicht mehr aus Furcht, sondern aus Liebe zu Christus, aus guter Angewöhnung und *aus Freude handeln.*"[85] Nun wird ihm die Meditation zur Freude und „Güte, Gerechtigkeit und Wahrheit" zu seinem Wesen.

Eine letzte Bemerkung möchte ich noch anfügen. Für das Neue Testament ist Erleuchtung personal: „Christus ist das Licht" des Erleuchteten. Wir müssen uns klarmachen: Wir können nur in Bildern von Erleuchtung sprechen, in denen sich die erfahrende Nicht-Erfahrung der Erleuchtung niemals adäquat wiederfindet. Die Frage ist daher: Welches Bild ist ein

85 Ebd. S. 206f.

gutes Bild für Erleuchtung? Ich meine, dass dieses Bild letztlich ohne personale Züge nicht auskommen kann. Wir neigen ja dazu, alles zu personalisieren, mit dem wir in einer Beziehung stehen: *Mein* Mac, *mein* Fahrrad usw., das sind nicht einfach tote Dinge für mich, sondern Gegenüber, die wir anreden und die gelegentlich ihren eigenen Willen haben. Trifft das nicht erst recht auf *meine* Erleuchtung zu, zu der und mit der ich einen langen Weg gehe? Auch wenn die Erleuchtung meine Vorstellungen übersteigt, soll sie doch meine Sehnsucht erfüllen und mir als Person gerecht werden. Das „weiße Strahlen der Ewigkeit", von dem Shelly spricht, stelle ich mir nicht als kaltes Flutlicht vor, sondern als ein mich als Person im Tiefsten erfüllendes und zugleich übersteigendes bergendes Licht. Oder der „Tropfen, der im Meer aufgeht" – nicht *unter*geht, sondern *auf*geht, so dass er sich in einer größeren Einheit verwirklicht, ohne ausgelöscht zu werden: Wenn mir dies zum Bild meiner Sehnsucht werden soll, dann kann ich mir dieses Aufgehen nur wie eine Beziehungserfahrung vorstellen: Wenn zwei Menschen sich aussprechen konnten, geöffnet wurden und nun still werden, weil alles gesagt ist, dann fühlen sie sich aufgehoben in einer Sphäre, die aus dem Raum zwischen ihnen entstanden ist, die sie umgibt, durchdringt und übersteigt, in der jeder ganz er selbst ist und in der die beiden in ihrer Verschiedenheit miteinander und mit dem Ganzen eins sind. Erleuchtung ist nicht so personal, dass mir darin etwas wie ein Mensch entgegentritt. „Licht" ist ein Neutrum. Im Kontext von Erleuchtung braucht es eine weitere Bestimmung, damit es dem personalen Selbst des Erleuchteten gerecht wird. Vielleicht sollte man sagen: Erleuchtung ist über-personal?

Zur Weihnachtswoche: Gott – Grund und Sein der Welt

An Weihnachten feiern wir, dass Gott das Sein der Welt, ja mehr noch, Grund und Mitte des persönlichen Seins jedes Menschen ist. Schön, mag mancher sagen, wenn das so ist, aber was spielt das für eine Rolle? Eine große, wie mir scheint. Wenn ich glaube, dass Gott Grund und Mitte meines persönlichen Seins ist, dann wird dadurch meine Welt geöffnet nach innen und über mich hinaus, dann wird meinem Leben eine innere Tiefe und eine Hoffnung erschlossen, die über diese Welt hinausgehen. Mein Sein bekommt eine unendliche Würde. Ohne diese Öffnung und Hoffnung hat der Tod das letzte Wort. Die Befriedigung, die das Irdische mir zu geben vermag, wäre dann alle mir mögliche Erfüllung. Meine Sehnsucht würde immer wieder in meinem Herzen rumoren, aber sie bliebe für immer unerfüllt und wäre nichts weiter als eine absurde Veranlagung. Eine Gerechtigkeit über diejenige hinaus, die der Gesetzgeber und die Gerichte liefern, gäbe es nicht. Und ich selbst wäre nichts weiter als eines von acht Milliarden Exemplaren einer zum Vernunftgebrauch befähigten Spezies, die für eine verschwindend geringe Zeit auf diesem Planeten versucht, ihr Leben zu erhalten und ihm Befriedigung abzugewinnen – eine Befriedigung, die, kaum erreicht, schon wieder verflogen ist –, um schließlich im Nichts unterzugehen.

Der Autor der Wolke und des Briefs empfiehlt dem Betenden, sich der Sehnsucht des Herzens nach Gott und des eigenen Daseins bewusst zu sein, ohne Gedanken und Gefühle, in reiner Gegenwärtigkeit. So kann sich die Erfahrung der wirklichen Gegenwart Gottes einstellen, eine dunkle und bruchstückhafte Nicht-Erfahrung der Gegenwärtigkeit von „ich bin“ und „Er ist“.

Die Gebetsanleitung des Kartäusers zeugt von tiefem Wissen. Sie richtet sich an einen Übenden, in dem es still geworden ist. *Momente* der Stille gibt es von Anfang an immer wieder einmal beim Üben. Doch dass diese Stille sich vertieft und ausbreitet, ist eine Frucht des Weges der Integration dessen, was die Bewusstseinsphänomene hier und jetzt jeweils bedingt. Auf ihm werden die störenden Phänomene angeschaut, nicht aber durch Anstrengung wegkonzentriert. Damit sind wir beim zweiten Text dieser Woche, der Wasser in den berauschenden Wein des ersten schüttet: den Widerstand, den die „Seinen“ dem wahren Licht entgegensetzen, das doch ihr „Grund und ihre Mitte“ ist. Drei Anläufe macht das Evangelium, um diesen Sachverhalt festzustellen. Anscheinend kommt er ihm ungeheuerlich vor und es scheint ihn kaum glauben zu wollen. Sehnen wir uns denn nicht nach dem Licht? Nach dem Licht, wie wir es uns vorstellen und es haben möchten, schon! Aber das „wahre Licht“ ist „Fleisch geworden“ und damit verhüllt. Es wohnt unter unseren inneren Bewegungen. Welche von ihnen führen uns zu ihm hin? Das wahre Licht können nur die annehmen, heißt es weiter in unserem Text, die „nicht aus dem Blut, nicht aus dem Willen des Fleisches, nicht aus dem Willen des Mannes geboren sind“, die also nicht allein ihren „normalen“, selbstverständlichen Tendenzen folgen, wie sie in der Welt gang und gäbe sind, sondern diese außer Kraft setzen können. Der Meditierende wird sich deshalb gerade denjenigen seiner inneren Bewegungen zuwenden und sie betrachten, die ihm missfallen, die seinen Absichten in die Quere kommen, um zu prüfen, ob sie ihn zur Annahme des wahren Lichtes führen. Das ist der Weg, auf dem sich abgespaltene Teile des Selbst integrieren, die Person „Gnade und Wahrheit“ empfängt und die „Herrlichkeit des einzigen Sohnes vom Vater“ schaut. Das göttliche Wort wird in ihr Mensch und verwandelt sie, damit sie mehr und mehr in der dunklen Gegenwart Gottes ruhend leben und wirken kann.

Zur Woche des Jahreswechsels: Der spirituelle Weg: Vom Suchen zum Geschehen-lassen

Der Jahreswechsel ist für viele ein Anlass, mit guten Vorsätzen und Plänen ins neue Jahr zu gehen. Wird das Vorgenommene erlangt, tritt Befriedigung ein und in ihrem Gefolge auch Freude. Das werden auch die drei Magier empfunden haben, als sie nach mühevoller Reise Jerusalem erreichen. Aber Befriedigung und Freude sind von kurzer Dauer – sowohl für die Magier als auch für uns, da das Erreichte die Erfüllung nie hergibt, die man sich davon versprochen hatte. Enttäuschung breitet sich aus. Die Magier geben jedoch nicht auf, sie ziehen weiter.

Aber wie ziehen sie weiter? Da sie „ihrem" Stern folgen, muss es Nacht sein. Bei Tag sieht man keine Sterne. Doch bei Nacht können Fremde im bergigen Umland von Jerusalem keinesfalls reisen. Der Text meint also wohl eine innere „Reise". Bei ihr ist es Nacht. Diese hüllt das Bewusstsein ein, es gibt keine Objekte, keine Ziele, keine Suche, kein Wollen, auch kein abgetrenntes Ich mehr. Die Magier sind eins mit der Nacht. Diese Nacht wird von „ihrem" Stern erleuchtet. In ihren Herzen brennt eine Sehnsucht und sie werden erfüllt von „sehr großer Freude". Als es geschieht, dass sie sich ganz loslassen können, sinken sie nieder und geben sich hin – hineingenommen in die Beziehung eines neugeborenen Kindes zu seiner Mutter, aufgehoben in einer ganz und gar offen stehenden göttlichen Präsenz voller Liebe, voller Neubeginn, voller Hoffnung.

Bevor Matthäus seinen Lesern Leben und Wirken Jesu verkündet, bietet er ihnen diese bemerkenswerte Geschichte vom spirituellen Weg an. Einer Frage lohnt es sich, noch etwas mehr nachzugehen, nämlich wie es zu dieser besonderen Art des Reisens kommt, nachts und in großer Freude? Wären die Sterndeuter dazu fähig gewesen, wären sie zweifellos von Anfang an so gereist. Das war aber nicht der Fall. Sie konnten nicht anders, als ihrer Sehnsucht ein anstrebbares Ziel zu geben. Die neue Art des „Reisens" mussten sie erst noch lernen. Und sie lernen sie in Jerusalem, dem Ort kurzer Befriedigung und tiefer Enttäuschung. Während Herodes und seine Leute aktiv werden, sind sie zur Passivität gezwungen, zum Aushalten der Enttäuschung, der Verunsicherung, der Ohnmacht. Dabei geschieht es, dass sie nicht mehr aus sind auf etwas, das vor ihnen liegt, sondern geöffnet werden für das, was hier und jetzt in ihrem Herzen ist. Offenbar entspringt hier der Quell dieser sehr großen Freude.

Das neue Jahr möge Ihnen viele Befriedigungen bringen. Wo es Sie ent-täuscht, erinnern Sie sich vielleicht daran, dass im Innehalten an Grenzen etwas von unschätzbarem Wert zu lernen ist, was die Sehnsucht des Menschen wirklich erfüllt: sich selbst zu vergessen und zu ruhen in einer hingegebenen Liebe.

Zur Karwoche: Wachen und Loslassen

Als Christ bin ich gewohnt, in Jesus den auferstandenen Gottessohn zu sehen, eine Brille, die das Menschsein Jesu durchaus ausblenden kann. Wenn ich einmal diese dogmatische Brille ablege und kritisch in Rechnung stelle, dass es Jesu Anhänger waren, die seine Worte und Taten überlieferten und schließlich die Evangelien aus ihnen zusammenstellten, so tritt mir doch in folgenden drei Punkte seiner Biografie eine staunenswerte Persönlichkeit entgegen:

Da ist als Erstes die Entscheidung Jesu, nach Jerusalem zu gehen. Sehr bald nach Beginn seines öffentlichen Auftretens wird klar, dass die Jerusalemer Pharisäer und Schriftgelehrten sein Wirken und seinen Anspruch ablehnen und ihn loswerden wollen. Jesus war ein Mensch, der vor Konflikten und Spannungen nicht zurückscheute; das hat er von Anfang an bewiesen, als er z.B. – entgegen den selbstverständlichen Erwartungen der Leute aus Kafarnaum – weggeht (Mk 1,38), einem Gelähmten die Sünden vergibt (Mk 2,5), mit Sündern und Zöllnern isst (Mk 2,15), am Sabbat heilt (Mk 3,1ff). Und nun beschließt er, sich der Ablehnung der Jerusalemer Eliten zu stellen. Die Alternativen: Vermeidung, Verdrängung, Flucht – die sind nicht sein Ding. Sie wären unwahrhaftig gewesen, der Angst um sich selbst geschuldet. Sein Weg hinauf nach Jerusalem ist buchstäblich ein Weg in das Durchleben dieser Ablehnung hinein. Mochte diese auch in seinem Tod kulminieren, so glaubte er, dass dieses Ende seines in Treue und Wahrhaftigkeit zum Grund seiner Person beschrittenen Weges das Tor zum wahren Leben in Gott ist.

Der zweite Punkt, der mich beeindruckt, ist das letzte Mahl Jesu mit seinen Jüngern. Es ist ihm so wichtig, dass er es von langer Hand organisiert. Seine Gäste sind Menschen wie du und ich: zweifelnde Gläubige, die sich selbst für größer halten, als sie sind; Feiglinge, die flüchten, wenn Gefahr im Verzug ist; Menschen, die ihn verleugnen, wenn es für sie unangenehm werden könnte. Jesus stiftet dieses Mahl zum Gedächtnis dessen, worauf es im Leben ankommt: sich im Vertrauen darauf, unbedingt bejaht zu sein, dem zu stellen, was ist, egal, was es ist.

Der dritte Punkt, der mich an Jesus fasziniert, ist die Weise, wie er seinen Prozess, seine Passion und sein Sterben vollzieht. Ja, vollzieht: Es ist nicht nur ein schreckliches Schicksal, das über ihn hereinbricht. Das ist es auch. Aber er nimmt es an, er jammert nicht, er beschwert sich nicht, er widersetzt sich nicht, er laviert nicht. Entschieden, klar und aufrecht geht er den Weg in den Tod, während der Hohe Rat mit seinen falschen Zeugen herummacht, ohne mit deren Aussagen zurande zu kommen, und Pilatus, der ihn gerne freilassen würde, einknickt vor der Drohung, ihn beim Kaiser anzuschwärzen.

Die für die Karwoche ausgewählten Texte leisten einen Beitrag, diese Charakteristika der Person Jesu in unser Leben und zuallererst in unser Beten und Meditieren zu übersetzen. Beide Texte weisen auf die Bedeutung von Wachen und Loslassen hin.

Nach dem Lied (Gita) des Erhabenen (Bhagavad) ist Selbstbeherrschung nicht zuerst eine Frage des Sich-Zusammenreißens, sondern davon, bei dem zu wachen, was man gerne in der Nacht verborgen sein lässt – Konflikte, Schuld, Unversöhnlichkeit, Sucht, Ängste, Wut, Schwäche … –, und sich nicht mit dem zu beschäftigen, was die anderen Wesen umtreibt: Störendes weghaben und Begehrenswertes besitzen wollen … Daraus resultiert eine zweite Bedeutung dieser Zeilen: Wer sich in dieser Weise beherrscht, wacht in der erfahrenden Nicht-Erfahrung, die den anderen Wesen verschlossen ist. Denn „er begehrt die in ihn einströmenden Begierden nicht mehr“, d. h., er kann alle Bewusstseinsphänomene da sein lassen, ohne sich mit ihnen beschäftigen zu müssen. Seine Achtsamkeit versinkt in der reinen Bewusstheit.

Petrus und seine Begleiter beherrschen ihr Selbst nicht. Ihr Schlaf ist kein Tiefschlaf, sondern eine Melange aus Müdigkeit, Widerstand und dem Versuch, gedanklich mit der spannungsgeladenen Situation zurechtzukommen. Das von Markus überlieferte Beispiel Jesu zeigt, dass sein „Wachen und Beten“ für die frühe Kirche eine wirkliche Hilfe gewesen ist, eine existenziell belastende Situation zu bewältigen. „Wachen und Beten“ ist auch eine Hilfe für uns heute. Es hat an Aktualität nichts verloren:

Jesus gesteht sich seine Todesangst ein und lässt sie in seinem Bewusstsein da sein, wie sie ist. Er bemerkt seinen Wunsch, das Leiden möge an ihm vorübergehen; vielleicht kommt ihm der Gedanke zu fliehen. Aber er folgt ihm nicht. Er beschäftigt sich nicht mit seinen angstvollen Gedanken, sondern er betet weiter, indem er bei dem wacht, was er von sich gewahrt: das ist vor allem seine Angst. Dadurch erfährt sein Gebet allmählich eine Öffnung: Der Beter kommt in Berührung mit seinem Grund, den er Vater nennt, ein Kontakt, der etwas Bergendes und Lösendes hat. Er kann da sein lassen, was ist, ohne es verstehen oder kontrollieren zu müssen. Nach wie vor möchte er nicht leiden, aber er vertraut sich diesem seinem Grund an.

Dieses Beten nennt Jesus Wachen. Es funktioniert wie Wache halten. Ein guter Wächter ist wach und offen. Deswegen darf er sich auf nichts konzentrieren, weder auf persönliche Dinge noch auf etwas, was er beim Wache-Schieben bemerkt. Würde er sich mit etwas beschäftigen, schränkte dies seine Wachheit und Offenheit ein; er riskierte damit, Wichtiges nicht zu bemerken.

So besteht auch die „Tätigkeit“ des wachenden Beters in einer Untätigkeit, die ihn wach, gesammelt und offen sein lässt. In seiner Offenheit bemerkt er, was ihn bewegt. Um wieder offen und gesammelt zu werden, übt er sich darin, es da-sein zu lassen, wie es ist. Er gewahrt es, aber er beschäftigt sich nicht damit.

Dreimal geht Jesus hin und betet in dieser Weise – so oft, bis er bereit ist anzunehmen, was kommt.

Zur Osterwoche: Unbedingte Liebe

Eine der tiefen Blessuren, die der Mensch hat, wenn nicht überhaupt seine tiefste, besteht darin, nur bedingt geliebt zu sein. Das hat er als Kind gelernt: Manche seiner Verhaltensweisen, Handlungen oder Wünsche wurden von Vater oder Mutter bzw. seinen primären Bezugspersonen abgelehnt, zurückgewiesen, ja auf manche reagierten sie ärgerlich, wurden laut, setzten eine bedrohliche Grenze. Und weiter hat das Kind gelernt, durch Verhalten im Sinne der Eltern diesen ein Lächeln aufs Gesicht zu zaubern und gelobt zu werden, vielleicht sogar in den Arm genommen, geküsst und geherzt zu werden und zärtliche und liebe Worte zu hören. Die Reifeprüfung, mit der der Schüler dieser Schule ins erwachsene Leben entlassen wird, besteht, wer verinnerlicht hat: Im Grunde genommen bin ich ungenügend, aber ich kann mir Anerkennung, vielleicht sogar Liebe verdienen, indem ich die Erwartungen der anderen erfülle. Die so erarbeitete „Liebe“ kann jedoch das Gefühl tiefen Ungenügens nicht heilen. Sie verfestigt es vielmehr, weil der Arbeiter gerade den Teil seiner selbst, den er gelernt hat als ungenügend zu beurteilen, hinter seinem gefälligen Verhalten versteckt. Die Liebe, die er sich so verdient, ist eigentlich nicht Liebe, sondern Lohn für seine Gefälligkeit. Das reicht für Sex, Erotik, romantische Liebe und Tätigkeit im Service. Für eine Beziehung, in der zwei Menschen als sie selbst, d.h. im Bewusstsein ihrer Unterschiedenheit, sich einander zuwenden, sich füreinander interessieren und respektieren, reicht es nicht. Dabei ist eine solche Beziehung der Ort, an dem das eigene Ungenügen heilen kann, wenn beide wagen, zu ihren Gefühlen und Wünschen hier und jetzt zu stehen. Das führt zunächst in einen Konflikt – und dann zu befreienden Entdeckungen, wenn er zum Thema gemacht wird: Der andere erwartet gar nicht das von mir, was ich meinte, dass er erwartet; oder: Mein von mir als ungenügend beurteiltes Verhalten genügt dem anderen; oder dass Unterschiede die Beziehung nicht negativ beeinträchtigen, wenn sie gewürdigt werden. So bekommt wirkliche Liebe eine Chance und wirkt befreiend.

Die Botschaft von Ostern vermittelt sich in solchen Beziehungen. Sie lautet nämlich: „Du, Mensch, du genügst! Du bist geliebt, wie du bist. Du brauchst dich nicht länger zu verstecken! Du musst dir deine Daseinsberechtigung nicht erarbeiten und Liebe nicht heucheln. Unbedingte Liebe fließt dir zu wie ein

Strom. Er öffnet dich und heilt dich und möchte durch dich weiterfließen zu allem, was ist. Diese Liebe ist dir ewige Gegenwart."

Wer sich bejaht weiß mit seinen Blessuren, wer also sich selbst lieben kann, kann auch Personen anerkennen, die seine Erwartungen nicht erfüllen. Wer von einer unbedingten Liebe geheilt und dazu befreit wurde, sich selbst anzunehmen, wie er ist, kann andere lieben. Diese wahre Selbstliebe kann sich loslassen. Ganz anders die egomane Selbstliebe. Sie will alles haben, bezieht alles auf sich und kreist ständig um sich selbst. Sie hat nie genug, weil nichts von dem, was sie bekommen kann, imstande ist, ihren Mangel an unbedingter Bejahung aufzuheben.

Diese unbedingte Bejahung preist der Text aus dem Römerbrief. Wenn Gott für uns ist, dann kann nichts uns scheiden von der Liebe Christi. Ja, in dieser Welt sind wir „Bedrängnis oder Not oder Verfolgung, Hunger oder Kälte, Gefahr oder Schwert" ausgesetzt. Das haben wir durch die Corona-Pandemie unversehens merken müssen und erleben es weiterhin in den Auswirkungen der Klimakatastrophe, den anhaltenden Migrationsströmen und Kriegen mit vielen Toten und im politischen, wirtschaftlichen, sozialen und gesellschaftlichen Niedergang unserer einstigen Wohlstandsgesellschaft. An immer mehr Orten, an denen Gewaltherrscher oder korrupte Banden regieren, kommt es noch schlimmer: „Den ganzen Tag sind diejenigen, die die Liebe leben, dem Tod ausgesetzt; sie werden behandelt wie Schafe, die man zum Schlachten bestimmt hat." Auch davor sind wir nicht gefeit, wenn extreme Parteien an die Macht kommen. Manch einem dämmert es, dass das Leben auf dieser Erde so paradiesisch nicht ist. Für ihn kann die Gewissheit des Paulus Bedeutung gewinnen und seinen Lebensmut stärken:

„Weder Tod noch Leben,
weder Engel noch Mächte,
weder Gegenwärtiges noch Zukünftiges noch Gewalten,
weder Höhe oder Tiefe noch irgendeine andere Kreatur
können uns scheiden
von der Liebe Gottes, die in Christus Jesus ist, unserem Herrn."

Zur Pfingstwoche: Mystik und Politik

In der Meditation wird der Übende mehr und mehr zu sich selbst und zu Liebe und Mitgefühl mit allen Wesen befreit. Im christlichen Sprachspiel wird er mit Heiligem Geist erfüllt. Das kann sich sehr unterschiedlich auswirken, wie die beiden Texte belegen: Die Apostelgeschichte schildert die politisch-organisatorische Dimension, der Text aus dem Johannesevangelium die mystisch-personale Dimension der Ausgießung des einen und selben Heiligen Geistes. Beide Dimensionen gehören zusammen.

In der Apostelgeschichte treten die bisherigen Schüler Jesu in die Rolle des Meisters ein und bezeugen ihre Erfahrung mit großer Autorität und Selbstgewissheit – Petrus: „Dies sollt ihr wissen, achtet auf meine Worte!“– in einer großen Öffentlichkeit. Im Konflikt, ob Jesus Gottes*lästerer* oder Gottes*sohn* war, positionieren sie sich unmissverständlich und dauerhaft und kritisieren die Regierenden, Jesus als Gotteslästerer umgebracht zu haben, obwohl sie hätten wissen können, dass er der Gesalbte ist. Der Geist bewirkt einen starken öffentlichen Auftritt und mutigen politischen Protest. Das findet Anhänger, die sich formell – sie lassen sich taufen – der entstehenden Organisation „Gemeinde“ anschließen.

Der Unterschied zum zweiten Text aus dem Johannesevangelium könnte kaum größer sein: Sein Schauplatz ist ein abgeschlossener Raum, in den sich ein kleines Häufchen Jünger nach dem Tod des Lehrers aus Furcht verkrochen hat. Sie sollen die Sendung Jesu weiterführen, so wie Jesus vom Vater gesandt war. Kern dieses Wirkens ist die Vergebung der Sünden, die Versöhnung des Menschen mit sich selbst und mit anderen vor Gott. Die Aufgabe der Jünger ist dabei, einen Raum der Annahme und Wahrhaftigkeit zu ermöglichen, in dem ein Mensch sich alles eingestehen und betrachten kann, was ihn bewegt, eben auch Schuld, Versagen und Fehler. Zur Befähigung für diesen Dienst wird den Jüngern der Heilige Geist eingehaucht. Diesen darf man sich nicht wie ein Handwerkszeug vorstellen oder wie eine behördliche Erlaubnis, z. B. einen Führerschein. Er wird nach unserem Text Menschen geschenkt, die selbst den Weg der Versöhnung gegangen sind: Eingeschlossen, wie sie sind, müssen die Jünger ihr Versagen und Scheitern eingestehen und aushalten. Doch irgendwann geschieht von innen her eine Bewegung, die die Mauer aus Trauer, Schuld und Furcht, die sie gefangen hält, durchbricht und ihren aufgewühlten Herzen Frieden stiftet und sie versöhnt. Sie sind befreit zu einem vertieften Leben aus Gott als ihrem Grund. Eine solche Auferstehung kann es ohne Verwundung nicht geben. Der Heilige Geist ist die Teilhabe am Leben Gottes, der ihre Verwandlung ermöglicht hat. Nur so können sie die Sendung Jesu weiterführen.

Wer in der Meditation wieder und wieder übt, sich sich selbst zu stellen und gelassen und liebevoll bei sich auszuhalten – in guten und schlechten Stunden –, der wird zum Empfänger des Heiligen Geistes und dessen Wirken wird in seinem Leben allmählich spürbar.

Autoren und Quellen

Shamsuddin Ahmad **Aflâkî,** gestorben 1360, verfasste zwischen 1318 und 1353 eine idealisierte Biographie Rumis und der ersten Oberhäupter des Mevlevi-Ordens, das Manāqib ul-Ārifīn, das die Zeit von 1208 bis 1353 abdeckt. In keiner der antiken Quellen finden sich Informationen über Aflâkîs Familie, seinen Geburtsort und sein Geburtsdatum. Man vermutet, dass er zwischen 1286 und 1291 geboren wurde und aus einer kultivierten Familie stammte. Er kam nach Konya (Türkei) und wurde dort von verschiedenen Lehrern ausgebildet. Wahrscheinlich nahm er auch Unterricht bei einem Astronomen und erhielt den Titel Aflâkî, weil er sich mit Beobachtungen beschäftigte. Er schloss sich Rumis Enkel Ulu Arif Çelebi (gestorben 1320) als seinem Scheich an, den er bis zu dessen Tod nicht mehr verließ und in dessen Auftrag er sein Werk begann. Aflâkî war selbst Derwisch des Mevlevi-Ordens.[86]

Anguttara Nikaya: siehe Palikanon

Benedikt von Nursia (480–547), Einsiedler und Abt, ist Verfasser der bedeutendsten lateinischen Mönchsregel. Benedikt studierte in Rom die artes liberales (Grammatik, Rhetorik, Dialektik, Arithmetik, Geometrie, Astronomie, Musik), erfährt während seines Studiums eine Bekehrung und schließt sich einer Asketengruppe bei Subiaco an. Dort finden wir ihn dann als Einsiedler. Für eine kurze Zeit wird er Abt einer Mönchsgemeinde, in der er allerdings scheitert. Er kehrt in die Einsamkeit zurück, gewinnt Schüler, verlässt schließlich mit eini-

86 [15.10.2022] https://www.sacred-texts.com/isl/mes/mes02.htm und https://islamansiklopedisi-org-tr.translate.goog/ahmed-eflaki?_x_tr_sl=tr&_x_tr_tl=de&_x_tr_hl=de&_x_tr_pto=sc

gen von ihnen Subiaco und gründet das Kloster Montecassino, wo er auch seine Regel schreibt.

Durch das Leben nach seiner Ordensregel, die die Benediktinermönche und -nonnen befolgen, soll das Gebet zu einem „Wohnen in sich selbst“ werden. Es ist die Frucht eines lebenslangen Bekehrungs- und Übungsweges.

Die biographische Hauptquelle zu Benedikt ist Gregor der Große mit seinem Buch der Dialoge. Darin versucht der Autor am Beispiel Benedikts den mystischen Weg zu Gott aufzuzeigen.

Die **Bhagavad Gita,** der Gesang (gita) Krishnas, des Erhabenen (bhagavad), ist einer der großen Texte der religiösen Weltliteratur. Er entstand als Abschnitt des hinduistischen Mahabharata-Epos. Dieser Abschnitt hat sich zwischen 200 v. Chr. und 200/300 n. Chr. eigenständig entwickelt. Er wurde in dieser Zeit ausgearbeitet und in seiner entfalteten Form an Stelle des ursprünglichen Textes wieder in das Mahabharata-Epos eingesetzt. Er handelt von der Belehrung, die der Gott Krishna dem Menschen Arjuna im gegenwärtigen Zeitalter des Verfalls der Weltordnung zuteilwerden lässt. Sie gehört zwar formal nicht zur vedischen Offenbarung, doch beansprucht sie als Selbstoffenbarung Krishnas höchste Autorität. Die Bhagavad Gita ist das „schönste, ja vielleicht das einzig wahrhaft philosophische Gedicht, das alle uns bekannten Literaturen aufzuweisen haben“ (Wilhelm von Humboldt). Ein Kernstück ihrer 18 Kapitel bildet die Ethik, die in drei Kernpostulaten zusammengefasst werden kann: Das erste ist die rechte Tat: Alles Handeln soll selbstlos sein, also weder nach dem Ergebnis noch nach dem Lohn fragen. Während dies eine Spitze gegen den vedisch-brahmanischen Ritualismus darstellt, schlägt dieser sich jedoch seinerseits nieder in der zweiten Forderung: dem rechten Wissen. Rechtes Wissen ist ein Läuterungsmittel, ohne das keine Vereinigung mit der Gottheit möglich ist. Das dritte fundamentale Postulat ist die rechte Gottesverehrung. Diese besteht vor allem in Bhakti, der Hingabe an Gott. Sie ist für die Gita charakteristisch, so dass sich XI,55 als überaus beeindruckende Quintessenz des ganzen Werkes ansehen lässt:

„Wer um meinetwillen handelt,
mich als Höchsten achtet,
wer mir liebend hingegeben, frei von Anhaften und ohne Feindschaft zu allen Wesen ist,
der kommt zu mir.“

Die Gita ist einer der wenigen Texte des Hinduismus, die, obwohl auf dem Hintergrund der Veden entstanden, nicht an eine spezifische kultische Tradition, eine bestimmte Kaste oder eine besondere Philosophie gebunden sind. Somit konnte die Gita die gesamte indische Religionsgeschichte prägen und durchdringen und bis heute eine Wirkungsgeschichte entfalten, die weit über Indien hinausgeht; mit Übersetzungen in über 70 Sprachen dürfte sie das nach der Bibel am häufigsten übersetzte Buch der Weltliteratur sein.[87]

Buddhadasa wurde als Nguam Panid am 27. Mai 1906 als ältestes von drei Kindern in eine Kaufmannsfamilie in einer kleinen Küstenstadt im Süden Thailands geboren. Im Jahre 1926 wurde er traditionsgemäß und auf Wunsch seiner tiefgläubigen buddhistischen Mutter zum Mönch ordiniert, nahm das Dhamma-Studium auf und wurde ein Pali-Gelehrter.

Aus Bangkok zurückgekehrt, fand er in seiner Heimat einen seit 80 Jahren verlassenen Tempel im Dschungel. Hier ließ er sich eine kleine Hütte bauen und zog im Mai 1932 dort ein. Er nannte diesen Tempel „Suan Mokkhabalarama“ (kurz: *Suan Mokkh*), was so viel wie „Garten der Befreiung“ bedeutet, und gab sich selbst in einem feierlichen Gelübde im August 1932 den Namen Buddhadasa: „Ich übergebe dieses Leben und diesen Körper dem Buddha. Ich bin ein Diener des Buddha, und der Buddha ist mein Gebieter. Daher werde ich fortan den Namen Buddhadasa („Diener des Buddha“) tragen.“

In den ersten zwei Jahren im Suan Mokkh hatte sich Buddhadasa einem Leben völliger Abgeschiedenheit ergeben.

87 Michael von Brück (Hrsg.): Bhagavad Gita. Der Gesang des Erhabenen, Frankfurt und Leipzig 2007, S. 125ff; Klaus Mylius (Hrsg.): Die Bhagavadgita. Des Erhabenen Gesang, München ^{2}2002, S. 7ff.

Er verbrachte seine Zeit mit Meditation und dem Studium des Palikanon, der in der Sprache Pali verfassten ältesten zusammenhängend überlieferten Sammlung von Lehrreden des Buddha, immer bestrebt, den Weg der Waldmönche einzuhalten, einer monastischen Tradition im thailändischen Theravada-Buddhismus.

In seinen späteren Jahren kamen viele ausländische Studenten in seinen Tempel, um seine Predigten zu hören und an zehntägigen Retreats teilzunehmen. Auch sie unterrichtete er in den Lehren Buddhas und der Vipassana-Meditation. In vielen Gesprächen mit Gelehrten der christlichen Kirchen und auch anderer Religionen betonte er immer wieder, dass in den Grundaussagen eigentlich alle Religionen gleich seien. Buddhadasa starb am 25. Mai 1993 nach einer Serie von Herzanfällen und -infarkten.

Buddhadasa ist der wahrscheinlich einflussreichste Lehrer in der Geschichte Thailands. Er erhielt zu Lebzeiten acht Ehrendoktortitel von thailändischen Universitäten und inspirierte unzählige sozial engagierte Menschen sowohl in Thailand als auch weltweit. Seine Bücher füllen einen eigenen Raum in der Nationalbibliothek in Bangkok und haben auch heute noch großen Einfluss auf die thailändischen Buddhisten.

Die von Buddhadasa zitierten Texte sind sämtlich entnommen seinem Buch *Anapanasati. Die sanfte Heilung der spirituellen Krankheit*, herausgegeben von der Buddhistischen Gesellschaft e.V.; https://www.dhamma-dana.de.

Bei *Anapanasati* – „*Ana*“ bedeutet Einatem, „*Apana*“ Ausatem, „*sati*“ heißt Geistesgegenwart, Achtsamkeit – geht es also um die Kultivierung des Geistes mittels auf Ein- und Ausatmung gerichteter Achtsamkeit, kurz: Geistesgegenwart beim Atmen. Dies ist die Meditationsform, die von Buddha praktiziert, gelehrt und als für alle geeignet empfohlen wurde. In seinem Buch *Anapanasati* führt Buddhadasa in 16 Schritten durch das Anapanasati-Sutta und macht es durch seine Erläuterungen auch Anfängern verständlich. Durch die Übung von *anapanasati* wird ein Heilungsprozess in Gang gesetzt, der die Heilung der spirituellen Krankheit, also das Erlöschen der Selbstsucht, auf sanfte und natürliche Weise unterstützt.

Jean Pierre **de Caussade SJ**, geboren 1675, gestorben 1751, war Jesuit, Professor der Geisteswissenschaften, Prediger, Geistlicher Begleiter und Autor mystischer Schriften. Er gehört zur berühmten klassischen Frömmigkeitsschule in Frankreich. Besonders bekannt ist er für das Buch „Hingabe an die göttliche Vorsehung", obwohl nicht ganz klar ist, ob Caussade wirklich dessen (alleiniger) Autor ist. Dieses Werk führt die Entwicklung der christlichen Mystik weiter, indem es die Lücken schließt, die zwischen den Spiritualitäten eines Johannes vom Kreuz, Franz von Sales und einer Thérèse von Lisieux bestehen. Es gilt als Klassiker des geistlichen Lebens. Seine Kernthese ist, dass Gott im je gegenwärtigen Moment auf den Menschen zukommt, so dass der Empfang und die Hingabe an diesen Moment zur zentralen Aufgabe des Glaubens werden.

Achaan **Chah,** geboren am 17. Juni 1918, gestorben am 16. Januar 1992, war ein thailändischer theravada-buddhistischer Mönch mit Ausstrahlung nach Europa, den USA, Australien und Neuseeland. Eine Kernfrage seines Lebens war, wie das Viele, das er in den buddhistischen Schriften über Tugend, Sammlung und Weisheit studiert hatte, in die Praxis umzusetzen sei und was deren Kern ist. In einfacher, aber tiefgründiger Weise vermittelte er seinen Schülern eine gelassene Praxis der Achtsamkeit, in der sie den ganzen Tag übten, bei allem Tun bei ihren inneren Bewegungen zu verweilen. Unter den zeitgenössischen thailändischen Meistern des Theravāda-Buddhismus hat wohl keiner einen solch großen Einfluss gehabt wie Achaan Chah. Immer mehr Meditationsschüler aus dem Westen wollten ihn hören und bei ihm üben, so dass neben seinem Kloster Wat Pa Phong ein „internationales Kloster" für die ausländischen Schüler entstand. Ein Grund seiner Popularität liegt in der Klarheit und Verständlichkeit seiner Worte. Wie groß Achaan Chahs Ausstrahlung auf Menschen war, wurde bei seinem Tode offensichtlich: An den mehrtägigen Beisetzungsfeierlichkeiten nahmen – neben der thailändischen Königsfamilie – etwa eine Million Menschen teil.

In der Vipassana-Meditation werden zwei Richtungen unterschieden, die sich beide auf Buddha beziehen können. Der einen liegt das *Satipatthāna-Sutta* zugrunde. Sie ist durch ziemlich detaillierte bzw. genau strukturierte „Techniken“ im engeren Sinne gekennzeichnet, wurde vor allem durch S. N. Goenka (1924–2013) verbreitet und hat als MBSR (Mindfulness-Based Stress Reduction) durch Jon Kabat-Zinn u. a. Eingang auch in die Medizin gefunden. Für die andere Richtung, die auf dem *Ānāpānasati-Sutta* beruht, ist ein natürliches, offenes Gewahrsein unter dem Dach der Bewusstheit des Atmens charakteristisch. Für diese sind die Hauptvertreter Achaan Chah und Achaan Buddhadasa aus Thailand. Die Meditation in diesem Buch beruht auf diesem Naturansatz des Vipassana.

Alfred **Delp** wird am 15. September 1907 in Mannheim geboren. Nach dem Abitur tritt er 1926 in die Gesellschaft Jesu ein und wird nach seiner Priesterweihe 1937 Mitarbeiter der Zeitschrift „Stimmen der Zeit“ in München. Dort ist er zuständig für soziale Fragen der Gegenwart und hat sich mit den geistigen Strömungen der Zeit aus der Perspektive der katholischen Soziallehre auseinanderzusetzen. Als die „Stimmen“ von den Nationalsozialisten 1941 verboten werden, wird Delp Kirchenrektor von St. Georg in München-Bogenhausen und Beauftragter der Fuldaer Bischofskonferenz für überdiözesane Männerseelsorge. Auf Wunsch seines Provinzials tritt er 1942 in Kontakt mit dem „Kreisauer Kreis“, der Konzepte für eine grundlegende staatliche, wirtschaftliche und soziale Neugestaltung Deutschlands nach dem Sturz der NS-Diktatur erörterte. Der „Kreisauer Kreis“, benannt nach dem niederschlesischen Gut Kreisau von Helmuth James Graf von Moltke, entwickelte sich zum Zentrum des bürgerlich zivilen Widerstands, ohne eine festgefügte politische Vereinigung zu sein. Delp erarbeitet die Grundlinien einer sozialen Neugestaltung Deutschlands, verfasst Denkschriften zur „Arbeiterfrage“ sowie zum „Bauerntum“ und stellt Kontakte zu Münchner Widerstandskreisen her. Obwohl er im Juni 1944 Kontakt zu Klaus Schenk von Stauffenberg bekommt, ist er an den Umsturzplänen, die in das Attentat auf Hitler am 20. Juli 1944 münden, nicht beteiligt. Dennoch wird er im Juli 1944 verhaftet und im Januar 1945 zusammen mit Moltke vom Volksgerichtshof wegen Hoch- und Landesverrats zum Tode verurteilt. Die eigentlichen Gründe für seine Verurteilung sind jedoch sein christlicher Glaube und seine Treue zu seinem Orden. Am 2. Februar 1945 wird Alfred Delp in Berlin-Plötzensee hingerichtet. Sein Leichnam wird verbrannt und die Asche auf den Rieselfeldern – Ende des 19. Jahrhunderts angelegte Flächen zur Reinigung der Abwässer – Berlins verstreut.

Die Zeit, in die Eihei **Dogen** 1200 n. Chr. in Kyoto (Japan) als Kind einer Hochadelsfamilie geboren wurde, war eine Verfalls- und Umbruchszeit: Der Adel verlor seine Macht an die Samurai-Krieger. Es herrschte Krieg. Immer wieder gab es Naturkatastrophen und in Folge davon Hungersnöte und Epidemien. Der von der Oberschicht im 6. Jahrhundert n. Chr. zum Nutzen des Staates eingeführte Buddhismus hatte seine Disziplin verloren und war völlig säkularisiert. Die Menschen sehnten sich nach einer neuen Orientierung und einem neuen Lebensweg. Daraus entstand im 13.–14. Jahrhundert eine religiöse Bewegung, die bis heute lebendig ist.

Dogen verlor sehr früh seine Eltern. Als Dreizehnjähriger wurde er Mönch in einem der buddhistischen Hauptzentren, das er nach zwei Jahren enttäuscht verließ. Im Kloster Kenninji fand er Lehrer des neu aus China nach Japan eingeführten Zen. 1223 fuhr er nach China, um Zen dort gründlich zu erlernen, und begegnete seinem Meister Nyojo, dessen Dharmanachfolger in der Soto-Zen-Linie er wurde.

Im Jahre 1227 kehrte Dogen nach Japan zurück, um das Zen zu verbreiten. 1236 eröffnete er das erste Zenkloster Japans, das Koshoji bei Kyoto. Dabei sprach er: „Ich bin nicht in vielen Zen-Klöstern herumgekommen. Nun, als ich dem verstorbenen Meister Nyojo begegnete, da verstand ich durch und durch und unmittelbar, dass die Augen waagrecht liegen und die Nase senkrecht steht. Seitdem wurde ich von niemandem mehr betrogen. Mit leeren Händen kehrte ich in die Heimat zurück. Deshalb besitze ich überhaupt nichts als das, was Buddha-Dharma genannt wird. Ich verbringe die Zeit, wie sie von selbst vergeht. Morgens geht die Sonne im Osten auf. Nachts geht der Mond im Westen unter. Wenn die Wolken verschwunden sind, zeigen sich die Berge klar. Nach dem Regen erscheinen die Gebirge niedriger ..."

Er blieb noch eine Weile stehen und stieg dann vom Dharmapodium herunter.

1243 verließ Dogen das Kloster Koshoji, begab sich nach Echizen, einem Schneegebiet am japanischen Meer, und gründete dort im Jahr darauf das Kloster Eiheiji. Dort verstarb er im Jahre 1253. Heute gilt Dogen als eine der bedeutendsten religiösen Persönlichkeiten der Geschichte, nicht nur Japans. Seine Schriften finden in Ost und West immer mehr Interesse und Verbreitung.

Das Buch *Shobogenzo Zuimonki* (Unterweisungen zum wahren Buddhaweg, Heidelberg [4]2011), aus dem die Zitate stammen, ist eines seiner Hauptwerke. Es enthält Lehrreden, die an seine Zen-Mönche gerichtet sind, um diese ins Wesentlichste von Dogens Dharma einzuführen. Aufgezeichnet wurden sie von seinem Schüler Koun Ejo, dem zweiten Abt des Klosters Eiheiji.

Eckhart wurde um 1260 im heutigen Landkreis Gotha in Thüringen geboren. Um 1275 trat er in Erfurt in den Orden der Dominikaner (Predigerbrüder) ein, studierte vermutlich in Köln und Paris und empfing die Priesterweihe. Von 1293 bis 1294 war Eckhart in Paris an der damals berühmtesten Universität des Abendlandes tätig. 1302 wurde er zum Magister (eingedeutscht „Meister") der Theologie promoviert und erhielt für ein Jahr den für Nichtfranzosen reservierten Lehrstuhl der Dominikaner.

Angesehen war Eckhart nicht nur als Theologe, sondern auch in seiner Ordensgemeinschaft, die ihn mit hohen Ämtern betraute: Im Jahr 1294 wurde er Prior des Erfurter Dominikanerklosters, 1303 erster Provinzial der neu gegründeten Ordensprovinz Saxonia, 1307 Generalvikar für die böhmische Dominikanerprovinz. Das Generalkapitel entband Eckhart 1311 von seinem Amt als Provinzial der Saxonia zu Gunsten einer zweiten Lehrtätigkeit an der Universität Paris. Dort besetzte er erneut den für Nichtfranzosen bestimmten Lehrstuhl, eine Auszeichnung, die vor ihm nur Thomas von Aquin zuteilgeworden war.

Danach finden wir Eckhart für etwa zehn Jahre in Straßburg, wo er neben seinem Amt als Generalvikar und Lehraufgaben auch mit der Seelsorge in Frauenklöstern betraut war. Ab 1323/24 war er als Prediger in Köln. Auf Betreiben zweier Ordensbrüder wurde eine kirchliche Untersuchung gegen ihn eingeleitet wegen Verdachts der Häresie. Obwohl Eckhart von seinen Ordensoberen unterstützt wurde, endete das Verfahren mit der Verurteilung von 28 Sätzen aus seinen Werken. Eckhart starb zwischen Juli 1327 und April 1328 vor dem Abschluss des Verfahrens, aller Wahrscheinlichkeit nach in Avignon.

Sein Werk hat eine enorme, kontroverse Wirkung bis heute gezeitigt. In seinem Konflikt mit der Kirche konnten sich etliche jeweils zeitgenössische Konflikte spiegeln. Seit dem Ende der 1960er Jahre hat sich das Interesse an Eckhart noch weiter intensiviert. Ob Eckhart als Mystiker anzusehen ist, obwohl er sich selbst nicht so bezeichnete, wird kontrovers diskutiert, da er „einer der konsequentesten Gegner üppiger Visionsmystik“ (A.M. Haas) gewesen ist. Neben die philosophische und theologische Auseinandersetzung mit Eckharts Denken sind im 20. Jahrhundert auch religionswissenschaftliche und psychologische Ansätze getreten.

Franz von Assisi wurde 1181/82 geboren. Seine Kriegserfahrungen setzen eine Bekehrungsgeschichte in Gang, die darin mündet, dass er 1210 mit ersten Gefährten bei Papst Innozenz III. die Erlaubnis erwirkt, in Armut zu leben und zu predigen. 1219 bricht er nach Ägypten auf, um das Kreuzzugsgeschehen zu befrieden, und begegnet dabei dem Sultan. Er kehrt krank zurück. 1221 verzichtet er auf die direkte Leitung des

Ordens. 1224 bekommt er die Wundmale Christi, was allerdings historisch umstritten ist. Franz stirbt 1226 in Portiunkula bei Assisi. Schon zu seinen Lebzeiten galt er als Heiliger. Viele christliche Frauen- und Männer-Gemeinschaften sehen ihn als ihren Gründer oder Mitgründer an: die Klarissen, die Beginen, die Franziskaner, Kapuziner und andere. In der katholischen Kirche hat die franziskanische Ordensfamilie die meisten Mitglieder.

Für Franz ist die ganze Schöpfung Offenbarung der göttlichen Liebe, erst recht Jesus und die Heilige Schrift. Schlichtweg alles vermittelt die Unmittelbarkeit Gottes. In seinem Testament bekräftigt Franziskus noch einmal diesen Inhalt seines Lebensentwurfes: Ohne jeden Mittler, allein durch eine unmittelbare Offenbarung Gottes sei er dazu gekommen, gemäß dem Evangelium zu leben. In diesem Leben spielt der absolute Verzicht auf jede Form von materiellem und geistigem Besitz eine zentrale Rolle sowie der Gehorsam gegenüber der Kirche, deren Organisation für Franz Ausdruck der Inkarnation Gottes ist.

Auch über das Christentum hinaus werden Leben und Wirken des Franz von Assisi als Inbegriff des christlichen Geistes verstanden.

Gregor der Große (540–604), Papst und Kirchenlehrer; siehe Benedikt von Nursia

Jean **Klein**, geboren 1912 in Berlin, gestorben 1998 in Santa Barbara, Kalifornien, war ein deutsch-französischer spiritueller Lehrer der Advaita-Richtung (Gott und Mensch sind nicht zwei).

Klein studierte Medizin und Musikwissenschaft in Wien und Berlin. 1933 ließ er sich in Frankreich nieder, wurde französischer Staatsbürger und betätigte sich während des Kriegs in der Résistance. Nach mehrjährigem Aufenthalt in Indien verbreitete er ab 1960 in Europa und Nordamerika seine von Ramana Maharshi und Nisargadatta Maharaj beeinflussten Lehren.

Linji Yixuan wurde zwischen 810 und 815 in der westlichen Provinz Shandong (China) südlich des Gelben Flusses geboren.

Als junger Mann verließ er seine Familie, um bei Zen-Meister Huangbo im Norden zu studieren. Der Buddhismus geriet in dieser Zeit unter Druck: 845 erließ der Kaiser ein Dekret, demzufolge die Mönche und Nonnen ihre Roben abzulegen und als Laien zu leben hatten. Vor allem in den Städten wurden viele Tempel zerstört, entlegene Gebiete waren etwas weniger betroffen.

Viele Jahre später finden wir Linji in Zhengzhou in der Provinz Hebei, wo er einen eigenen Tempel leitet. Seinen Namen wählte er, wie damals üblich, nach dem Berg, auf dem er lebte und arbeitete. Obwohl Linji als junger Mann den Palikanon sehr eifrig studierte, gab er eines Tages diese Studien auf, weil er erkannte, dass es nicht um Wissen geht und das Ansehen, das dadurch zu erreichen ist, sondern darum, natürlich zu leben als „ungeschäftiger Mensch“: „Wie ich es sehe, gibt es nicht viel zu tun. Seid ganz natürlich – legt eure Robe an, esst euer Essen und verbringt die Zeit damit, nichts zu tun“ (18. Unterweisung). Der „ungeschäftige Mensch“ ist das Zentrum der Lehre Linjis: er läuft keiner Erleuchtung hinterher, greift nach nichts, ist in nichts verstrickt, auch nicht in Lehren und Theorien.

Linji starb 866/867. Er hat keine Schriften hinterlassen. Doch seine Schüler zeichneten seine wichtigsten Dharma-Vorträge, Unterweisungen und Gespräche auf. Sie sind im Linji Lu (jap. Rinzai roku) überliefert. Seine Schule verbreitete sich in Japan, Korea und Vietnam. Die Texte in diesem Buch stammen aus: Thich Nhat Hanh: Es gibt nichts zu tun. Die Zen-Unterweisungen des Meisters Linji, Berlin 2023.

Martin **Laird,** Augustinermönch und Priester, ist Professor für Frühchristliche Studien an der Villanova University in der Nähe von Philadelphia im US-Bundesstaat Pennsylvania. Er studierte Patristik in Rom, London und Oxford und ist in Kontemplation geübt. Laird ist Autor mehrerer Bücher über frühchristliches Denken und christliches kontemplatives Leben, darunter „An Ocean of Light“, „Into the Silent Land“ und „A Sunlit Absence“. Er hält zahlreiche Vorträge und kontemplative Exerzitien in den Vereinigten Staaten, Großbritannien und Irland.

Kim **MacMillan** verstarb 52-jährig völlig überraschend im September 1996, wenige Monate nach Fertigstellung ihres Buches, das posthum unter dem Titel „When I Loved Myself Enough" von ihrer Tochter Allison 2001 veröffentlicht wurde.[88]

Mahaparinibbana Sutta: siehe Palikanon

Mathnawi: siehe Rumi

Palikanon: Etwa drei Monate nach dem Verlöschen des Buddha (um 483 v. Chr.) fand das erste Konzil mit 500 Mönchen in Rajagaha statt, um die Lehren des Buddha genauer, verbindlich und vor allem verschriftlicht im „Tripitaka", dem Palikanon, festzulegen. Dieser besteht aus drei Teilen („Körben"): dem Vinayapitaka, den Ordensregeln; dem Suttapitaka, den Lehrreden und -dialogen Buddhas. Manchmal wird dieser Korb als wichtigster Teil des „Tripitaka" angesehen und stellvertretend für den ganzen Pali-Kanon genommen. Der dritte Korb des Tripitaka ist der Abhidhammapitaka, bestehend aus Abhandlungen und höheren Lehrreden.

Im Suttapitaka („Korb der Lehrreden des Buddha") sind die Dialoge und Lehrvorträge in fünf verschiedene Sammlungen (Nikayas) gruppiert, einige nach ihrer Länge, andere nach ihren Themen oder der Anzahl der behandelten Dinge.

Die erste Sammlung ist die „Längere Sammlung" (Dīgha-Nikāya), die längere Lehrreden enthält, darunter die *Mahaparinibbana Sutta,* in der die letzten Monate des Buddha vor seinem Tod und seiner Einäscherung beschrieben werden.

Die zweite Sammlung ist die „Mittlere Sammlung" (Majjhima-Nikāya), die so bekannte Suttas wie z. B. die *Satipatthana-Sutta* über die Grundlagen der Achtsamkeit oder auch die *Anapanasati-Sutta* über Achtsamkeit beim Atmen enthält.

88 [15.10.2022] https://www.newslichter.de/2021/05/kim-mcmillen-als-ich-mich-selbst-zu-lieben-begann/

Die drei letzten Sammlungen sind die „Gruppierte Sammlung“ (Saṃyutta-Nikāya), die „Angereihte Sammlung“ (*Anguttara-Nikāya*) und die „Kleinere/Kürzere Sammlung“ (Khuddaka-Nikāya).

Dschalal ad-Din Muhammad **Rumi** wurde am 30.9.1207 in Balch im mittelalterlichen Chorasan, heute in Afghanistan, geboren. Er war ein Mystiker, gründete den Mevlevi-Orden der tanzenden Derwische und ist einer der bedeutendsten persischsprachigen Dichter des Mittelalters.

Rumi entstammte einer Familie von Theologen und Gelehrten. Auf der Flucht vor den Mongolen kam er mit seinen Eltern über Mekka nach Konya. Dort heiratete er und wurde 1221 Vater seines ersten Sohnes Walad. Rumis Frau starb früh, und 1225 heiratete er eine Frau aus einer christlichen Familie, mit der er zwei Kinder hatte. Rumi studierte bei seinem Vater islamische Wissenschaften an der Universität von Konya und übernahm nach dessen Tod 1230/31 seinen Lehrstuhl. Er führte das Leben eines Gelehrten und erlangte große Berühmtheit.

Sein Leben änderte sich jedoch von Grund auf, als er 1244 auf den Derwisch Schams-e Tabrizi traf, der Rumi zu dessen eigentlicher Bedeutung führen sollte. Im Bann von Schams’ starker Spiritualität entsagte Rumi zeitweilig der Welt, um sich ganz den Geheimnissen des Freundes zu widmen. Das erregte den Widerstand einflussreicher Konyaer Bürger, so dass Schams aus der Stadt floh. Er kehrte später nochmals nach Konya zurück, doch das Geschehen wiederholte sich und Schams verschwand abermals. Heute vermutet man, dass er ermordet wurde.

Rumi selbst starb am 17.12.1273 in Konya. Er wurde in einem Mausoleum beigesetzt, das zum Wallfahrtsort wurde und heute ein Museum ist.

Rumis wichtigstes Werk ist der *Mathnawi* mit 25.700 Verszeilen. Darin ist die Liebe die Hauptkraft des Universums, das ein harmonisches Ganzes ist. Alle Teile des Universums stehen miteinander in einer Liebesbeziehung, die sich aus Gottes Liebe speist und auf Gott gerichtet ist. Der Mensch kann in diese Harmonie nur eintreten, wenn er sich für die Liebe Gottes öffnet.

Rupert **Spira**, geboren 1961, von Beruf Töpfer, lebt in England und lehrt den „direkten Weg", der zur hinduistischen „advaita"-Erfahrung führen soll, der Erfahrung, dass Gott und Mensch nicht zwei sind (a-dvaita) bzw. die Gottheit (Brahman) das innerste Selbst des Menschen (Atman) ist. Wie Jean Klein steht auch er in der Tradition von Sri Ramana Maharshi und Sri Nisargadatta Maharaj.

Johannes **Tauler** OP, Dominikaner, geboren um 1300 in Straßburg und dort 1361 auch gestorben, ist ein deutscher Mystiker. Nach der Priesterweihe war er als Prediger und Seelsorger tätig und betreute vor allem die sieben Dominikanerinnenklöster und Beginensiedlungen Straßburgs. Sicherlich lernte er in Straßburg auch Meister Eckhart kennen. Als die Dominikaner das unter päpstlichem Interdikt stehende Straßburg 1338 verlassen mussten, verbrachte Tauler das Exil vor allem in Basel und Köln. Mitte des Jahrhunderts schloss er sich den Gottesfreunden an, ein von der rheinischen Mystik des 14. Jahrhunderts inspiriertes Netzwerk von geistlichen Gemeinschaften, Frauen und Männern aller sozialen Schichten am Rande der institutionalisierten Kirche. Tauler hat keine systematische Lehre hinterlassen, jedoch war die Nachwirkung seiner Predigten enorm; sie beeinflussten Luther, Müntzer und die pietistische Bewegung des 17. und 18. Jahrhunderts.

Wie Eckhart lehrt auch Tauler, dass Gott unbekannt im Grund der menschlichen Seele „wohnt". Was die Begegnung mit diesem innerlichen Gott hindert, ist mangelnde Selbsterkenntnis. Diese wird durch innere Einkehr erlangt, die jedoch mit dem Berufsleben eine unauflösliche Einheit bildet.

Die **Udānavarga** ist eine frühe buddhistische Sammlung aphoristischer Verse und „Äußerungen", die dem Buddha und seinen Schülern zugeschrieben werden.[89]

89 Aus: Vom rechten Leben. Buddhistische Lehren aus Indien und Tibett. Aus dem Sanskrit und aus dem Tibetischen übersetzt und mit einem Kommentar herausgegeben von Michael Hahn. © Verlag der Weltreligionen im Insel Verlag Frankfurt am Main und Leipzig 2007, S. 93f.

Die **Wolke** des Nichtwissens ist eine anspruchsvolle mystische Schrift in Form eines geistlichen Gesprächs. Ihr Autor ist unbekannt. Man vermutet heute, dass es sich bei ihm um einen englischen Kartäuser handelt, der Ende des 14. Jahrhunderts gelebt hat. Der Titel erinnert einerseits an die biblisch bezeugte Gegenwart Gottes in einer Wolke und bezieht sich andererseits auf die völlige emotionale und gedankliche Loslösung des Menschen vom Alltagsbewusstsein. Im Verzicht auf die eigene Erkenntnisfähigkeit soll der Mensch wie in einer dunklen Wolke das Licht der göttlichen Gegenwart empfangen.

Derselbe Autor hat noch weitere Schriften anonym veröffentlicht, darunter den „Brief persönlicher Führung".

Verlag, Lektorat und Autor haben sich gewissenhaft bemüht, sämtliche Quellen für Kontexte und Zitate ausfindig zu machen und genauestens anzugeben. Sollte uns dennoch ein Fehler unterlaufen sein oder eine Angabe fehlen, sind wir für entsprechende Hinweise dankbar.